庄子的读法

ZHUANGZI
DE DUFA

吴怡 著

华夏出版社
HUAXIA PUBLISHING HOUSE

图书在版编目（CIP）数据

庄子的读法 / 吴怡著 . -- 北京：华夏出版社有限公司，2024.1
ISBN 978-7-5222-0485-7

Ⅰ．①庄… Ⅱ．①吴… Ⅲ．①《庄子》－研究 Ⅳ．① B223.55

中国国家版本馆 CIP 数据核字（2023）第 074307 号

庄子的读法

作　　者　吴　怡
责任编辑　赵学静

出版发行　华夏出版社有限公司
经　　销　新华书店
印　　装　三河市少明印务有限公司
版　　次　2024 年 1 月北京第 1 版
　　　　　2024 年 1 月北京第 1 次印刷
开　　本　710mm×1000mm　1/16 开
印　　张　18.75
字　　数　243 千字
定　　价　69.00 元

华夏出版社有限公司　　地址：北京市东直门外香河园北里 4 号　　邮编：100028
　　　　　　　　　　　网址：www.hxph.com.cn　　　电话：（010）64618981
若发现本版图书有印装质量问题，请与我社联系调换。

自 序

　　本书是我十六年前在美国安德鲁大学中国文化研究所为中国学生讲授《庄子》的录音，蒙道善文化编辑整理，华夏出版社出版。我已有《庄子新说》一书问世，本书增加了《天下》和《秋水》两篇，尤其是《天下》篇，它在中国哲学史上是第一篇讨论诸子各派思想的大著，不是学者的研究，而是哲学家的评论，其中道术之论，正是我建立整体生命哲学思想的源头。而该文的内圣外王之说，也是中国哲学的一个重要特色。当时所讲内容，现在看起来，仍有它特殊的意义。

　　由于当时学生中有三位是八十高龄的基督教牧师，还有学哲学、心理学和计算机工程的，水平参差不齐，又各有所专，所以我讲课时不做学术的考证，都从生活中的平易处入手，本书也尽量保持讲课的口语化，或有重复，希望读者谅解。

吴 怡

二〇二二年九月

目 录

导　读

一、庄子的生平与著作

　　《史记》里面记载庄子是"蒙人"，"蒙"在当时就是宋国，大概位于黄河以南，也就是现在的河南一带。据说庄子曾经垂钓于濮水，而且庄子与惠施的辩论也在此处。可见，庄子出生于今天的河南，活动范围也不大，他没有越过黄河到北边去。庄子不像老子，老子虽然也生于南方，是楚国人，但他在周朝做过守藏史。庄子可能除了河南之外没有去过太多别的地方，他也许游历到过海边，因为《庄子》里面经常描写海。海在东南方向，而河南位于中南部，还不是我们今天所谓的南方。在当时，我国的南方，如今的福建、广东一带，还是没有文明的"南蛮之地"。

　　就庄子所处的年代来讲，他处于战国初期到中期，基本上跟孟子是同时期的。所以，在历史上有一个公案，就是最会批评的两个人物——一个是孟子，一个是庄子，这两人从来没有互相批评过，以钱穆先生为代表的很多人都认为这是很奇怪的。这也可以理解，虽然他们生活在同一时期，但当时不像现在这样信息传播很通畅，可以随时批评同时期的思想。当时他们并不生活在同一个地方，即使听说过彼此，但他们思想的形成以及著书都是后来的事情，并且这些作品可能还有弟子或后继者的参与，所以他们不见得能够互相看到对方的作品，又何来批评呢？但是学者为了深挖这个问题，会询问庄子到底是谁。蔡元培说，庄子就是杨朱，但是庄子在书里面曾明明白白地提过杨朱，这分明是两个人，庄子怎么可能是杨朱呢？蔡元培只是说杨朱是"全身贵真"，庄子也是"全身贵真"，但只拿这个观点来论证庄子就是杨朱是不切实际的。还有人说，庄子就是颜回，因为颜回重修养，在德行方面很高明，而庄子在书里也常常讲到孔子跟颜回的故事，不过这些都是后人的考证和猜测。

庄子跟儒家有关系，他常常引证孔子和颜回的事例，这并不表明他们之间存在师生关系，而只是表明庄子对儒家的关注。尽管他有时候持批评态度，但这种批评也是基于他对儒家的了解，同时也希望自己像老子在书中批评仁义那样，不是否定仁义，而是希望仁义能具有更高的本质，不只是停留于表面。那么，庄子讲孔子和颜回的故事，实际上也是批评后世儒家一味讲经书、讲知识，走向了一个错误的方向。所以，我认为庄子对儒家实际上还是抱有同情心的，比如在《天下》篇中他把儒家放在篇首，这个我们之后再细讲。

实际上，从《庄子》一书中可以看出，在当时的人物中，他最爱批评的是他的好朋友惠施。他跟惠施之间的交情当然很深，而且《天下》篇最后谈了很多惠施的理论，他还和惠施两个人在桥上谈论人是否知道鱼的快乐。后来惠施去世了，庄子经过他的墓地时还讲了一个有趣的故事。说一对有表演功夫的朋友，一人在鼻子上涂上墨汁，另一人用斧子砍去该人鼻子上的墨汁，而不伤鼻子，后来涂墨汁的人过世，尽管此人用斧高明，却再没有一个人敢在鼻子上涂墨汁，让他用斧子来砍了。这故事说的是在惠施死后，庄子再也找不到辩论对手了。可见他与惠施是同时期的人，他们的关系非常亲近，尽管两人是最好的朋友，但是由于看法不同，所以一直在辩论。

我们现在所了解到的关于庄子的所有资料都是从他的书中获取的，从书中可以得知庄子没有做过大官，他不像老子是守藏室史官。史官在古代是非常重要的职位，庄子做的是漆园吏，顾名思义，就是一个漆园的管理员，领着很微薄的薪水，从书中可以看出，这是他所担任过的最高职位了。从这些方面我们了解到，庄子的形象偏向于隐士，但他不是真的隐士，只是不像老子的思想关涉政治和圣人之治等。战国初期，战争并不是那么激烈，战国中期以后才变得激烈起来，并且激烈的战争都集中在北方，所以庄子没有那么强烈的反战思想。不同于墨子和孟子，庄子比较平和，因为他并没有近距离地感知战争的残酷，所以他才能够逍遥。假如庄子位于北方或者直接面临激烈的战争，他的思想是否还能够那么逍遥？这很难讲。

庄子在内七篇中很逍遥，而外篇、杂篇是庄子后人所写，已经到了战国中期之后，所以思想就比较激烈了。这种思想的差异与变化可以从时代背景来看。就《庄子》一书，有内篇、外篇、杂篇之分，这样的分类实际上是后人所为。《老子》一书在古代也没有分出八十一章，就只有上下两卷，这种分章、分篇都是后人所为。据说向秀首次注《庄子》的时候，就只分了内篇、外篇，还没有杂篇，但是郭象将它分成了内篇、外篇、杂篇。

今天，百分之八九十的学者都认为内篇是庄子本人所写。庄子本人是谁这个问题很难考证，但总之是有一个人写了这七篇，我们就称这位作者为庄子。那么，很显然内七篇是一个系统，因为内七篇的篇名是独立的。《逍遥游》不是拿文章的前两个字或者几个字做标题，所以是先有标题然后写文章。外篇、杂篇中有时候是先写文章再有标题，有了标题再写文章的也有，比如《渔父》。当今学界认为，这七篇的体系很完整。《逍遥游》是庄子提出的一个理想，然后具体再讲如何从"知"的方面达到这个理想的方法，这个方法在《齐物论》中也有详细的论述，现代西方哲学称为"知识论"或"方法学"。除了从"知"的方面去达到逍遥，还要兼顾"德"和精神层面，如《德充符》和《养生主》两文。所以《齐物论》《德充符》《养生主》这三篇都论述了达到逍遥的方法。达到逍遥之后，就成了至人、真人、神人，也就是庄子所称的"大宗师"。《大宗师》就是讲达到了至人、真人、神人的境界后，才能够逍遥地生活在这个世界上，进而化解很多问题。面临问题时是不能躲在深山里面的，还是要回到人世，那就是他的"人间世"。《人间世》牵扯到很多政治问题，这就引出了《应帝王》。我们认为这七篇的结构比较完整。汉代人写书常常有内篇、外篇之分，比如道教典籍《抱朴子》也分为内、外两篇。如果说内篇是主体和中心思想，那么外篇就是在社会上、人世间的运用。外篇多半是对内篇思想的发展，有的发展得还不错，比如有的学者认为《秋水》就是《齐物论》的衍生篇。不过外篇的思想发展有好的也有偏激的。至于杂篇，既然称为"杂"，就是没有系统，即选取了一些故事、思想拼凑在一起来表达一些看法。我读了杂篇以后，发现其思想多半在批评否定名利，呼吁回归本性，这个我们以后再仔细去谈。

二、我们如何读《庄子》及其注？

再来简单回应一下《庄子》分篇与注释方面的问题。传统观念认为，内篇是庄子本人所写，境界非常高，而外篇、杂篇都是后人写的，境界较低。我去年因为关注当时的一些政治问题，也强调外、杂篇里面的思想，因为它们比较激烈，切中时弊，但现在看来，外、杂篇还是分量不够。如果只讲外、杂篇而不讲内篇，那就是进入宝山，空手而回了。所以我打算把内篇与外篇、杂篇放在一起讲，尤其是后者中的《天下》《秋水》两篇。我们从《天下》篇开始，因为学者一般认为《天下》篇是庄子的后序，与内篇的思想境界一样。

在讲《庄子》之前，我想先介绍几本书。《庄子》的注解很多——虽然没有《老子》多，《老子》有五百多种注。《庄子》注中，最早也最有名的是向秀的注。向秀是晋朝人，生卒年大约是227—280年。历史上说他注了《庄子》26篇，也有说27、28篇的。当年不像现在，出版成书之后马上就可以发行。后来的郭象跟他是同时代的人，但相差了三十多年，郭象的生卒年代是253—312年。郭象也注《庄子》，传说他盗用了向秀的注文，并补注了向秀没注的《秋水》《至乐》两篇，对其他注文只是进行了句读，这是《晋书》的说法。当时郭象以为向秀死了，原稿不在了，后来向秀的注文传了出来，与他的注文几乎一样，所以流传至今的郭象《庄子注》实际上应该是向、郭合注，不能埋没了向秀的功劳。向、郭注《庄子》就像王弼注《老子》一样，都是开创性的。

向秀是竹林七贤之一，注得非常好，文字非常漂亮，所以很多人说不是向秀注《庄子》，而是《庄子》注向秀。这是开玩笑的话，但是其中的确存在一个问题：作为竹林七贤之一，向秀是一个强调放任的人物。魏晋时期的政治环境很恶劣，学者不敢正面谈政治，所以竹林七贤就躲到深山里面去，因此向秀、郭象的注文代表了一种比较颓废的思想。比如在《逍遥游》里面，两只小麻雀对一飞冲天的大鹏颇有微词，庄子显然在有意地嘲讽小麻雀的无知，讲"小知不及大知"，认为小鸟不了解大鹏的境界。向秀和郭象则说，大鹏是逍遥，小麻雀也是逍遥，如果能够满足它们的自性的话，每个东西的逍遥都是一样的。这种思想可以视为对魏晋时颓废人生的一种解释。如果持这样的思想，那我们的精神就不能提升了，大家都感到自我满足，愚笨的人也满足于自己的想法，有钱人都去满足自己的欲望，就没有办法谈修养了。所以，我认为这是一种对《庄子》的误用，中国文学上常常有这种误用，因为文学是对人生态度的表达，有时候是灰色的。尤其像宋词、元曲，多半都代表了一种灰暗的人生。学文学的人如果在思想上没有达到很高境界的话，常常会借酒消愁。

所以，我们在读《庄子》时需要注意，不要受这种思想影响。文笔好的作品容易有更广的影响面，很多不了解真正的庄子思想的人，会觉得庄子玩世不恭，然后又去学习这种玩世不恭。就好像很多学哲学的年轻人喜欢尼采和存在主义的思想，那都是在他们的时代走下坡路的时候的东西，不是哲学的真精神。

后来有个叫成玄英的人给郭象的注又加了注，叫作"疏"，清代就有人把这两本书合在一起，称为《庄子集释》。佛学里面也常常有注、有疏，但佛经单是注就已经很玄了，然后再加上疏，越谈越玄，越来越让人看不懂。成玄英是唐代人，唐人很喜欢写疏，像《十三经注疏》就是唐代的。

第三个重要的注本是明代焦竑的《庄子翼》，"翼"就是翅膀，就像孔子讲《易经》有"十翼"一样，焦竑编了一本《老子翼》和一本《庄子翼》，也就是把前人的注疏中他认为好的内容编辑成一个合集，属于集注。

明代还有一位了不起的大禅师叫释德清，又称为憨山德清，他只注了内七篇。我愿称他为一位"儒僧"，他除了注《老子》《庄子》之外，还注了《中庸》《大学》，所以他的思想是儒、释、道三方面的综合。他一辈子所讲的都是平平实实的哲学，没有讲神通玄妙，所以，如果要从佛家或禅宗思想来看待老庄的话，憨山大师的书是一定要读的。

明清之际，王夫之写了一本《庄子解》。明代以来，宋明理学逐渐开始走下坡路，但我认为王夫之是宋代到民国之间一个很好的哲学家，因为明清以后的著作都是注疏、考证了，而王夫之是一位思想家，在注《易经》、注《庄子》方面都有自己独到的看法，所以经常被人们引用。

《庄子》在道教里面又叫《南华经》，因为道教称庄子为"南华真人"，把他的书当作经典；就像《老子》在道教被称为《道德经》，而老子被称为太上老君一样。清代除了考证、注疏外，值得一提的是陈寿昌的《南华真经正义》。一般人大概不太注意这本书，但陈寿昌是我的老师张起钧教授的祖父辈，与他家有些渊源，所以我也对该书特别关注起来。这本书称《庄子》为《南华真经》，可见陈寿昌受道教思想的影响较大，不过，他的注没有道教炼丹和长生不老的思想，都是道家和道教的练心思想，注得很好。钱穆的《庄子纂笺》也引证了许多陈寿昌的东西。如果想从道教或道家修炼方面来看待庄子思想，我认为这本书是比较纯正的。

再一本是清代王先谦的《庄子集解》，十分通俗，注得也不错，研究庄子的人可以当作课本来用，如研究《周易》的人用朱熹的《周易集注》一样。

现代有些学者把《庄子》思想分类成宇宙论、本体论、自然论、政治哲学、经济思想、心理学、辩证法，等等，这是套用西方哲学的方法讲《庄子》。近年来，学者做了许多关于庄子生平的研究考证，但他们对庄子的哲学或者思想方面少有系统的研究，还没有真正达到我们所说的修养方法层面。我们不能完全以评论分析的眼光来看待庄子，那种做法缺少心灵与生命的相应，因为戴上了有色眼镜。

讲个故事：有一个学生找钱穆先生说，我要请你指导我写关于庄子的博士论文。钱穆问他要写什么样的题目，他说："我想要写一篇批评庄子思想的论文。"钱穆说："我不能做你论文的导师，因为你还没读通

《庄子》，就想批评，几年以后再说吧。"这个学生的态度常常是今人研究《庄子》的毛病。

三、我们从《庄子》里学什么？

最近有人问我身为老师的感想与动力，就我们中国人来讲，做老师的，第一要讲责任。只讲热情是远远不够的，因为人的热情是会变的，会随着年纪增长而逐渐消退。中国的师道非常讲究责任，责任心从内在一直支撑着你坚持下去，而非某种外在的强迫性要求。第二要知天命。天命不同于命运，命运所带来的是无可奈何之感，天命赋予了我们责任感。教书的乐趣还是其次的，因为乐趣飘忽不定，而且乐趣跟责任感是合在一起的。人从生到死，所遭遇的一切都是命运，但我们面对遭遇的事情还拥有选择的余地，比如选择自己的学业方向，哪一个方面是我所认为的自己的天命呢？我可以参与，也可以选择。

孔子讲"五十而知天命"，天命还是要靠自己去体验的，要由自己去认定、去沟通。拿禅宗来说吧，五十岁以前是渐修，到五十岁的时候也许顿悟了，悟到了天命。从人生发展的经验来讲，差不多也要到四五十岁才会有更深的体验，反观以前自己所认定的路，二三十岁实际上都是在摸索的阶段，会遇到很多挫折与变化。所以到五十岁之后，我们要重新发现自己的天命。

一谈到"天命"的"天"，就与《庄子》有关系了。冯友兰在《中国哲学史》里面讲了五种天。第一种是物质的天。第二种是主宰的天，中国人把天当主宰，就是"神明"或"上帝"。第三种是自然的天，也就是环境。第四种是命运。第五种是义理的天。从外在的方面来看，他基本上把"天"分析得很清楚了，但是这样的天对我们有什么意义呢？荀子有一篇文章叫《解蔽》，他在里面批评庄子"蔽于天而不知人"，意思就是庄子谈天谈得太多，反而执着，被天所遮蔽了，而不知道人。荀子的看法未必正确，我们也可以说他蔽于人而不知天。我们现在讲"天"，不是说客观地了解"天"的概念有何种含义，而是要明白，体验"天"之后到底有什么作用，这就与我们的修养有关了。

我认为，天的第一个作用是开放，它是虚的，这在我们修养上的作用可以称为"大心"。这个"大"可以当动词用，大其心，我们的心要广大，而观看天空可以帮我们打开此心。第二个作用是提升，使我们的生命与心灵往上提升。我们看到天，就产生向上勃发的感觉，所谓"天命之谓性"，天交给我的就是性，我们的性向上开放，能够提升到天。天与性打通了，我们的性就自然往上发展了，就不会变成一般的人性。第三个作用是普遍性。天是普育万物的，张载说"为天地立心"，这个"心"可以普照一切。第四个作用是无私。"天无私覆"，能够笼罩一切而不偏心，不会因为人的好坏而产生偏护。对修养而言，我们就不应当有私心，应当"去私"。第五个作用是超越，也就是不要将自己限制在某个局部范围内，要能超越自己现在的状态。庄子说"道隐于小成"，不要拘束在小的成就里，要超越自己的意识观念。这五点都是我们能够体认的天，不是从外在的自然环境出发，而是从天与人心的相通出发，它与我们的精神是息息相关的。

内篇第一　逍遥游

实际上，所谓"内篇"是后人的写法，庄子写书的时候并没有做出内、外、杂篇的划分。所以我们不要把"内篇"这一名称当作重点，而是把前面这七篇作为一个整体。这部分思想完整，显然出于一个人的手笔，也许作者就是庄子本人，不过，作者是谁并不重要。

至于每一篇是先有篇名后有内容，还是后人看了文章之后再取的篇名，这是一个问题。春秋时期所有的文章都没有名字，都是后人取篇首两个字作为题目，战国以后就有了篇名，比如《荀子》中就有篇名。奇怪的是，内七篇都有篇名，外篇、杂篇多半都是取自篇首两个字或三个字，但是也有拿文章中的寓意来取名的。所以，《逍遥游》究竟是先确定了题目，还是后人加上去的，这是一个需要考证的问题。

我认为，如果就庄子的写作风格来讲，他不会说我要写某个主题的文章，他心里可能有概念，但是不会先拟定一个名字。看《逍遥游》的文字就知道，这一篇可以说是庄子理想中逍遥的境界。"逍"是无拘无束，"遥"是无穷无尽，所以逍遥是一个境界，但不一定如书中所描绘的似乎游于世俗之外。一般人会认为庄子的逍遥要么是做一个隐士，要么是飞到几万里的高空或是跑到辽远的无边处，其实不然，逍遥真正的意思是逍遥于人世，能够与世俗的礼法相处而不受拘束，这才是最高的境界。需要注意的是，不受拘束，并不是故意去破坏礼制，这与魏晋的玄学家不同，因为故意破坏礼制就说明已被礼制所拘束了。庄子的逍遥是虽处于世俗的礼制中却不会被它们影响，也不去刻意反对它们，这才是真正的功夫，所以，真正的逍遥是精神的逍遥，而不是靠形体，逍遥是无所依靠的，靠形体的逍遥不是真的逍遥。

原文

北冥有鱼，其名为鲲。鲲之大，不知其几千里也。化而为鸟，其名为鹏。鹏之背，不知其几千里也。怒而飞，其翼若垂天之云。是鸟也，海运则将徙于南冥。南冥者，天池也。

《齐谐》者，志怪者也。《谐》之言曰："鹏之徙于南冥也，水击三千里，抟扶摇而上者九万里，去以六月息者也。"

野马也，尘埃也，生物之以息相吹也。天之苍苍，其正色邪？其远而无所至极邪？其视下也，亦若是则已矣！

且夫水之积也不厚，则其负大舟也无力。覆杯水于坳堂之上，则芥为之舟；置杯焉，则胶；水浅而舟大也。风之积也不厚，则其负大翼也无力。故九万里，则风斯在下矣，而后乃今培风；背负青天而莫之夭阏者；而后乃今将图南。

蜩与学鸠笑之曰："我决起而飞，抢榆枋，时则不至而控于地而已矣，奚以之九万里而南为？"适莽苍者，三餐而反，腹犹果然；适百里者，宿舂粮；适千里者，三月聚粮。之二虫又何知！

小知不及大知，小年不及大年。奚以知其然也？朝菌不知晦朔，蟪蛄不知春秋，此小年也。楚之南有冥灵者，以五百岁为春，五百岁为秋；上古有大椿者，以八千岁为春，八千岁为秋。而彭祖乃今以久特闻，众人匹之，不亦悲乎！

汤之问棘也是已："穷发之北，有冥海者，天池也。有鱼焉，其广数千里，未有知其修者，其名为鲲。有鸟焉，其名为鹏，背若太山，翼若垂天之云，抟扶摇羊角而上者九万里，绝云气，负青天，然后图南，且适南冥也。斥鴳笑之曰：'彼且奚适也？我腾跃而上，不过数仞而下，翱翔蓬蒿之间，此亦飞之至也。而彼且奚适也？'"此小大之辩也。

语译

北方玄远的地方有一条鱼，它的名字叫鲲。鲲的巨大，不知有几千里。它蜕化而为鸟，名字叫作鹏。鹏的背脊，也不知有几千里。当它奋起而飞，它的翅膀好像天上垂下的一大片云。这只鸟，在海气运转的时候，就飞徙到南方玄远的地方。这里就是天池的所在。

《齐谐》是一本记载怪异的书。该书上说："鹏飞向南方玄远的地方的时候，首先水击有三千里那么长，接着再顺着扶摇的旋风向上直飞入九万里的高空，然后乘着六月的气息而去。"

草泽中的水汽像野马奔腾，空气中的尘埃飞扬，以及各种生物以气息互相吹嘘。诸种景象都充塞在天地之间，我们向上看到一片蔚蓝的天空，难道这就是天的本色吗？还是因为距离太远、无穷无极？如果从高空向下看，情景也是一样的啊！

如果水积得不够深厚，就没有力量负载大船。如果把一杯水倒在厅堂中的洼地里，只能以一根小草为船，浮在水面。如果把一只杯子当船，就会黏着在地上，这是因为水浅而船大。同理，风积得不够深厚的话，便没有力气载负巨大的翅膀。所以大鹏要直上九万里的高空，使风积在下面，才能乘着它所造的风。脊背顶着青天，而不致坠落，然后它才向南而飞。

这时，地面上的一只蝉和一只斑鸠讥笑鹏说："我尽全力而飞，碰到榆枋等小树便停在上面。有时飞不到，最多再折返到地面。哪里需要直上九万里之后才向南飞呢？"如果是到近郊，只要带足三餐，回来后，肚子还不会饿。如果要到百里外的地方，就必须准备一夜的粮食。如果更远到千里之外的地方，一定要准备三个月的粮食，这两只小动物又哪会知道这个道理呢！

小智慧不能了解大智慧的境界，寿命短的不能了解寿命长的经验。为什么如此？譬如见日即死的朝菌，不知道一个月的时光。只活在夏天的蟪蛄自然不知道春天和秋天，这就是所谓的小年。楚国的南部，有一只灵龟，以人间的五百岁为它的春，五百岁为它的秋。上古时候有一棵大树，以人间八百岁为它的春，八百岁为它的秋，这就是所谓的大年。今天我们以活了八百岁的彭祖为寿命最长的人，大家都想和他相比，岂不是很可悲？

商汤问棘的那段话也是这样说的。在不毛之地的北方，有个广漠无涯的大海，也就是天池，其中有一条鱼，身体宽有几千里，没有人知道它的长度，它的名字就叫作鲲。有一只鸟，名叫鹏。它的背脊像泰山那么高，它的翅膀像垂挂在天上的云，两翼拍着扶摇羊角的旋风而直上九万里的高空。冲破云气，背顶着青天，然后再往南，飞向南方遥远的地方。这时小泽中的麻雀讥笑大鹏说："它究竟想飞到哪里去啊！我向上飞跃，不过几仞高，就降下来。我在蓬草之间飞来飞去，这也是我飞翔的最高境界。而它这样飞，又能飞到哪里呢？"这就是小大之间的不同啊！

解义

我们来看庄子是怎么写《逍遥游》的。他一开始就说"北冥有鱼"，那个场景是暗的，如《天下》篇中所说的"芴漠无形"，他说的是"北冥"不是"北溟"，如果是"溟"的话指的就是北海，但他说的不是北海，一说北海范围就小了，也落实了，他所说的"北冥"是无穷，看不清的北边，在那里有一条鱼叫作鲲。庄子笔锋一转就写到"鲲之大"，大是庄子思想的境界。但是鱼一定是由小到大的，这条鱼变成大鱼了，其大，"不知其几千里也"，庄子用几千里来写大，还不是大，因为那只是一条鱼。时间也不知道过了多久。"化而为鸟"，不是变为鸟，"变"与"化"两个字我们要区分开来，"变"就是由生到死，也就是形体的变化；"化"是转化，两个系统间的突破才是化，例如化蝶，是由毛毛虫突变为蝴蝶。在同一个系统之内的发展是变，比如我们说由生到死，在此期间我的肉体一直在变，这是一个系统内部的变化，等到死了以后化而为鸟，这就是化。变是一个生灭的现象，是一个平面的发展，化则是往上的发展，是两个系统的突破。所以由小鱼变成大鱼是"变"，由大鱼变成鸟是"化"。这个鸟叫鹏，庄子笔下的大鹏也是一个很大的形象，它"怒而飞"，这个"怒"也是努力的"努"，不是发脾气的"怒"，所以从这个"努"字就可以看出它内在的充实。"其翼若垂天之云，是鸟也，海运则将徙于南冥"，"海运"就是海动，即气流之动，显现了气的变化。这种气流之动使得它能够往上冲，能够长距离飞行，从北冥飞到南冥。他又引证《齐谐》，说齐国有一本书也是专门讲鬼怪故事的，庄子的想法也是从当时的一些传说中提取出来的。"去以六月息者也"，鹏之飞要靠六月的气息，庄子生活在周代，用的是周历，跟我们农历所依据的夏历大概差了三个月，周代的六月大致是我们农历的三月。阳春三月，生机勃勃，所以在这样一个气流转变的节点上一飞冲天。然后我们回过头来看它飞得多高，"野马也，尘埃也"，就是指大鹏飞过后的灰尘像野马一样奔腾。

接着说："且夫水之积也不厚，则其负大舟也无力。"这两句话讲得很清楚了，水要足够深才能载得动大船，因为它的势要足够强，才能把船托得很高。鲲化为鹏是不简单的，因为不知道鱼经过多长时间才能变成大鲲，然后才能化为鹏。所以要积累势和气，不要以为它一下子就飞起来了，这需要长久的修养功夫才能飞，才能化。在大鹏飞到高空以后，地上有两只小麻雀在笑它，说大鹏飞得那么高才把翅膀展得开，太麻烦了，而自己想飞只要动一动翅膀，即使跳不到树上，掉下来也没有关系，反正离地很近。所以这两只小麻雀笑大鹏多此一举，似乎是说大鹏还不如自己逍遥自在。那到底谁更逍遥呢？这里面有一个对比，涉及庄子理想中的至人、真人的逍遥跟贩夫走卒的逍遥的对比，庄子的态度显而易见，他说："之二虫又何知！小知不及大知，小年不及大年。"可见他认为两只小麻雀是小知，它们不知大鹏的境界，世俗小人不知至人、真人的境界，因为他们受到形体的拘束。郭象的《庄子注》非常有名，在这里他的注却认为小麻雀也逍遥，大鹏也逍遥，这两种逍遥是一样的。他故意忽略了后一句，因为他要拿庄子的东西作为他们浪漫的借口，魏晋的士人是很放任的，《列子》中记录了很多魏晋时期类似的思想，比如《杨朱篇》，就说圣人和凡夫俗子一样都是要死的，活一百年也是死，活二三十年也是死，横竖都是一死，那为什么要羡慕圣人呢？还不如酒色财气一把抓，且乐当前，反正都是一死嘛！

我认为，"小大之辩"中的"大"有两种，一种是与小相对应的大，另一种是无穷的大。比如我现在很小，学了东西之后就会变大，然而这个大跟其他东西相比还是小，再学了一些后又变大了一点儿，但永远都是处于"小—大—小—大"的相对序列中。进行比较的小大都是现象界的，所以那个大不是真正的大，可能跟别的东西一比较就又变小了。真正意义上的大是无穷的大，就只有一个，没有其他的小可以与之相比。这也是《天下》篇要以天为宗的原因，那是无穷的高，无穷的开放，那才是真正的大，不是世俗中相对的小与大。

我批评郭象和魏晋士人的注解，也就是要说明寓言都是借物体来比喻，物体或动物都拘于它们的形体，它们的变化不能超出形体的范围，也就是说，小麻雀再怎么有功夫，也无法突破形态大小的限制。如果小麻雀能够安于自身的逍遥，就麻雀来讲并没有错，但是人性不同，它是可以突破形体，向上提升的。如以物性来比喻人性，就会有一个错解，现在很多人解读《庄子》里很多寓言时出现的错误，就是被拘束在物性里面，不讲人性，人性是没有限制的，是可以向上发展的。人有两个面向，一个是物质的人、肉体的人，这部分是没有办法改变的；但另一个是精神的人，是可以向上发展的，这是无限开放的。如果人也像动物一样，说自己没有办法选择，安于自己的命运，这就是把自己当作物一样的东西拘束在那里。所以要注意物性与人性之间的差距，我们可以说小麻雀和大鹏都是逍遥的，但是人不能把自己拘束于小麻雀的境界。用寓言来讲人性的时候，其实很容易产生误解，因为寓言常常用物性来比喻人性。但是古代人写文章，会很自然地拿物性来举例。比如孟子讲性善，他就用水往下流来比喻自然的性善，荀子则是用树木生长来比喻人性，这些都是片面的看法，不是真正的人性。所以这些都只是比喻。此外，我还有一种另类的思考：小草和大树相比较，小草会认为自己小吗？答案应该是否定的。现在我们常常会把人为规定的大小之分放到小草和大树的比较中，不幸又转回来放到人的区别中，认为天生注定的有的人大，有的人小，所以我们要打破这种人为的分别。

原文

故夫知效一官，行比一乡，德合一君，而征一国者，其自视也，亦若此矣。而宋荣子犹然笑之。且举世而誉之而不加劝，举世而非之而不加沮，定乎内外之分，辨乎荣辱之境，斯已矣。彼其于世，未数数然也。虽然，犹有未树也。

夫列子御风而行，泠然善也，旬有五日而后反。彼于致福者，未数数然也。此虽免乎行，犹有所待者也。若夫乘天地之正，而御六气之辩，以游无穷者，彼且恶乎待哉！故曰，至人无己，神人无功，圣人无名。

语译

所以，有些人的才智可以胜任一种官职，他们的行为为一乡之人所效仿，他们的道德合于一国之君的要求，也为一国之人所信赖，他们以此自视甚高。可是宋荣子仍然要讥笑他们。宋荣子的功夫在于：世上的人都赞美他，他也不会因此而受到鼓舞；世上的人都批评他，他也不会因此而感到沮丧。他能划定内外之间的分别，认清荣耀和耻辱之间的界限。他的功夫就是如此罢了！他这种人在世俗中也是不多见的，可是即便如此，他依然不能独立存在。

像列子这种高士，能够驾风而行，轻灵而美妙，过了十五天的时光又折回来了。他在所有追求福乐的人之中，也是不多见的。他驾风的功夫虽然能够不用脚去行走，但还是对风有所依赖的。而乘顺天地的正道，驾御六气的变化，游于无穷无尽境界的人，他们又哪里需要凭借什么呢？所以说，至人不执着于自己，神人不贪求功业，圣人不为名所累。

解义

接下来我们看"故夫知效一官，行比一乡"一段。前面是用故事和寓言来描写大与小的差别，现在庄子是从人世间的人物来看小大的差别。在此庄子列举了四种人。第一种人是"知效一官"，"官"可以理解为"五官"，也可以解释为"官位"。按"五官"来讲，就是说他有一官的才能，比如这个人口才非常好，就变成了外交官，或者是跑得快成了运动员。"行比一乡"是说他的行为为一乡的人所推崇，大家都称赞他有道德。"德合一君"，是指他的才能和德行被国君所器重。"而征一国"，是说他被整个国家所推崇，这种人是第一种人。那么这种人在普通的贩夫走卒看来，也认为他是大，自己是小，就像我们常说大人物、大明星等，但是庄子把他们放在第一种，用意是指他们仍然是最低层次的人物。庄子说："其自视也，亦若此矣。"他们自己以为了不起，就像小麻雀一样自大。这种人在社会上是所谓的佼佼者，一般人看来会很羡慕，但庄子认为如果真正懂的话，就知道这种人不是大，而是太小了。

第二种人以宋荣子为典型，有人说宋荣子就是宋钘，他"犹然笑之"，嘲笑前面那种人。他做到了"举世而誉之而不加劝，举世而非之而不加沮"，意思是整个世界都赞美他，他也不会因此而受到鼓舞；举世之人都批评他，他也不会因此而感到沮丧。这种人是修炼之士，能使得自己的内心不受外在影响，也就是超乎名利、毁誉、是非，所以这种人能"定乎内外之分"，即把内跟外分得清清楚楚，内在不受外在的影响，"辨乎荣辱之境"，是指辨明荣辱的意义。这似乎已经是理想境界了，庄子却说"斯已矣"——认为他的功夫也不过如此罢了，在他看来境界还不够，因此他没有赞美和肯定第二种人。但是"彼其于世，未数数然也"，像这种人在这个世界上数量也不算多，也很不容易了，还有很多人都做不到呢。虽然不算多，"犹有未树也"，还是没有什么建树，为什么呢？因为他还是执着在内外之分上，他的不动心是一种强忍的不动心，也就是很勉强的，而不是打通内外的。在一般人来说，这样久了以后心理会有毛病的，因为受到了压抑。

第三种人以列子为代表，他"御风而行"，能够驾风而飞行，说明他是有神通的，所以第三种人有些近乎道教的修炼之士。"泠然善也"，"泠然"就是飘然自得，是一种逍遥自在、自得其乐的状态。但是他"旬有五日而后反"，一个月有三旬，一旬是十天，旬有五日是十五天，他的御风飞行不能长久，十五天就必须折返了。有人可能会认为这是庄子在借此讽刺所谓的"时势造英雄"，其实第一种人才是英雄，几乎包括了所有世俗评价中认为了不起的人。至于列子这种做法是离开这个世界去修行的人士。"旬有五日"是说只有暂时的神通，也是靠一种方法而达到的，所以"彼于致福者，未数数然也"，是说他们追求幸福也是不容易的，有这种神通的人数量也不多。他们虽然能短暂地免于行走，但是"犹有所待者"，他们还是要凭借、依靠外物，没有风他们就飞不起来。有的学者认为，《庄子》在开篇描述的大鹏也是靠着风飞上了几万里的高空，翅膀才能展开来，他们认为大鹏也许就是列子。这种看法认为大鹏是"犹有所待"，要靠风，不是最高的境界。

第四种人显然是庄子最推崇和强调的。他说如果能够"乘天地之正"，这个"正"字不是与"邪"相对的，"正"就是本来的、真实的。如果能乘本来的气，乘天地的正道，"而御六气之辩"，所谓"六气"就是阴、阳、风、雨、晦、明，也就是宇宙变化之气。有的学者把"辩"改成了"变"，说二者在古代是相通的。那此处的"辩"有没有含义呢？"辩"是分，分而能辨，比如春夏秋冬正因为有分才有变，由春变到夏，由夏变到秋。所以有风而后有变，六气在清清楚楚地变，这即是自然的变化。"以游无穷者"，他点出了"逍遥游"的"游"字，"无穷"也就是"道"，只有在无穷无止的境界中才能逍遥。这里呼应前面的"旬有五日而后反"，列子驾风飞行只能持续十五天，而此处的游是无穷的。"彼且恶乎待哉"，这种人还有什么依靠的呢？列子是待风，宋荣子是待内外之别，第一种人则是待君主的赏识和一乡之人的赞美，前面三种人都是有所待，而这第四种人是无所待的，因为他们是乘天地之正道。庄子认为，人都要努力成为第四种人，心里不要先有所待。"无待"和佛家的"无住"有相通之处，"无住"是佛家很重要的概念，是大乘佛学和禅宗重要的功夫。《金刚经》里面说"应无所住而生其心"，就是指真心的，是无所执着的。庄子的"无待"虽可以和无执、无住相通，但是"待"是往前发展的，"待"也就是所谓的等待，"住"则是指现象的执着，所以"无所待"是一个动态的发展过程，"无住"则是静态的不执着于某个现象，含义又不完全相同。

《天下》篇中有这样一个比喻"其动若水，其静若镜"，水是一个动态的现象，镜子是一个静态的描述。我们看到流水，就会有川流不息的感觉；走到镜子前面，就会执着于里面的形象。一般人读《庄子》就说要无所待，误解为没有目的，但没有目的很容易走偏，会变成一个玩世不恭、没有志向的人，如果没读懂《庄子》就会走入这种歧路。我认为，这不是《庄子》的本意，所以我要把"有所待"跟"无所待"连接起来，那么要怎么连接呢？人在生活中有时必须有所待，不能无所待，比如上学校去学习肯定是要毕业的，既然如此，就把等待毕业当作一个目的好了。在讲《老子》的时候，我说《老子》的无为一方面是不要有欲望，另一方面是不要有目的，其实后者和《庄子》的"无所待"是一样的。就人生来讲，我们时时都有目的，不可能说完全没有目的，但有的是小目的、小目标，但小目标达到了又会有一个更大的目标，所以人在达成一个目标之后，不要执着于这个目标，要继续往上发展。有待之后，又超越了这个待，最高处是绝对无待的境界。所以，人生不能说无待，在小目标中追求无住，更重要的是要有一个无穷的目标，这也是人生的最终目标。这样的话，面对追求小目标时可能遇到的挫折就不会计较了，因为心中有更宏大的目标支撑，可以使我们解脱和得到提升。否则，不管我们的小目标实现与否，都会陷入痛苦、失望或迷茫中。

刚才说的第四种人，他可以通乎前面三种，不是说他不能在前三种中选择做一个逍遥的隐士，而是说前三种还是需要第四种的境界。

每个人都可以有一个宏大的目标，但不见得每个人都有。我们都头顶着开阔的天空，天是没有私心的，但是不是每个人都会抬头望天呢？事实上，大多数人都是往地上去看、去争，很少人抬头看天。所以在此我把《逍遥游》的精神归结为一个"大"字，能够有无穷大的境界就能逍遥。就像很多人会从《三国演义》中得到启示："是非成败转头空。"历史上有多少成败、大人物，我们无法与他们相比，但他们最终也不过如此，所以这个"空"字就是指无常无执。实际上，庄子《逍遥游》真正的结论就在这一段。我们一般喜欢把结论放在最后，但庄子的文章中，结论的位置是不一定的，有时在最后，有时却在开端，有时在当中，有时每一段都有结论。

回到文中，"以游无穷者"就是无所待的目标，这个无所待的目标随时可以用在我们的待里面，所以无论得失好坏都可以接受。庄子说："至人无己，神人无功，圣人无名。"很多人没读懂《庄子》，在看这一句的时候，不看"至人"两个字，只看"无己"；不看"神人"两个字，只看"无功"；不看"圣人"两个字，只看"无名"。然后他们就会自满，觉得自己无己、无功、无名，似乎已经达到理想的境界。这是一种误解。所以我在前面也说过，庄子的话像漏斗一样，流出来的水是抓不住的，不能只看表面的文字，而要看他背后的用意。我们要先成为至人，才能够无己，而不能倒过来说无己就是至人。难道通过打坐的无我就能成为至人吗？我们时时刻刻都在寻求自己内心的安定，这是为己而非无己。所以，要达到至人的境界，就不要执着于自己，先有待而后无待，先要有己，然后才无己。连自己都没有，又何谈"无"呢？"神人无功"也是同样的道理，神人本来是因他有大功，我们才会称他为神人。为什么我们要崇拜大禹，把禹奉为神人呢？那是因为禹治理黄河立了大功。所以先要有大功，然后才谈得到不要执着于自己的功勋。"圣人无名"也是一样，尧、舜、禹、汤、文、武等都是圣人，是很有名望的，但做了圣人以后，不要以为自己是圣人。如果我们现在是贩夫走卒，一点儿名都没有，又怎么谈无名呢？所以实际上先是有待的，有待而后成己，有待而后有功，有待而后有名，接着在有己、有功、有名之后，再超越它们，才是庄子所认为的真正的至人、神人、圣人。

《庄子》的结论已经讲完了，下面就是讲故事了，故事是要将结论再加以说明，让人易懂易行。

原文

尧让天下于许由，曰："日月出矣而爝火不息，其于光也，不亦难乎！时雨降矣而犹浸灌，其于泽也，不亦劳乎！夫子立而天下治，而我犹尸之，吾自视缺然，请致天下。"

许由曰："子治天下，天下既已治也，而我犹代子，吾将为名乎？名者，实之宾也。吾将为宾乎？鹪鹩巢于深林，不过一枝；偃鼠饮河，不过满腹。归休乎君！予无所用天下为！庖人虽不治庖，尸祝不越樽俎而代之矣！"

语译

尧让位给许由说："当日月出来之后，火炬的光还不熄灭的话，这个火炬和日月争光，岂不是难乎其难吗？当及时之雨已经降下，仍然汲水灌溉，以这样的做法润泽田地，岂不是劳而无功？夫子你如果在位，天下一定治平。而我仍然占住了这个位子，我自知才德不够，所以请你出来治天下。"

许由回答说："你治理天下，天下都已治平了，我却来代替你。难道我是为了虚名吗？名位是事实的外表。难道我只是为了外表吗？小雀筑巢于深林中，也不过只能占有一根树枝；鼹鼠渴饮河水，也只能装满一肚子而已。你还是请回去吧！天下对我一无用处。厨师虽不愿烹调，管祭礼的尸祝，却不能放下祭器，去替厨师掌厨啊！"

解义

接下来先讲圣人的故事。"尧让天下于许由"，很多人理解错了，认为尧把王位让给许由，说明许由还真了不起，许由还说："你把天下已经治理得很好了，不要让给我了。"似乎是许由境界很高，其实在这里是为了凸显尧的境界之高。因为许由本来就没有位置，他是一个隐士，拒绝别人给他的位置并不是难事。但尧居高位还能谦虚地把位置让给别人，这才呈现出了"圣人无名"，即不执着于他的名望。

原文

肩吾问于连叔曰："吾闻言于接舆，大而无当，往而不返。吾惊怖其言，犹河汉而无极也；大有径庭，不近人情焉。"

连叔曰："其言谓何哉？"

曰："藐姑射之山，有神人居焉，肌肤若冰雪，绰约若处子。不食五谷，吸风饮露。乘云气，御飞龙，而游乎四海之外。其神凝，使物不疵疠而年谷熟。吾以是狂而不信也。"

连叔曰："然。瞽者，无以与乎文章之观；聋者，无以与乎钟鼓之声。岂唯形骸有聋盲哉？夫知亦有之。是其言也，犹时女也！之人也，之德也，将旁礴万物以为一，世蕲乎乱，孰弊弊焉以天下为事？之人也，物莫之伤，大浸稽天而不溺，大旱金石流、土山焦而不热。是其尘垢秕糠，将犹陶铸尧舜者也，孰肯以物为事？"

语译

肩吾问连叔说："我听接舆的言论，说得大而不合理，远而不知返。我惊骇他的话，好像天河一样没有边际，大为荒诞，不近人情。"

连叔问："他讲些什么？"

肩吾回答："他讲，在遥远的姑射山上，住着一位神人。他的皮肤像冰雪一样洁白，轻柔婉约的姿态像少女。不吃五谷杂粮，只吸风饮露。他乘着云气，驾御飞龙，而遨游于四海之外。他的精神向内凝聚，不伤害外物，使得稻米丰收。我觉得他的话有点怪诞，而无法相信。"

连叔说："是啊。盲人，无法让他看到花纹和色彩的美丽；聋人，无法使他听到钟鼓的音声。难道只有形体上的盲人和聋人吗？我们的心智上也有盲人和聋人，这话就是对你这样的人讲的。这位神人，他的德行啊，将使万物生气磅礴，而求一世的平安。他哪肯为治天下的政务而劳形役心呢？这位神人啊，外物不能伤害他，大水漫天而不能淹灭他，大火使金石熔化也不能使其燃烧。他的一点儿小小的尘垢秕糠，就可以铸造成尧舜等圣王。他又怎么肯以俗务为事呢？"

解义

下面是讲神人的故事，说有一位神人住在姑射山，"肌肤若冰雪，绰约若处子"，漂亮得像女孩子一样。他不吃五谷，吸风饮露，腾云驾雾，"而游乎四海之外"，这是一般人所认为的神人。实际上，这只是庄子文学性的描写，重点其实在后面——"其神凝"。有一位学者说整部《庄子》的主旨就在这三个字，他的精神凝结、聚合在身中，神是不散的，也可以把这个"神凝"跟佛家的思想进行比较。佛家有两个字叫作"不漏"，不漏就是没有欲望。这里的神凝也即精神不漏。这三个字很重要，其实是"神凝"两字。不过，如果让我来讲《庄子》整体的思想，我会归结为一个字，那就是"大"。所谓神人者，就是他的精神纯粹化，不受物质拘束而超脱于物质，这是"大"的境界。他的精神内聚凝结不散，"而使物不疵疬而年谷熟"，即使得万物都不生病且能够生长得很好。这怎么可能呢？我们的神是自己的，跟外面的万物生长没有关系。虽说是在讲神人，但本质还是人，庄子的神人不是神仙。这个地方也跟《中庸》中的说法有些相似："致中和，天地位焉，万物育焉。"神明就是中和，天地位，万物育，就等同于"年谷熟"。但个人内心达到中和怎么能够沟通天地呢？如果不能沟通的话，那儒家的理论就不合逻辑了，不过庄子此处的表述不能以常理来推论。如果按照天人感应来解释的话，我们的精神生活确实可以影响周边的人和事物，可以影响朋友、家人，各种精神状态跟外在都是息息相关的。但是庄子在此处只是一个文学描写而已，也就是说，是通过无功来达到神人的境界。如果认为自己了不起或者有功的话，就会干涉外在的东西。在这一段后面有几句话："之人也，之德也。"这是讲神人的德行，接着指明了修炼的方式"将旁礴万物以为一"，所以这是一个很大的境界，是大一，与万物一体。他的精神内聚，就能跟万物相通，内外一体，这也呼应了前面的"神人无功"，因为不居功才能与万物一体。

原文

"宋人资章甫而适诸越，越人断发文身，无所用之。尧治天下之民，平海内之政，往见四子藐姑射之山、汾水之阳，窅然丧其天下焉。"

语译

"宋国有一个人到越地去贩卖礼帽。可是越地的人都是剪短发以花纹刺身的，不需衣冠，又哪里用得着礼帽？尧治理天下，平定海内的政事后，到姑射山和汾水的北面去拜见四位高士，回来后便如有所失，茫茫然好像丢掉了天下似的。"

解义

接下来讲的是"至人无己"，"宋人资章甫而适诸越"，"资"就是卖，"章甫"就是帽子。越国在南边，南蛮在当时都是没有文化的，穿着也不像北方的衣冠。到了那里这位商人发现帽子对于他们根本没有用，他们甚至连衣服都不穿，所以帽子没有销路。这表示我们不能用自己的想法去揣测别人，我们常说推己及人，推己怎么推？推的过程当中什么是己？这些问题都很重要。在庄子看来，真正的推己及人首先要无己，如果先有一个己，那个己就会变成自己的执念。以己度人，不能适合别人的需要，别人更是只求不要把你的"己"推给他们了。本段另一个故事，是写"尧治天下之民，平海内之政"，当然是他的功劳，但他拜访了"藐姑射山"的四位高人之后，才发现自己的渺小，"窅然丧其天下"，丧天下的同时也丧己，忘己了。

原文

惠子谓庄子曰："魏王贻我大瓠之种，我树之成而实五石，以盛水浆，其坚不能自举也。剖之以为瓢，则瓠落无所容。非不呺然大也，吾为其无用而掊之。"

庄子曰："夫子固拙于用大矣。宋人有善为不龟手之药者，世世以洴澼絖为事。客闻之，请买其方百金，聚族而谋曰：'我世世为洴澼絖，不过数金；今一朝而鬻技百金，请与之。'客得之，以说吴王。越有难，吴王使之将。冬与越人水战，大败越人，裂地而封之。能不龟手，一也；或以封，或不免于洴澼絖，则所用之异也。今子有五石之瓠，何不虑以为大樽而浮乎江湖，而忧其瓠落无所容？则夫子犹有蓬之心也夫。"

语译

惠子告诉庄子说："魏王送给我一个大葫芦的种子，我把它种下了，葫芦长成时，它的果实就有五石重。我用它来装水浆，它虽坚硬，可是重得举不起来。我把它剖开成为瓢，它大得没有水缸容纳得下。它真是虚有其大，我因其无用，所以就把它击碎了。"

庄子说："你实在不懂得用大啊！宋地有人善制一种可以使手不龟裂的药。他们靠着这种药物，世代从事替人在水中漂洗棉絮的工作。后来有个人听到了，便要用百金买他们的药方。他们便召集全族的人共同商量说：'我们代代以漂絮为业，也只赚到数两黄金而已。今天我们卖掉这个药方，就可得一百两黄金，不如就卖掉它吧！'这个人买了药方后，便献给吴王。后来越国入侵吴国，吴王便任命此人为将军。在冬天，与越国水战，而大败越人。吴王因为他的功劳，为他划地封侯。使手不龟裂的药方本是相同的一种，后者因而封侯，前者却一直以漂絮为生，是因为他们运用的场合不同。现在你有五石那么大容量的葫芦，为什么不把它挖空而像一个大酒樽似的，放在江湖上，任它浮游，你却担心它大得没有地方容纳。实在是你自己心量太狭窄了吧！"

解义

我认为《逍遥游》的境界就是一个"大"字。魏王给了惠施一个大葫芦的种子，种下以后，长成一个大葫芦，把它剖开就变成了舀水的瓢，结果这个葫芦太大，连水缸都盛不下，惠施觉得这个葫芦大而无用。庄子就批评惠施不会用大。

庄子举了另一个故事为例，宋人得到一种使手不皴裂的药，便用这种药涂在手上，从事替人漂洗的工作，足以糊口，后来有人以重金购买了这个药物，把它献给吴王，用在冬天的水战上，兵士涂了这药，手不皴裂而取胜，此人因而封地，前者拥有此方而世代漂洗，后者因此封侯，这就是小用与大用的不同了。

最后，庄子说，不能做盛水的瓢，但可以把它放到江海里任它漂流，批评惠施只知道小用，而不知大用。小用就是前面我们讲的四种人中，比如"知效一官，行比一乡"的人，是把自己拘束在小用上了。其实每个人都是大才，我们不要总是以为别人是大材小用，也不要辜负自己，天生我材必有用，大才就要大用。要怎么大用呢？要珍惜上天赐予我们的宝贝，而不要辜负了它。上天给我们的第一样宝贝就是生命，所以我们要好好珍惜、维护我们的生命，不受外在刀斧的砍伐，也不能自己糟踏生命。最后一大段话的结论就是强调不要讲求小用，什么叫小用呢？

原文

惠子谓庄子曰："吾有大树，人谓之樗。其大本拥肿而不中绳墨，其小枝卷曲而不中规矩，立之涂，匠者不顾。今子之言，大而无用，众所同去也。"

庄子曰："子独不见狸狌乎？卑身而伏，以候敖者；东西跳梁，不辟高下；中于机辟，死于罔罟。今夫斄牛，其大若垂天之云，此能为大矣，而不能执鼠。今子有大树，患其无用，何不树之于无何有之乡，广莫之野，彷徨乎无为其侧，逍遥乎寝卧其下；不夭斤斧，物无害者，无所可用，安所困苦哉！"

语译

惠子又说："我有一棵大树，人们叫它为樗。它的树干木瘤盘错，不合尺度。它的小枝弯弯曲曲，不合规矩。生长在路旁，木匠都不屑一顾。今天你的话，大而无用，大家都会离你而去的。"

庄子回答说："你难道没有见过猫和黄鼠狼吗？它们躲藏在低下的地方，等待那些出来游荡的小动物。为了捕捉小动物它们东跑西跃，不在乎地势高与下。可是结果，它们自己踩入捕兽的机关，困死于网罗之中。现在，那个斄牛，大得像天上挂下的云。它虽然身形巨大，却不能抓小鼠。今天，你有这样一棵大树，却担心它没有用。为什么不把它种植在无所用的地方，比如遥远广漠的原野。你可以在它旁边徘徊而无所事事，你也可以逍遥地躺在它下面休息。它既不受刀斧的砍伐，外物也不会加害于它。因为无所可用，又哪有困苦的烦恼呢？"

解义

庄子也经常用树木做比喻，《逍遥游》最后一段里说，把最差的树木砍掉当柴火，这是一种用，另外一种好一点儿的树木用来做桌子、椅子，再好一点儿的造房子，更好一点儿的木料做棺材。这些都是我们想到的"用"，还有的树木没有什么用，就放在山林里防风，当时还没有认识到调节生态的作用，其实这才是真正的大用。但天生的树木不一定就是用来做桌子、椅子或者棺材的，它是面向整个宇宙的，人也是一样。那么天生我材，这个"材"可能有很多用处，小用当然是结婚生子，这是儒家所认为的一种很重要的用处；然后服务大众，做我们应该做的工作，这也是一种用处。但我们要注意自己还有更大的用处，不要把自己限制在某一个用处上，否则会因为没有得到应用而失望。最后几句话中，在庄子的笔下我们似乎变成了逍遥的隐士——"患其无用，何不树之于无何有之乡，广莫之野，彷徨乎无为其侧，逍遥乎寝卧其下；不夭斤斧，物无害者，无所可用，安所困苦哉！"不过，庄子的描写都是文学性很强的。什么叫作"无何有之乡""广莫之野"？这是要把我们放在一个大的境界上去谈论。"无所可用"把"所可"两个字拿掉，就叫无用。什么叫作无用？无用不是我们日常所说的一点儿用处都没有，不是废物、垃圾的意思。无用有两层含义：第一个是不为小所用；第二个是不用小。前者是把自己限制在某个位置上被人家所用，后者是不要老执着于小的东西，这两个意思合起来就是"无用"，反过来"用无"才是真正的大用。

最后我们还要回到前面一段，来谈谈如何处理大葫芦的问题。有的学者认为把葫芦绑在腰上，当作腰舟，可以助人在江湖中游，其实这仍然是小用。如果我们仔细阅读《庄子》原文："何不虑以为大樽而浮乎江湖，而忧其瓠落无所容？则夫子犹有蓬之心也夫。"这是说把大葫芦的口扎紧，像一个大酒杯，放到江湖中，任它浮游，也就是说它是它，我是我，任它去，和我无关，这样就毫无有用之念，不仅小用，连大用也没有，完全是无用，即不用，我们对任何事物如能有不用之心，我们的心才真能无拘无束、无忧无虑地逍遥。

内篇第二　齐物论

不能齐物怎么能逍遥呢？就像儒家，若不能齐家，怎么能治国呢？我们先要注意什么叫"齐物"。齐物不是说使得万物整齐，万物本来就是不齐的，这是它们的本色，"齐物"实际上就是要顺应万物的不齐。所谓山高水深，不能说山高于一切，要把山拉平了。那么，究竟是什么东西使我们感觉不齐呢？就《齐物论》这一篇来讲，大概有四个方面：首先是讲生死，有的人活了一百岁，有的人只活二十岁，也有人活五十岁、七十岁，都是不同的；其次是讲是非，是非观念、意识不一，各派辩论不休，都是为了讲是非；再次是成败，有人成功，有人失败，成则为王，败则为寇；最后是美丑，天下人都知美之为美，没有人是自认丑的。

这其中，最重要的两点是生死和是非的问题，生死是关系自己的生命，是非是判断外物的观念，如果能先解决这两方面的问题，万物就会自齐。万物不齐最根本的是人和物的不同，我们都想要做人而不愿做物，但是《齐物论》说人死了以后都变成物了，就没有不齐了，人只是天地间暂时的过客。前一篇谈论有待和无所待。有待就是说把希望寄托于生命的长度上，企求长生不死，但《齐物论》要我们不苟求生命的无限，死后变成什么都可以，这样就无所待而物自齐了。真正要使得万物齐同是不可能的，不只是有困难，而是完全没有可能性，那最可能的就是去齐我们的内在，通过修养功夫来消除自己的分别心。庄子在这一篇文章中并不反对有分别的事实，而要消除有歧视的分别心，是在讨论内心的功夫，教我们如何去破掉小知而达到大知，达到大知之后就能看透万事万物，不受观念意识的拘束，这就叫作《齐物论》。所以这一篇是在讲智慧，讲真知。

南郭子綦隐机而坐，仰天而嘘，苔焉似丧其耦。颜成子游立侍乎前，曰："何居乎？形固可使如槁木，而心固可使如死灰乎？今之隐机者，非昔之隐机者也。"子綦曰："偃，不亦善乎，而问之也！今者吾丧我，汝知之乎？女闻人籁而未闻地籁，女闻地籁而未闻天籁夫！"

子游曰："敢问其方。"子綦曰："夫大块噫气，其名为风。是唯无作，作则万窍怒呺。而独不闻之翏翏乎？山林之畏佳，大木百围之窍穴：似鼻，似口，似耳，似枅，似圈，似臼，似洼者，似污者；激者，謞者，叱者，吸者，叫者，譹者，宎者，咬者。前者唱于，而随者唱喁。泠风则小和，飘风则大和，厉风济则众窍为虚。而独不见之调调，之刁刁乎？"

子游曰："地籁则众窍是已，人籁则比竹是已。敢问天籁？"子綦曰："夫吹万不同，而使其自己也，咸其自取，怒者其谁邪？"

语译

南郭子綦，有一次靠着几案而坐，仰首向天，缓缓吐气，茫然地，好像丢掉了他的形体。这时，他的学生颜成子游正在身边服侍他，便问："究竟是什么道理啊？形体固然可以变成枯槁之木，难道心神也可以变得像死灰一样吗？今天你靠几而坐，和以前你靠几而坐完全不一样啊！"子綦回答说："偃啊！你问得很好。今天，我失去了自我，你知道吗？你听过人造的各种音籁，而没有听过大地的音籁，也许你曾听过大地的音籁，可是你没有听过天上的音籁。"

子游说："请告诉我这个道理。"子綦说："大自然吐出来的气息，叫作风。这个风不发作时好像没有，可是一发作，便使得自然界的各种洞穴产生怒号。你难道没有听过那长风的嘶鸣声吗？那山林的盘回曲折，百围树木的枝杈，形成各种的洞穴，有的像鼻孔，有的像嘴巴，有的像耳洞，有的像方形的柱，有的像圆形的杯，有的像杵米的舂臼，有的像水洼，有的像泥沟。当风吹进去之后，而发出的声音，有的如水的激荡，有的如箭的呼啸，有的似叱骂，有的如吸气，有的像叫喊，有的似哭号，有的如低语，有的像犬吠。前面声音发出'于'，后面声音和着'喁'。轻风则所和之音也小，大风则所和之音也大。强风停了之后，各种洞穴又变得寂然无声。你难道没有看到风静后，树枝由激烈地摇动而变成慢慢地摆动吗？"

子游说："地籁是指各种洞穴所发的音响，人籁是指竹制乐器所奏的音响。可是什么又是天籁呢？"子綦回答说："风吹万窍而有不同的声响，这些声响之所以如此都是由洞窍本身的形状而产生的，但究竟这个发动风产生音响的又是谁呢？"

解义

不用管这个南郭子綦是谁，可能现实中有这个隐士，也可能是庄子捏造的名字。他有一天好像是在那里打坐，弟子就问他：师父这一次看上去就像死灰一样，似乎是完全静止了下来，我是否可以有像您一样的功夫？南郭子綦就回答他说："我今天坐在那里好像忘掉了对待，忘掉了一切。""今者吾丧我"，这是要点，他说今天我失去了自己，即忘掉了自己。"吾丧我"，这里有两个自己，忘掉的我是什么呢？就是对待的我、形体的我、观念的我、意识的我、欲望的我。前面作为主体的"吾"才是真我，超脱了相对的、假象的、执着的、欲望的我。这是他的功夫。从这个地方开始，庄子一方面讲知识怎样从小知变成大知，在这一过程当中，又时时告诉我们怎么样去丧我，怎么样去实现真我。所谓明智地追求齐物的方法，就是在丧我和真我之间修炼的功夫。我曾说禅宗就像一场在我和无我之间活动的旅程，《齐物论》也是一样，现在他提出了：吾丧我，就是吾和我之间的斗法了。接下来庄子描写了一个很美的场景，就像拍电影一样。

"大块噫气"，大块就是自然，庄子用大块而不用小块，是因为小块就有分隔了，而大块是整个的、一片的自然。大块产生气，气就变成风，这个是物理现象，风是从气而来的，风吹到现象界中，吹到深山里面，这些都是庄子的文学性的描述。我们不区分山里面的树木、石头、洞穴、树杈等各种不同的形态，风一吹进去各种声音就出来了，真如万马奔腾，热闹极了。各种声音出来之后，突然间树木不摇动了，声音没有了，风也没有了，最后两句话直接讲出来原因，"夫吹万不同"，意思是风吹到山里面，万物都会发出不同的声音，"而使其自己"，是指使得万物有不同的声音，"咸其自取"，都是由于它们不同的形态引起的。风没有声音，气也没有声音，一定是碰到东西才会产生声音，这非常科学。然后庄子又问："怒者其谁邪？"询问我们发动者是谁，但这里只提出了问题，没有回答。那我们来想想看，要么就是有个人物，要么就是跟人没有关系。如果说有，那么一定会推到天、神、上帝等最高的层面，这个绝对不是庄子的思想，因为庄子不讲上帝，这说明和人物无关。倘若我们来回答这个问题，可以说怒者不是在声音之外有另外一个东西去发动的，怒者就是万物本身。没有一个人在那儿操纵怒的气息，可以说没有一个操纵者，也可以说操纵者就是万物自己，也就是说所有的观念、执着、想法都是自己造成的，现象界所有的东西都是由那个我们要忘掉的"我"造成的。庄子讲忘我，"我"是什么？那个"我"不是高高在上、茕茕孑立的，而是形体的我、意识的我、麻烦制造的我，忘掉了这个我才是真我。也就是说，没有一个另外的东西在那里发声，发声的是我们自己。所有的东西都是万物自己形成的，就人来讲是我们自己，就万物来讲都是自然。

风吹过万物，发出各种声音，这些声音都是万物自己发出来的；风停了，那个声音就没有了，这也是它们自己停止的，但风是自然的变化，那个声音可不是自然的变化。我们所遇到的外在的现象是自然的，我们的反应可不是自然的。所以"春有百花秋有月，夏有凉风冬有雪"，这个是自然的；但假如我喜欢春天，不喜欢冬天，这就不自然了。

问题就是这样，我们讲上帝、讲宗教是另外一套理论，但是中国哲学中，庄子说人能忘掉自己，人就是上帝了，也就是至人、真人、神人。

有人说《庄子》读起来像爬山一样，要一步一步地爬。同样，现在我们要在丧我与吾这两个关联之间继续走下去。前面是讲自然界，下面马上转到人世间了，人世间当然不是谈论风声了，话题转到各种意识观念上了。

原文

大知闲闲，小知间间；大言炎炎，小言詹詹。其寐也魂交，其觉也形开，与接为构，日以心斗。缦者，窖者，密者。小恐惴惴，大恐缦缦。其发若机栝，其司是非之谓也；其留如诅盟，其守胜之谓也；其杀若秋冬，以言其日消也；其溺之所为之，不可使复之也；其厌也如缄，以言其老洫也；近死之心，莫使复阳也。喜、怒、哀、乐、虑、叹、变、慹、姚、佚、启、态，乐出虚，蒸成菌。日夜相代乎前，而莫知其所萌。已乎，已乎！旦暮得此，其所由以生乎！

语译

（再从人心的窍穴来看，）大知思虑严密，小知思想散漫。大言气势凌盛，小言唠叨不休。睡着的时候，意识交错；醒来的时候，精神外驰。此心与万物相接相错，每天都处在钩心斗角的状态中。心思有时缓慢，有时深沉，有时绵密。遇小恐，心神不安；遇大恐，心神麻木。心思的发动，好像箭矢般快速，就像我们以自己的见解去论断别人的是非一样。心思不动时，正如坚守誓盟一样，为的是能稳操胜券。这种斗争的杀气，就像秋冬之日，阳气每天都在逐渐地削减。我们的心念也是如此地沉溺，而不知反省。我们的心贪餍物欲，关断了生机，变得枯槁衰竭。可说是将死之心，再也没有回阳的希望了。我们情绪的变化，有时欣喜，有时易怒，有时哀愁，有时快乐。我们的心念有时多虑，有时多悲，有时反复，有时惶恐。我们的态度，有时轻佻，有时纵逸，有时开放，有时忸怩。这些变化，就像声乐出于乐器的空处，菌类因水汽的蒸发而成，是无中生有的。这一切现象的迁流变化，如白天和夜晚的交替，我们却不知道它们是如何生成的。停止向外追逐吧！停止向外追逐吧！早晚如能证得这个，也就是万物之所以生的主体了。

解义

"大知闲闲，小知间间；大言炎炎，小言詹詹。"有的人是大知，很悠闲；有的人是小知，到处观察。有的人讲话气势很足，有的人讲话就是唠叨不休。睡觉时也做梦，醒了以后就忙着追求外物，整天跟万物相接，每天的心都是不安的。下面就是描述人的心理了：有的人用心很深、很密，有的人心怀各种各样的恐惧。我们的心理发动就像从机关里射出去的箭一样，总是在校正和分辨是非。有时候有所保留，老谋深算；有时候要遮盖，畏首畏尾，这使得我们的精神消损，就像肃杀的秋冬一样。这样的话，我们行为的动力也会逐渐消退，很难再回到原初的本性。接着他说，"日夜相代乎前，而莫知其所萌"，是指每天看着各种变化交替出现在面前，却不知道它们是如何产生的。"已乎，已乎！"算了吧！"旦暮得此，其所由以生乎"，也许在旦暮之间，我们会觉醒，发现这个原因。接下来就是探讨这个原因的。

原文

非彼无我，非我无所取。是亦近矣，而不知其所为使。若有真宰，而特不得其眹。可行己信，而不见其形，有情而无形。百骸，九窍，六藏，赅而存焉，吾谁与为亲？汝皆悦之乎？其有私焉？如是皆有为臣妾乎？其臣妾不足以相治乎？其递相为君臣乎？其有真君存焉？如求得其情与不得，无益损乎其真。

一受其成形，不亡以待尽。与物相刃相靡，其行尽如驰，而莫之能止，不亦悲乎！终身役役而不见其成功，茶然疲役而不知其所归，可不哀邪！人谓之不死，奚益！其形化，其心与之然，可不谓大哀乎？人之生也，固若是芒乎？其我独芒而人亦有不芒者乎？夫随其成心而师之，谁独且无师乎？奚必知代而心自取者有之？愚者与有焉。未成乎心而有是非，是今日适越而昔至也，是以无有为有。无有为有，虽有神禹，且不能知，吾独且奈何哉！

语译

（现象界的一切，）没有"彼"物的存在，也就没有"我"的存在。没有"我"的存在，也就无从去体觉"彼"物的存在了。这个关系似乎是近乎真实的道理了。但仅仅知道这种互存的关系，仍然不知道在"彼""我"之后使他们生存的主体。这背后似乎有个真体主宰着，但没有征象。就以"我"的存在来说吧！"我"能行动，可以证得"我"

的存在，但使"我"行动的主体是无形无相的。"我"有精神作用，可是精神作用的主体，也是无形无相的。"我"的躯体有百骸、九窍、六脏，这些都具体地存在着，都是我身体的一部分，我和它们中间的哪一个比较亲近呢？我是一视同仁地爱着它们，还是对它们有所偏私呢？就像君主对臣妾一样。但臣妾之间是否能互相支使呢？或者只有一个是君，一个是臣才能层层支使呢？这样推到最后，总有个最后的君，那不就是这个"我"的真君吗？无论我们是否能见到这个真君的实体，都不至于灭损真君存在的真实性。

当人们受天的赋予而有了形体，纵然身体暂时不致消灭，却是等待死亡的来临。人们的肉体与外物相交，有如刀刃的相割相靡。走向死亡的终点就像飞马的奔驰，停也停不住，这不是很可悲的事吗？人们一辈子劳役，而见不到最后的成功，疲于奔命，而不知最终的归宿，这不是极悲哀的事吗？虽然人们认为目前还没有死，但这又有什么好处呢？人们的形体逐渐变化而至死亡，人们的心也随着形体而亡，这难道不是真正极大的悲哀吗？人的生命是否本来就这样令人迷茫，还是只有我自己这样迷茫，而另有并不迷茫的人呢？如果大家都以他们本有的真心为导师的话，又有谁会没有自己的导师呢？不仅是那些知道万物变化而心有所主的人存有现成的真心，即使愚人也存有现成的真心。如果我们不能觉悟这个现成的真心，而动辄就做是非之论，就像名家的诡辩，说什么"今天起程去越国，而昨天早已到达了"等论题，这是以"无"为"有"的做法。如果是以"无"为"有"，即使有大禹般的神明，也不能理解，我又如何能理解呢？

解义

接着就万物与"我"的对待关系来看，没有万物就没有我，没有我就没有万物，万物和我是相对的，万物代表各种各样的自然现象。

所以他接着说："若有真宰，而特不得其眹。"前面讲"吾丧我"的时候说"吾"是真我，这里出现了"真宰"，是说好像有一个东西在主宰。看看我们的身体，百骸、九窍、六脏都包括在内，非常完整。那我们所有的器官中哪一个比较重要呢？哪一个是真正的我？我们的五官中任何一个都不是真正的我，他们都是臣妾、用人，而不是主人，因为它们不能互相运用，而是都被同一个东西所指导，那么这个东西是什么呢？就是"真君"，也就是真我。可见我们身体里面所有的器官都不是主人，一定有一个真我在操纵我们的器官。前面说"真宰"，这里又说"真君"，庄子是在一步步带领我们攀爬一座精神的山峰，我们从来没有爬过这座山，以前也没有人爬过，很容易迷失，所以我们要根据庄子的指示，一点一点地植下标志，跟着走。

下面这一句话说"其有真君存焉"，好像有一个真君在那里，无论我们能否知道真君的实情。"无益损乎其真"，是指有的人一生都不知道有真我，但并不会影响真我的存在。"一受其成形"，庄子没有说谁给了我们形体，存在主义的书也是这样讲，只讲有了形体之后的事。我们已有了这个形体的我，虽然现在还没有死，但是一直在等死的那一天。在有生之年与万物"相刃相靡"，这个物也包括了物欲，每天耗损一点儿，肉体上暂时可能还看不出来，但是慢慢地等老了就感觉到了，"其行尽如驰"，最后很快就到了终点。为什么有人说爱拼才会赢呢？其实拼得越多，驶入死亡的速度越快，这条路是没有刹车的，这就是人生。这也是叔本华的思想，比较悲观。但我们不要觉得庄子悲观，他是在描写人执着于生死的悲哀，因为执着于那个一定会死的东西，所以"终身役役而不见其成功"，也就是太爱拼，一直在拼，但还是要死，所以最后搞得"苶然疲役而不知其所归"，身体精神消损而没有一个归宿，"可不哀邪！""人谓之不死，奚益！"像这样的人活着有什么好处呢？庄子在此又有转折了，"其形化"，"形化"就是死了，

"其心与之然，可不谓大哀乎？"如果我们的形体死掉了，我们的心也跟着这个形体一起去死的话，这才是大哀。心死了就是真正死了，因为肉体死了是自然的，谁都免不了，而心和形体不同，它是不受形体摆布的。庄子的意思是，即使形体死了，我们的心也不要跟它一起死。这个心就是真心，这个真心就是真宰、真君，也就是"吾丧我"的"吾"。

一般人有了生命以后还是迷迷糊糊的，难道我们也跟他们一样吗？是不是也有人能保持清醒呢？下面说"夫随其成心而师之，谁独且无师乎？"很多注解把"成心"当作成见之心，指谁没有成见之心呢？这个解释不好。陈寿昌的注很好，他是根据憨山大师的解释，把"成心"解为"现成的真心"，如果我们能够顺着现成的真心，把"成心"解作真心的话，谁都有真心。为什么我要采用这种正面的解释呢？因为前面说"如求得其情与不得，无益损乎其真"，即是说不管知道不知道，都不会影响它的真实，那不是真心吗？很多人的解释都是负面的，这是解释不通的。因为后面说"奚必知代而心自取者有之？愚者与有焉"，就是指不只是那些知道宇宙变化的有智慧的人有成心，即使愚笨无知的人也有成心，但如果把成心解释为成见之心的话，说愚笨无知的人有成心，这句话就变成废话了。

先说聪明的人有真心，笨的人也有，这个真心谁都具有，并不是一定要知道宇宙变化才可以有真心。下面这句也是一样，"未成乎心而有是非"，是指如果没有把握现成的真心而去论外在的是是非非的话，就变成了"今日适越而昔至也"，是指今天去越国，到了越国后，却说是昨天来的。这就变成名家的辩论，把时空弄乱了。这都是"以无有为有。无有为有，虽有神禹，且不能知"。这样便是"无有为有"的强辩，即使有知如神明也不能知会了。所以这个成心就是真心，人和物都有真心，这个真心即是真我。

这段话就是从肉体的各种器官，推至能够运用这个器官的主宰，这个就是真心、真我。真宰、真君、真心、成心，是一个系统。

接下来庄子继续讨论观念是非的问题。

原文

夫言非吹也，言者有言，其所言者特未定也。果有言邪？其未尝有言邪？其以为异于鷇音，亦有辩乎，其无辩乎？道恶乎隐而有真伪？言恶乎隐而有是非？道恶乎往而不存？言恶乎存而不可？道隐于小成，言隐于荣华。故有儒墨之是非，以是其所非而非其所是。欲是其所非而非其所是，则莫若以明。

语译

人们的语言并不像风吹一样，而是有意的。发言者所说的话（随意而定），并没有一成不变的准则。如果是这样的话，那么他们所说的话，是否真有所说呢，或未曾有所说呢？他们自以为所言与小鸟啾啾之声不同，是真的不同吗？或并无不同？"道"是被什么遮盖而有真伪的产生？"言"是被什么掩蔽而有是非的争论？"道"去了哪里而不存？"言"究竟执着在什么地方，而有所不可呢？"道"是被小有成就所遮盖了，"言"是被外在的粉饰、虚饰所掩蔽住了。因此有儒家和墨家的是非争论，他们都是将别人认为"非"的认为"是"，将别人认为"是"的说成"非"。像这样的以"是"为"非"、以"非"为"是"，还不如舍是非，而归于万化的自"明"。

解义

庄子说语言不是"吹"，"吹"是吹气，就是风。前边讲的大气是无心、无意，是没有欲望的，而言者有意，我们的语言不是吹气。这话究竟是什么意思呢？"果有言邪？其未尝有言邪？"有的人讲了半天话，却不说出内心的想法；有的人讲了半天话，连自己也不知道要表达什么意思；有的人讲了半天话，但心里是另外一个意思。因为人有自己的欲望，他的话就不是他真正的心意。小鸟的叫声是无心的，但人的话是有意的。下面庄子就问："道恶乎隐而有真伪？言恶乎隐而有是非？""隐"就是掩盖，道被什么东西所掩盖而有真有假，言被什么东西掩盖而有是有非，这里出现了真假是非，这是很重要的问题。真假是非的差别，我们以前讲过，真假是讲修养，是非是讲观念、知识和理论。是非一定有一个前提或假设，看一本书或者一篇论文，其引证的正确与否是是非的问题，观点对错不是真假的问题，修道才是讲真假的。道教中的教主和道士讲的理论是是非问题吗？它们的对错无从得知。但是可以通过修炼来判断真假，炼得成就是真，炼不成就是假。修道是真假的问题，而不是是非的问题，不是说从理论推得出来的就是道，讲得再好的理论，推出来的道也是没有用的，因为得出的结论是是非。那么"道恶乎隐"，是被什么东西掩盖了呢？他讲："道恶乎往而不存？言恶乎存而不可？"道是看不到的，但它是生生不息、无法存留的。我们看到的语言文字都是存留的，"存而不可"是因为是是非非太多了，反而失去作用。下面庄子举例来说："道隐于小成，言隐于荣华。"这两句话在庄子思想中非常重要，"道隐于小成"是指小有成就，我们自以为有成，就会被小成所掩盖、拘束、限制，而不能见生生不息的大道。追求大道的过程中最怕自以为有成就。所以要"无所住"。《易经》坤卦中说"无成有终"，即是不求有成。我们反复讲"道"就是大，这个大就是无限大，就是一直的"往"。小有成就就是前面讲的"待"，就是"存"，完成了一个小目标以后，不能拘束在这个小的成就上，否则就不能继续向上发展了，所以要突破这种自我小成的束缚。"言隐于荣华"是指只说漂亮话，只为了吸引别人，就失去了言语的本意。我们看世界上的一切理论，都是在讲是非、逻辑、推理、系统，这些不都是浮华的文字吗？还不够让人眼花缭乱，还不够唬人吗？

因此才有"儒墨之是非"。"以是其所非而非其所是"，这是说别人认为非的，他认为是；别人认为是的，他以为非，这就是理论。理论就是讨论是非，所有的学术派别都是理论，都是在讲是非。既然这样，"欲是其所非而非其所是，则莫若以明"，这里是《齐物论》的重点，需要好好讨论，因为"莫若以明"这句话在后面还出现了三次。"莫若"是"不如"，这个"明"是什么？庄子一再讲"照之于天"，是说天道就是自然之明。"莫若以明"就是说不如归于自然之明、天道之明，而不要用自己之明，我们总认为自己足以明辨是非，其实都是自以为是，还不如把是非丢掉，回到天道的自然之明。注意，这里是第一次用"莫若以明"。

原文

物无非彼，物无非是。自彼则不见，自知则知之。故曰：彼出于是，是亦因彼。彼是方生之说也。虽然，方生方死，方死方生；方可方不可，方不可方可；因是因非，因非因是。是以圣人不由，而照之于天，亦因是也。

语译

万物的知见，无不是以不同于自己的为"彼"，也无不是以自己的为"是"。大家都站在自己的立场去看别人，也就不能真正地了解别人。反过来，只有自己对于自己的认识才是真正明明白白的了解。所以说，把别人看作不同于我的"彼"，这是由于我们的自以为"是"。我们的自以为"是"，也就是由于我们都把别人看作不同于我的"彼"。万物互相以"彼"相待，也都以自己为"是"，这两种观念相互对立而衍生。虽然观念的相生，是随起随灭，随灭随起的，观念的作用，是可也即是不可，不可也即是可的。观念的判断，由此因而非，也就由此因而是；由此因而是，也就由此因而非。可是圣人不顺此而行，他们以天道之明来照物，而能任物的真是。

解义

接下来讲"物无非彼，物无非是"，其中"彼"和"是"需要特别解释一下，很多版本都根据前面把"彼"当作万物、外物，把"是"当作自己，把"彼"和"是"解作"彼此"这样就太过简单了。在我看来，用"彼"字多半意味着是"他非"，"是"就是"自是"。每个人都说自己的看法是好的，说别人的看法不对，其实一般的物性都没有彼我之分，只有人的彼我之见很深。"自彼则不见"，即是指如果只有我是彼非之念就不会见到真理了。"自知则知之"，是指只有自己反躬自知，才有真知。所以说，"彼出于是，是亦因彼"，是指"彼非"出于"自是"，不自是的话就不会老说别人非了。所谓"彼非出于自是"，"自是"是因为把对方看作"非"而产生的，所以二者是"方生之说"，互相产生，"方生"就是很快地产生了。这些概念都是互相依靠产生的，所以"方生方死"，这里不是说东西的生死，而是观念的产生，所有知识观念都处于"方生方死，方死方生"的过程中，在我们的脑子里一直发生着。"方可方不可"，说"可"是因为相信"自是"，说"不可"则否定了对方。结果就是"因是因非"，是是非非没有一个结论，扰扰不休，所以"圣人不由，而照之于天，亦因是也"，这个"照之于天"，就是"莫若以明"的根据，前面的"莫若以明"就是由于能"照之于天"——由天道而明，不要以自己的观念来明。"亦因是也"，这句话很重要。"因"就是因顺，顺其"是"，"自是"当然是不好的，而这个地方的"是"不是说"自是"，是"顺万物自是"，是顺万物的自己。要注意，就人来说，"自是"是自以为是，就万物来说，它们没有观念意识，它们的"自是"乃自然如此，因为它们没有"彼非自是"的分别心。就人来说"自是"是不好的，就物来说"自是"是本来如此，"因是也"，是指物的"自是"。这里的"因是也"很重要，是第一次出现。

原文

是亦彼也，彼亦是也。彼亦一是非，此亦一是非。果且有彼是乎哉？果且无彼是乎哉？彼是莫得其偶，谓之道枢。枢始得其环中，以应无穷。是亦一无穷，非亦一无穷也。故曰莫若以明。

语译

我们的自以为"是"，是由于我们的"是"以别人为"彼"。我们的"是"以别人为"彼"，也是由于我们的自以为"是"。这样一来，别人的"彼"有彼的是非，我的"此"也有此的是非。但果真是否有"彼"和"是"的差别，或根本没有"彼"和"是"的差别呢？"彼"和"是"的产生是对待而立的，这就像所谓道的枢纽。这个枢纽是在一个圆环的圆心之中，它可以左转右转，因应无穷。自以为的"是"是无穷的，批评别人的"非"也是无穷的，所以不必去追逐这种观念的无穷，不如还归天道的自明。

解义

万物都是"是"，都有本性，都有真我，我们不要拿我们的"是"来分别，以为我"是"他"非"，"照之于天"就是"照之于自然"，庄子的天就是自然。天生万物各有其理，不要以人的眼光为标准来判断，要顺万物之"自是"。这个"自是"本来是好的，但人如果强调我之"自是"就不好了，要打破我的"自是"而顺乎万物之"自是"。就现象来讲，"风产生出了各种声音"这种说法并不错。圆的洞发出圆的声音，方的洞发出方的声音，这有什么错呢？前面讲的是寓言，庄子是借自然界的东西来比喻人生，就自然界来讲本来就是如此，就人来讲却不同了，因为人有意识感应，而万物只是自然现象。就万物来讲，各种运动产生各种声音，这些都没有错。而人就有所谓"大知闲闲，小知间间，大言炎炎，小言詹詹"，"大言""小言"里面总有我好、别人不好的区别，这就不同了，所以应该"顺万物之是"。可是庄子说："是亦彼也，彼亦是也。彼亦一是非，此亦一是非。"即指我们人的心理却不同，我们的"自是"是由于我们认为"彼非"，我们认为"彼非"也是由于我们坚持"自是"，所以弄得说到"彼"，就把"彼"放入是非圈中来看；谈"己"，也把"己"陷入是非圈中。因此庄子又说："果且有彼是乎哉？果且无彼是乎哉？"真的有彼非自是的分别吗？真的没有彼非自是的分别吗？其实没有，"彼是莫得其偶"，因为它们都是相对的，如果我们不把彼和我放在相对性里，这个就是"道的枢机"。"枢"就是门的轴，门可以转这边，可以转那边，可以开，也可以关，肯定不能说开是好，关是不好。所以不要是是非非，轮转不休，而这个"道枢"在当中，可以往这边转，也可以往那边转，所以说"以应无穷"，即能无穷的反应。我们一想到无穷，是非的判断就没有了，"是亦一无穷，非亦一无穷"，在无穷中，是非就相对不起来了。有是有非就是有穷的、有限制的，是片面的。所以真正了解"是亦一无穷，非亦一无穷"的话，这就叫"莫若以明"，也即"不如回归天道的自明"。这是"莫若以明"一语第二次出现，这在《齐物论》的推论中很重要，我们要特别注意，因为它们还出现了好几次，都是关键。

原文

以指喻指之非指，不若以非指喻指之非指也；以马喻马之非马，不若以非马喻马之非马也。天地一指也，万物一马也。可乎可，不可乎不可。道行之而成，物谓之而然。恶乎然？然于然，恶乎不然？不然于不然。物固有所然，物固有所可。无物不然，无物不可。故为是举莛与楹，厉与西施，恢恑憰怪，道通为一。其分也，成也；其成也，毁也。凡物无成与毁，复通为一。唯达者知通为一，为是不用而寓诸庸。庸也者，用也；用也者，通也；通也者，得也；适得而几矣。

语译

用名相去指物的"指"来比喻这个名相的"指"不是所指之物的自身，还不如干脆不用"指"，去表明这个"指"不是物的自身。用马的名词去比喻名词的"马"不是真正马的自体，还不如干脆不用"马"的名词去表明马的名词不是马的自体。天地虽大，抽象来说也像名相的"指"一样，是一种称谓。万物虽多，归结来看，也像名词的"马"一样，是一种指称。这种名相或名词，约定俗成，说它可，也就可；说它不可，也就不可。我们追求的道，是它自己运行而成的；我们所运用的物，都是因为我们如何称呼它们而得名的。由于是称呼，为什么这样称呼？这样的称呼就是这样的称呼，为什么不是那样的称呼？不是那样的称呼就不是那样的称呼。其实万物都有它们的本然，都有它们的本可。没有一物是不然的，没有一物是不可的。基于这个道理，比如万物之中，小如草茎，大如木柱，丑如癫病，美如西施，以及很多大而无当，反于常态，变化莫测，怪诞不经等事物，这个自然的道都是一炉而熔之。就自然大化的现象来说，分的一面，就是成的一面，成的一面，也是毁的一面。事实上，万物无所谓成与毁，因为成毁都存乎一体。唯有真正悟达的人，才了解道打通万物而为一体的妙理。他们不以自己的"是"去用万物，而能本之于万物的自然之"庸"。这个"庸"就是天生万物，各有其用的"用"。万物各有其用，才能互相平等而"通"。能相"通"，才各有所得，而成就自体。能自"得"，也就差不多达到道的境地了。

解义

这一段的前面几句话有各种不同的解释，十分复杂。"以指喻指之非指，不若以非指喻指之非指也"，像绕口令一样。"指"本来是指头，另外就是对东西的"意指"，这个地方两个意思都可通。我们把这个指当作"名"，名就是所指，或者说是佛学意义上的"名相"。用名相来比喻，告诉我们这个名相是没有实体的，"非指"，就是说名相是不能指出那个东西的，"名可名，非常名"，所有的名相都没有实体，所有的名相都不能指出那个东西的真实来。这话的本意是说，如果举出一个名相，然后说这个名相不能描绘名相所代表的本质，那么举出名相本身就已经是自找麻烦了，还不如不要名相来得清楚。实际上这就是批评一些哲学家提出了许多名词，然后说这个名词没有用。就像佛学，讲了半天都说名相没有用，最后就说不要了，什么名相都是空，连真如、佛性都是空。按照《金刚经》的讲法，"实相非相即实相"，而问题就在于所有的佛学理论都在"非相"上讲，因为实相也就是空。所以一旦懂得这个，就不会被理论迷惑，所有的佛学理论都无实体，都是乌云。本来佛学是为了"指月"的，用指头去指那个月亮，但是人们都在讨论指头。不通的话，就只会越看越不通。不只是佛学，整个西方哲学两三千年来在追求真理，结果在知识论上讲了半天，真理在哪里已经都忘掉了——都是在"织网"，而忘了"捕鱼"。如此一来，庄子的话也就比较清楚了，就是说与其为了证明名相不好而去建立名相，干脆就不要用名相了。

下面的"以马喻马之非马，不若以非马喻马之非马"，也一样，意思是要论证"白马非马"时就已经用一个"马"字了，还不如不要用"马"，不要建立名相。这个说法不是针对初学者的，而是针对已经达到"看山不是山，看水不是水"境界的人，不然会导致直接把名相完全舍弃掉了。理想的状态是"有待而后无待"，要先有待，再从里面出来。如果一下子跳到无待，那谁都认为自己是佛，如宋明理学家所说的"满街都是圣人"就不妙了。从另一个角度讲，虽然需要有待，但关键在于要能"透得过去"。如果透不过去，就会始终在里面打转，永远不见天日。

接下来庄子说"天地一指也，万物一马也"，这里的"一"字很重要，"一"包括了所有的东西，所以重点在"一"。真正能把握那个"一"的就不需要名相了，有"一"的名相就是还在分别。我们说名相也好，说树木、花草也罢，这都是名相了，"树木"之名不能指出树木的本身，"花草"之名也不能指出花草的本身，用那么多名词去混淆有什么用处呢？我们要了解花草的本身，所以说"天地一指"，每个花草树木都是一个"一"，都是自我。一旦了解到这个"一"，就不会说花漂亮，草不好看了。"漂亮""不好看"都是名相，混淆了它们的真实。我认为这句话是重点。前面所说的"以非指喻指之非指"和"以非马喻马之非马"，只是为了说明不要以名相来谈论名相。由于前面这两句话很不好解释，很多学者就把这两句话当作重点，然后忽略了他真正要讲的重点是在下面两句，即"天地一指也，万物一马也"。而他前面所说的"以指喻指之非指，不若以非指喻指之非指也"的原因其实就在于"天地一指也"。这个"指"有两种含义，一种是"指头"的"指"，另一种含义是"指称、指物"。正如我们前面所讲的，指物其实就是名相，指是具体的，马也是具体的，这样二者就重合了，所以此处的"指"是名相。

就名相、名称来讲，天地只是一个名称，桌子、椅子、房子也都只是一个名称，这些名称目的是要指称某个东西，名称的实质其实就是这种指称作用。现在如果在名相之上又创立了很多名相，由于名相不同也创立了很多学派。所有的学派就庄子看来都是一样的，尽管有是是非非之分，但本质都是名相之分辨。西方哲学对这两字的定义是爱好真理，真理只有一个，但是与研究真理相关的名相有很多。如果了解天地只是一个名相，那么不管这个名相讨论得多复杂或者多简单，或者差异多大，都不能看出它们背后的本质，所以不值得为名相而辩论。

有人可能会认为我们无法讲清真理，不能直达本质，庄子指出这样的问题是会落入名相的网中，但很多人不知道自己已经陷入名相的陷阱，还认为自己讲的名相是真实的，执着于名相，然后去批评别人讲的名相不对，这就是庄子所批评的是非之分。但如果知道这是讲不清楚的，对自己的名相就不要执着，即"以指喻指之非指，不若以非指喻指之非指也"，就是说要从自己的名相中跳脱出来。

很多人就是因为讲不清楚这些名相，又建立新的名相再去讨论，所以形成了一层层的名相的罗网。

用庄子这个理论来看看我们研究的佛学，研究了几十年也没有结果，其实所有的经典最终的目的不都是求一个佛吗？结果现在名相众多，经文繁杂，念一辈子经，越念越糊涂。最后禅宗说，佛不在身外，佛就在我们的心里面。因为所有的名相都是在外面去找、去求。不过有人也许可以这样反驳，说没有这种名相的方法，我们也无由找到真理，所以这种方法可以说是思维训练，也是有帮助的。这一点，我们可以从正反两面来讨论，正面是过河要用筏，名相方法就是筏；反面是我们已在岸上，用筏做什么？庄子和禅宗都认为我们已在岸上，接下去要做的就是好好地走，不要再掉入河里。

"万物一马也"，如果"指"是指名称，"马"就是指那个具体存在的东西、事实。万物有牛、有羊、有鸡、有鸭，种类和数量都是很多的，但为什么说是"一马"呢？因为每个东西都是一个真实的存在，马也好，牛也好，也可以说"万物一牛""万物一鸡""万物一鸭"，这些和"万物一马"是一样的。这与"一花一世界,一叶一菩提"是相同的境界。一朵花是一个世界,一匹马是一个世界,一头牛是一个世界,一个人也是一个世界。我有我的世界,你有你的世界,我的世界不见得比你高明,但毕竟只有我自知,我也没有办法进入你的世界,你的世界也是特有的世界。所以,庄子就是让我们了解万物都有它们存在的价值和意义,无论它们体积大小、地位高低。

接下来,庄子就批评谈论观念名相的是非的现象,要真正去讨论物质的本体,"可乎可,不可乎不可。""可"或"不可"是无所谓的,不要以此为标准去评断,这些都是名相。"道行之而成","行之"就是自然形成,不要去另外建立一个道的标准,否则就又建立了一个新的名相,它自然而成就是道。"物谓之而然",但是我们所看到的物是指称的名相,我们叫它牛就是牛,叫它马就是马。所以"谓之而然",即叫它什么就是什么。

"恶乎然?然于然,恶乎不然?不然于不然。""然"就是如此,为什么如此?如此就是如此,不如此就是不如此。其实所有的名相、所有的语言都是说了等于没说。这让我想到康德,别人说康德是一位伟大的老师,教育了很多学生,但康德说:"并没有,学生没办法教。"他还说:"坏学生再教也教不好,好学生你不教他也好。"所以好学生就是好学生,坏学生就是坏学生,他们就是如此,坏学生变好了,他们自己也变好了,老师不要往自己脸上贴金,这不只是康德的怪论,其实中国的禅师都是这样说的,我们就见怪不怪了。

"物固有所然,物故有所可。"是指万物都是自然如此的,牛就是牛,马就是马,牛有两只角,马就没有两只角,但并不是因此说牛就比马好。每个东西都有它的价值,不要互相比较,以马的标准来批评牛,以牛的标准来批评马。但人经常用自己的标准去批评别人,说这个"可",那个"不可"。所以要真正了解每个东西自身所具备的独特价值,每个东西都是"可"，天生万物必有所用。

"故为是举莛与楹，厉与西施，恢恑憰怪，道通为一。""为是"即自以为是，都是以自己的标准为"是"，于是区别出莛、楹、厉与西施。莛是横的，楹是直的，房子里面既有横木，也有直木；人当中有丑陋的厉，也有漂亮的西施，这都是用我们的分别心看待万物的结果。看到了各种现象，比如这个人很奇怪，这个人很善良，这个人很小气，我们都用各种名相来批评，这是我们的分别心，就道来看是"通为一"的。这个"通为一"就是前面讲的"天地一指也，万物一马也"，道是拿"一"来看，每个东西都有生命，如果拿生命的眼光来看待万物，牛有牛的生命，马有马的生命，万物都有生命，这是"通为一"。这个"通"字很重要，"穷则变，变则通"，这是《易经》里讲的变通。而庄子讲"大通"，"通"就是使得宇宙万物都能够相通，"通"的反面就是"隔"，也就是分别彼我。下面他举例说明了如何去实现"道通为一"。

宇宙万物有分有成，比如把树木砍断是"分"，做出桌子就是"成"；死了是"分"，以后又变成别的东西是"成"。任何东西就一面来看，有分有成，有成有毁，成功失败都是从一面来看。但是真正就宇宙万物的整体来看，没有成，也没有毁，因为都是一个整体，这样理解以后就知道这都是变化。如果我们执着于肉体生命，人死了就认为是分了、毁了，但是人死了以后会变成别的东西，从宇宙来看，个体生命只是一个变化，整体上还是整体的"一"。所以，"唯达者知通为一"，指真正通达道理的人，这个"达"就是觉悟，真正的佛教就是"觉"，实际上佛就是要"通为一"。"为是"就是自以为是，"不用"就是丢掉自以为是的观念，"而寓诸庸"是说把自己寄托于"庸"，这个"庸"字很特殊。中庸的"庸"应该有两个意思：第一种意思是平凡、平常，现在我们喜欢讲平常心；另一种意思是"用"，要丢掉自己的成见，把自己寄托在平常的事物上。王船山的解释即是"以中为用"。庄子解释说"庸者，用也"，每一样东西都有自己的用处，比如桌子上的书、笔。每种物品的用处都是它唯一具备的，都很重要，不能说哪一个东西好，哪一个东西坏。如果没有眼镜，我就不能看书，这个书就没有用了，如果没有茶杯，我就没法喝水。所以任何东西都有它独特的用处。

这个"为是"的"是"就是前面讲的"彼是"的"是"，前面也说了很多传统解释把"彼是"当作彼此，我认为这还不够，彼就是他，我们一说他的意思，就是说他跟我们不一样，他有他的看法，所以把"彼"跟"是"合在一起，彼就是彼非，是就是自是。"为是不用"即自以为是而不用，也就是说，自以为是的观念必须丢掉，而把自己寄托在平凡的用上。如果不丢掉这种自以为是，就不能认识到自己的平庸，总是感觉自己比较高明。庄子此处及以后的观点就是批评我们的"为是"，是出于"自是"，而以为"彼非"，即别人不对，认为别人跟我们不一样就不对。

"庸也者，用也；用也者，通也"，只有承认每一样东西都有用，我们才能通，要注意这是"复通为一"的"通"。人的眼光都是片面的，依据一些自以为是的看法来判断某个东西是否有用，说这个杯子能喝水，这本书有内容，这都是我们自以为是的有用。要真正了解每个东西本身的作用，而不要以自以为是的有用来看待它，否则就是以利害关系来看万物了。如果以东西本身的用来看，就会知道每个存在都有自己的用，这样才能够认识到每个东西都有其存在的价值，这才能相通，否则就会根据利害关系形成区隔。比如我们的桌上有一本书、一个茶杯，我们都认为书有价值，因为其中有我们需要的知识和智能，至于茶杯，功用只是在口渴时喝一口水罢了，我们很少会想到它的价值，因为我们的价值判断是以利害关系为主的，而且还是自以为是的片面的看法，其实书本和茶杯都有它们本身存在的"庸"，所以如果我们能够认识到每个东西存在的真正意义，而不用主观的价值判断，才能够打通物我。"通也者，得也"，这个"得"可以有两种解释：一种是得到万物的真实；另一种是自得。如果我们能够"适得"，才能够了解道、"几于道"。

原文

因是已。已而不知其然，谓之道。劳神明为一而不知其同也，谓之朝三。何谓朝三？狙公赋芧，曰："朝三而暮四。"众狙皆怒。曰："然则朝四而暮三。"众狙皆悦。名实未亏而喜怒为用，亦因是也。是以圣人和之以是非而休乎天钧，是之谓两行。

语译

这也就是前面一再强调的顺万物之真是。已经顺万物的真是，而不知其所然，这就是所谓的"道"。（相反的，）我们竭精劳神地把万物硬打成一片，而不知万物的本体是相通相同的，这就有点像那个"朝三"的故事了。什么是"朝三"呢？以前有一个耍猴子的人，他每天喂猴子果实，说："早晨给你们三个，晚上给你们四个。"猴子们都大怒。接着他又改口说："那么，早晨给你们四个，晚上给你们三个。"于是猴子们便大喜。由这故事，可见七个果实的总数并没有增减，猴子们却因此而有喜怒的不同。这个耍猴的人能在果实总数不变的情况下，使猴子们转怒为喜，这也是一种顺物的自性，使它们各得其所啊！所以圣人的用世，就是要调和是非的争论，而回归于天道自然均平的境界中，这就叫作来去自由的双线道。

解义

这里"因是已"中的"是"不是我们的"自是"，而是万物的"真是"，"自是"是自以为是，"因是"则是顺应万物自身的"是"，这个"因是已"

是第二次出现在《庄子》中。

前面的两个"是"字是说，丢掉你自己的自是，才能因顺万物的自是。接下来，我们看第二个"是"："因是已。已而不知其然，谓之道。"顺着万物的"是"而不知其所以然，才符合道。倘若知道所以然的话，又容易把自己的主观判断附加上去。不知道自己正在顺着万物的自是，才是真正的道。放下自己的见解，承认万物每个东西的存在都有它的意义。

"劳神明为一"，这个"一"跟前面的道通为一、复通为一是两种境界。"劳神明"是说要竭尽我们的精神去"为一"，这是自以为是，万物本来就为一，比如我说这个杯子有用，这本书有用，这是杯子和书本身的有用，不是我添加的价值。所以"劳神明为一"是很勉强地用精神追求为一，而不知万物本身是相通的，这就是"朝三暮四"的可笑之处了，"朝三暮四"已变为一个成语，多半在谈论感情的变化，其实庄子是在讲一个故事，某地有一个耍猴的人，他喂猴子的果子是早上给三个晚上给四个，猴子们不高兴，因为早上三个比较少。于是养猴的人改变了策略，改成早上给四个，晚上再给三个，这样猴子觉得先给四个就很高兴了。"名实未亏而喜怒为用"，实际上总数都是七个，并没有亏少，但是猴子因此产生喜怒的情绪变化。人的错误就是在这个数目上，认为现在得到的快乐才是快乐，以后就不管了，但人生的快乐、痛苦实际上加起来总数差不多，大多数人都是希望先甜后苦。这个故事看起来似乎在批评猴子不通事理，事实上不通事理的是人自己，为什么先给四个后给三个，都是七个，有什么可计较的呢？猴子早上想要四个果实，就给它四个，让它们开心就好了，这就是顺万物的自是。

我们因顺猴子的喜好即可，而不要拿自己的数目相同去计较。"是以圣人和之以是非而休乎天钧"，圣人超脱了是非，天就是自然的均衡，因为总数是一样的。"是之谓两行"，两行不是一面的，就是顺万物之自是；自以为是则是一面的，是我们的主观判断。顺万物自是，去适应它，由此万物都能各得其所。这里的"因是也"，即"因是已"，是第三次出现了。

原文

古之人，其知有所至矣。恶乎至？有以为未始有物者，至矣，尽矣，不可以加矣。其次，以为有物矣，而未始有封也。其次，以为有封焉，而未始有是非也。是非之彰也，道之所以亏也。道之所以亏，爱之所以成。果且有成与亏乎哉？果且无成与亏乎哉？有成与亏，故昭氏之鼓琴也；无成与亏，故昭氏之不鼓琴也。昭文之鼓琴也，师旷之枝策也，惠子之据梧也，三子之知几乎，皆其盛者也，故载之末年。唯其好之也，以异于彼，其好之也，欲以明之。彼非所明而明之，故以坚白之昧终。而其子又以文之纶终，终身无成。若是而可谓成乎？虽我亦成也。若是而不可谓成乎？物与我无成也。是故滑疑之耀，圣人之所图也。为是不用而寓诸庸，此之谓以明。

语译

古代的人，他们的智慧达到了最高的境界。什么是最高境界呢？他们以为未曾有物的无的境界是最高的，是究竟的，没有比这更高的了。其次的境界是有物，但尚没有物与物之间的分别。再其次是已有物与物之间的分别，却没有是非的对立。当是非争论一明显，道便因此而亏损。道由此而亏损，爱欲就由此而形成。是真的有所谓"成"和"亏"，还是真的无所谓"成"和"亏"呢？所谓有"成"和"亏"，就像古代有名的琴师昭文，当他一按琴弦，便有成亏。所谓无"成"和"亏"，就如他不动琴弦，便无成亏之可言。古来这些名人，如昭文的善于弹琴，师旷的善于持杖击拍和惠施的据梧而辩谈。他们在各自领域的知识，都是登峰造极的，所以他们的名声才得以流传下来。可是，他们所喜好的技艺，都与众不同。因此他们都强调自己的特色，以夸耀于人。他们夸耀不应该夸耀的，就像公孙龙等名家，一辈子只辩论"坚白石"是三个概念还是一个概念等论题。而他们的后人，像昭文的儿子、徒拾父亲的余绪，终其一生，而无自己的成就。像他们这样的技艺，如果算得上成就的话，即使不才如我也自有我的才能，也可算是有成就了。如果像他们这样的技艺不能算是成就的话，那么外物和我都没有任何成就可言。所以这种"成"与"不成"的说法似乎很滑稽，令人疑惑，但其中的智慧火花，是圣人所小心体悟的。舍弃自以为是，而把自己寄存于平庸之中，这也就是所谓本之于自然的自明。

解义

接下来庄子继续讲是非观念。他说"古之人，其知有所至矣"，古代的人讲智慧、知识有一个最高的境界，就是"有以为未始有物者"。"未始有物"就是"无"，无是最高的境界，万物从无而来，无"不可以加矣"，无就是无，不能再向上追溯了。"其次，以为有物矣"，"有物"就是"有"，就是有物存在，"而未始有封也"，虽有物，但没有封界，就是没有相对性的差别。"其次，以为有封焉"，下一层次是以为有分别，但"未始有是非"，并没有做出价值评价。如果是非发展到下一层的话，道就会亏损掉，因为"道行之而成"，有是非的话就有分别，所以说"道之所以亏，爱之所以成"。这个爱不是宗教的爱，就是单纯的好恶，喜欢就说"是"，不喜欢就说"非"。

到底是有所谓成与亏，还是无所谓成与亏呢？其实前面已讲过，"其分也，成也；其成也，毁也"。真正的道无成与亏，有是非才有成有亏。有人把成亏与得失绑定在一起，成就是得，亏就是失，有了是非和爱好，就会有成有亏。他举例说成与亏就像昭氏的鼓琴，最伟大的琴师弹琴，一弹就会有一个声音，一有声音就会有成有亏，一个声音只能是这个声音自己，而不是别的声音，比如有"哆"就没有"啦"，有"啦"就没有"发"。一有成便有所亏。一个人在某方面很有成就，他在另一方面往往就会有所亏，比如很多人事业很成功，结果家庭、爱情就有亏欠，所以有成便有亏。如果把好和不好的概念都丢掉，就无所谓成，也无所谓亏了。

"道行之而成"，我们就顺着道，该怎样做就怎样做，不要先预设一个目标，说一定要达到这个目标。"无成与亏，故昭氏之不鼓琴也"，譬如昭氏不弹琴，没有一个音调，就无所成，也无所亏了。我们以武功为例，即使有再好的武功，也会遭遇"强中自有强中手"的困境，武功最强的人从来不出手，他的功力深不可测。一旦出手就有亏，这就是关键。我们去算命也是一样，一算就会有成有亏，所以最好不要去算。

庄子举例说，伟大的琴师昭文、乐师师旷和辩者惠施，这三个人都很有名，大家都认为他们非常了不起。但是他们在这些年中所喜欢的东西都是异于常人的，就是要和别人不同，拿别人做不到的事来彰显自己的优点，用别人的不高明处来显示自己的高明。庄子认为，不应该用这种方法来表现他们的高明，就像名家"以坚白之昧终"。"坚白"是一个名家的辩题，具体是指坚白石，是公孙龙提出的。他说有一个硬的、白的石头，他问别人这是几个东西？有的人说是三个东西：坚、白、石。有的人说"硬的白石头"是一个东西，他却说是两个东西：坚石跟白石。他认为，只有摸了才知道是硬的，看了才知道是白的，眼识和手感不能同时存在，所以，实际上硬石和白石是两个东西，但是我们把这两者联系在一起了，这种说法是诡辩。名家用这种"坚白"的辩论"昧终"，"昧"就是糊里糊涂，他以言辞淆乱是非，以此终其天年。而他们的后辈也继承父业，"纶"就是纶续，就是承接父亲的事业发展，结果"终身无成"。

庄子批评了那些以自己的长处去与他人比较以显示自己高明的做法，接着说："若是而可谓成乎？虽我亦成也。"如果这样的方法算是成就，那么任何人都有成就。因为如果以个人的特殊技能为高明的话，每个东西都有它特殊的地方，如猫会爬树，鱼会游水等，但这种做法会忽略别人在其他方面的长处。其实这里也体现了齐物的思想，齐物是每个东西都有自己的用处，物之不齐是因为我们总习惯用主观的看法来进行比较，所以产生了不齐。如果强调一技算是成就的话，每个人都有成就；如果这不算成就的话，每个东西都无所谓成就。还用杯子和书来举例，我们现在的观点是，庄子的书很伟大，是人文智慧的结晶；一个茶杯有什么用呢？我们经常会拿茶杯不具备的功能来表明书的高明，但是书能装水吗？在口渴的时候只有一大堆文字，能解渴吗？茶杯会说："凭什么贱我而重书？"

"滑疑之耀，圣人之所图也。"有人把"滑疑之耀"当作不好的东西，我认为"滑疑"就是不容易看清楚，"耀"就是"明"，这句话的意思就是，有些东西从外面看不清楚，此乃内在光明的地方"圣人之所图也"，"图"本来是图谋，但在这里不是负面的，我将它引申为把握，形容圣人在这个地方非常小心。这一整句是说，这个地方容易看不清楚，所以我们要好好去把握。老子说"图难于其易"，意思是要从简单的地方去着手解决问题。所以，圣人怎么去把握呢？"为是不用而寓诸庸"，是指圣人把自以为是的观念丢掉，来看万物平实的用处。前面讲的师旷等人都是有某一方面的才能，这不是"庸"，"庸"是认为万物都有用，不讲求特异功能。

"此之谓以明"，这个"明"字要注意，前面的"非所明而明之"是指不应该夸耀的地方去夸耀，这是不对的。"寓诸庸"才是真正的明，是自然之明、天道之明、万物的自明。万物的自明很重要，《易传》一开始就讲"易简而天下之理得"，还讲乾坤"大明终始"，"大明"就是朗朗乾坤、清清楚楚。外在万物都是明明白白的，但一加上人的观念就变得乌烟瘴气、一塌糊涂了。所以"以明"就是乾坤大明，不要自以为是，自己去创造一些学说。这个"明"首先是和"天"相关的，前面出现过"莫若以明"。这里再重复强调"此之谓以明"，"以明"就是"圣人不由，而照之于天"，以前说的是"方生方死""方可方不可"，以及"因是因非，因非因是"这种种是是非非乃人的观念。"照之于天"是说圣人以天道之明超脱常人的是非之明，我们讲是非都是自以为明白，然后否定别人。"照之于天"是描述天道照之于自然万物，因此万物都是清清楚楚、明明白白的。

有人可能会觉得这和《金刚经》中讲的"无上正等正觉"是相通的，但"无上正等正觉"的意思强调最高的法，庄子则要把这种境界拉下来，所以佛教与庄子有个不同，佛教总是认为万物是无常的，万物的存在都是因缘的暂时聚合，但是庄子的看法不一样，他认为无常是常道，每个东西虽有无常的变化，但它们作为体的存在都是真实的。

庄子要我们先放弃对事物的好坏或者好恶的评价，先要把"自是"的观念否定，才能进入所谓"一"的状态，因为好恶都是由自以为是产生的。我们不用自己的观念来看待万物，尝试着学习用天道的自然来看万物，其实还是用我们所认为的天道来看万物，还是无法摆脱主观的认识。殊不知万物就是自然，道就在万物里面，不用去想万物是什么。

原文

今且有言于此，不知其与是类乎？其与是不类乎？类与不类，相与为类，则与彼无以异矣。虽然，请尝言之。有始也者，有未始有始

也者，有未始有夫未始有始也者。有有也者，有无也者，有未始有无也者，有未始有夫未始有无也者。俄而有无矣，而未知有无之果孰有孰无也。今我则已有谓矣，而未知吾所谓之其果有谓乎，其果无谓乎？天下莫大于秋毫之末，而大山为小；莫寿于殇子，而彭祖为夭。天地与我并生，而万物与我为一。既已为一矣，且得有言乎？既已谓之一矣，且得无言乎？一与言为二，二与一为三。自此以往，巧历不能得，而况其凡乎！故自无适有以至于三，而况自有适有乎！无适焉，因是已。

语译

我所说的这些话，不知与万物的真是相合还是不相合？无论是相合与不相合，既然说了出来，都是一种言论。则与其他言论互相以彼此来对待是一样的。虽然如此，我还是尝试把它说出来。从时间上探讨，万物都有一个开始，而开始追溯到最初，这个开始之前却没有一个开始。再追溯上去，这个开始之前的"未始"，也没有一个开始。再从空间来看，有存有的"有"，也有没有存有的"无"。这个"有""无"都是始于无始。而这个"有""无"的无始，也是无始的。所以两者都归于"无"，那么，我们突然有了"有"和"无"之后，便不知这个"有"和"无"，究竟是真的"有"呢，还是真的"无"呢？现在我说了这些话，也不知我真的有所说呢，还是没有所说呢？天下万物，就自体来说，没有一个东西是比秋天毫毛的尖端更大的，泰山比起它来也应该算是小的。就自体的存在来说，没有谁比少年夭折的人更长寿，彭祖比起他来也不能算长寿。真正能体证这个"我"，天地虽长久，却与我共生存；万物虽众多，却与我为一体。既然在本原上都是一体，那还需要去说"为一"吗？既然说了"为一"，就已经有了文字语言的概念了。这个本原的"一"和用文字表达的"一"，已变成了"二"。这个"二"与我们要去"为一"的"一"，又衍成了"三"。这样观念的相衍相生，即使是神算子也会数不清的，何况平凡的我们啊！所以从"无"去谈到"有"，已变成了"三"，何况自"有"而谈"有"，更不知要发展到什么境地了。因此，最好一无所适，完全顺万物之真是吧！

解义

接着，庄子又从我们用的语言上开刀，他说"今且有言于此"，是指现在我们在讲话、辩论、讲道理，"不知其与是类乎"，"是"就是万物的自是，意思为这是不是跟万物的自己相同呢？能不能表达万物存在的真正意义呢，还是"其与是不类"？因为有语言，便使我们的想法与万物的存在不合了。"相与为类，则与彼无以异矣。"无论是合还是不合，都已经落在语言文字上了，而不再是万物自身，"相与为类"是指有彼此的分别。假定说这个杯子可以装水，这本书可以载道，这是不是杯子和书本身所具备的呢？这其中还是把语言文字的欲求和自我的看法放进去了，"与彼无以异"就是与前面的"彼是"之说没有差别，这个"彼"就是把万物作"彼"，当作被语言描写的没有灵性的客体，而不能直达它们真正的物本身。

庄子说，虽然如此，还是尝试去讲讲吧，比如讲宇宙万物的发展。"有始"就是有开始，是有；"未始有始"也就是没有开始，是无。"有未始有夫未始有始也者"，是说没有没有开始，是"无无始"，即无无，就是连无的阶段也没有。"有有也者"，是有，"有无也者"，是无，"有未始有无也者"，即无无，就是还有连无也尚未存在的阶段，还有"有未始有夫未始有无也者"，是无无无，连无无的阶段也没有了。其实这都是些语言文字，我们不要被这些概念困住。有人说这是在讲太极、太极的无极、无极的无极，"有"里面有个"无"，"无"里面还有"无"，有、无是两个最简单的观念，结果由此衍变出那么多的观念，庄子的用意不在讲历史演变，而是在批评概念的复杂，所以他说"俄而有无矣"，现在的问题是有了"有无"的观念，而"未知有无之果孰有孰无也"，这是指讲了半天究竟什么是有，什么是无？那么究竟有没有说出任何有意义的东西呢？这一段话就是在探讨"今我有言"，"言"讲了半天，究竟在言什么呢？所以庄子是在批评这些无用之言。

所有语言文字都陷在有无里面。接下去是重点了，他说："天下莫大于秋毫之末，而大山为小；莫寿乎殇子，而彭祖为夭。"天下没有比秋毫之末更大的了，可见秋天的毫毛是最大的；我们认为泰山是大的，但庄子说泰山是小的，这不是我们普通的认识。秋毫之末，至小也，而谓之莫大；大山，至大也，而谓之为小。讲完了大小再讲寿命，"殇子"就是十几岁就死了的孩子，但他认为这是长寿；彭祖活了五百岁，但庄子称他夭折。这里提出了空间和时间的观念，空间中什么叫作大，什么叫作小？时间中什么叫作长，什么叫作短？这种大小、长短的区分怎么打破？两个对立面是相反相成的，如果要重视事物的本然，就要把大小、长短一起打破，或者用佛家的观念来说，这里讲的是性或自性，也即生命的问题。庄子认为，万物都有自体，秋天毫毛的自体跟泰山的自体是一样大的，我们日常所说的大小只是指形体上的大小，但自体是一样的。从寿命来讲，十几岁就夭折的小孩的生命和彭祖的生命，就生命的特质来讲是一样的，长短只是外在的形躯，不是生命的本质。自体和生命的本质是超乎大小、长短的，所以我们的生命本质是一样的，年龄、职位等区别都是外在的。庄子一开始就强调忘我，要抓住真我、真宰，提醒我们不要"自是"，而陷入外在的是非，而是要照之于天，应万物之自是，顺着这条道路向高处攀升。所以理解这两句话一定要抓住自性或者生命本体，否则是无法理解的。

最后达到的终极境界叫作"天地与我并生，而万物与我为一"，这两句话可以说是《齐物论》真正的要点。我们总是说天长地久，而人只能活几十岁，但是就存在本身来讲，我和天地是同一存在的，只要我一生下来，我的生命就和天地的生命相通，天地生生地发展，我也参与其中，和天地一起生生。万物有万物的自体，我有我的自体，所以万物与我们是同一个生命，同一个自体。"万物与我为一"可以对应前面的"道通为一"，为什么"道通为一"呢？万物变化都是为一，人本来也是万物之一，所以从最高的宇宙来看，我们现在存在吗？我们死了以后也会变成万物。

庄子的观点与佛教不同，佛教称人死后又有来生，但庄子的意思是，宇宙本来就是一。"一与言为二"是说本来是一，但讲出来的一与本来的一相比就是二。以前说到"劳神明为一"，以为自己的精神与天地一体，结果从本来的一中发展出二、三、四、五、六，观念越来越多。这样发展下去，最精打细算的人也算不清了。所以本来是讲"无"，由"无"讲到"有"，"无"和"有"是二，然后演变成更多的观念，何况本来就是一个有偏见、有执着、有观念的"有"。庄子的意思就是要先打掉自己的无、有的相对性，所以"无适焉，因是已"，不要将自己的观念套在万物上，要顺万物的自是、真是，这是第四次讲到"因是已"了。

原文

夫道未始有封，言未始有常，为是而有畛也。请言其畛：有左，有右，有伦，有义，有分，有辩，有竞，有争，此之谓八德。六合之外，圣人存而不论；六合之内，圣人论而不议。《春秋》经世，先王之志，圣人议而不辩。故分也者，有不分也；辩也者，有不辩也。曰：何也？圣人怀之，众人辩之以相示也。故曰：辩也者，有不见也。

夫大道不称，大辩不言，大仁不仁，大廉不嗛，大勇不忮。道昭而不道，言辩而不及，仁常而不成，廉清而不信，勇忮而不成。五者圆而几向方矣。故知止其所不知，至矣。孰知不言之辩，不道之道？若有能知，此之谓天府。注焉而不满，酌焉而不竭，而不知其所由来，此之谓葆光。

故昔者尧问于舜曰："我欲伐宗、脍、胥敖，南面而不释然。其故何也？"舜曰："夫三子者，犹存乎蓬艾之间。若不释然，何哉？昔者十日并出，万物皆照，而况德之进乎日者乎！"

语译

这个道未曾有它的界限，我们的言论更没有不变的标准。由于每人都自以为是，才有彼此的差别现象。这个差别现象，有左，有右，有伦理，有义理，有分际，有辩白，有竞赛，有争斗，这是一般人所谓的八种德行。在上下四方之外的宇宙，圣人只是把它放在一边而不论说；在上下四方之内的现象，圣人只是加以论叙，而不评议。《春秋》治世是先王的心志，圣人虽评议，却不强辩。这是由于现象界的一切，有可分的，也有不可分的；有可辩的，也有不可辩的。为什么呢？圣人只是怀抱万物，而一般人是辨别万物，以表示自己的高明。所以辨别万物便不能见万物的真是。

大道是没有道名的，大辩是不用言辞的，大仁是不自以为仁德的，大廉是不自言诚信的，大勇是不逞勇斗狠的。道如果表明自己是道就不是道，言语如果只讲争辩就不能表达真意，仁如果有一定准则就不能周遍，廉德如果清以自显便不能征信，勇如果勇狠忮求就不能成事。这五者本是圆融的，但看起来好像是方的。所以我们的"知"，必须止于所不知的境地，才是最完美的。谁又能知道不用语言文字的大辩，不靠名辞言称的至道呢？如果能知这一点，就是所谓的天府了。天府如宇宙的仓库，不断地注入，也不会满，继续地酌用，也不至于干涸，使人不知它的水从哪里流到哪里，这叫作掩藏了光芒。

从前，尧问舜说："我想攻伐宗、脍、胥敖这三个小国，在我临朝时，想到这点总是心有不安，为什么会如此呢？"舜回答："这三个国家的君王，小得就好像生长在蓬蒿艾草里的生物，你对他们为什么心有不安呢？很早以前，有十个太阳同时出来，照耀万物而不相碍，何况德行比太阳还要高明的圣人呢！"

解义

如果用爬山来比喻《齐物论》的话，"天地与我并生，而万物与我为一"就是最高峰，如果只爬到半山腰是无法看到宇宙万物的。接下来，庄子继续拓展这个最高境界，他说"道未始有封"，"未始"就是从开始就没有，"封"是指封疆、边界、分别，意思是说道从来没有分别。"言未始有常"是说语言都是暂时性的而非永恒的，都是片面的看法。"为是而有畛"，如果我们执着于自是，就会产生分别。"畛"就是分别，天地有了分界。

那具体有什么样的分别呢？庄子说"有左，有右，有伦，有义"，"伦"就是相同，"义"就是合理，这都是用一种自以为是的标准去分别。"有分，有辩，有竞，有争"，有区分、辩白、竞赛和争斗，这就是人的所谓"八德"，这是负面的，也就是所谓的世俗之德。

对于真正的道，"六合之外，圣人存而不论"，"六合"就是四方上下，是指在宇宙之外的东西，圣人放在那里不去讨论。"六合之内，圣人论而不议"，宇宙之内的东西，圣人会谈论而不去与人争辩。这里把"论"和"议"做了区分："论"就是说明、论说，实际上就是描述事实；"议"是加上自己的看法，引申为建议、评议。庄子的意思就是，圣人和我们讨论宇宙的生成等问题，只是就事实讨论，而不是加上个人的见解去和人争辩。

"论"和"议"之间是有差别的，但是有人把二者混为一谈，庄子将它们区分开来，并告诉我们，可以描述但不要加上太多评议。意思是说，可以把我们的看法提供给大家，但是不要把搬弄是非的观点加进去。

下面继续讲圣人，"《春秋》经世，先王之志，圣人议而不辩"，这里是指圣人有褒贬的评价，但不会去强辩。"辩"就是门派的分别，"是其所非，而非其所是"。

"故分也者，有不分也"，"分也者"就是有论议、有分别，"辩也者，有不辩也"，有的东西是辩不明白的，分与辩都有缺陷，"圣人怀之，众人辩之以相示也"。圣人不去议辩，"怀"就是怀抱的意思，即放在心中。所谓"辩也者，有不见也"。好辩的人都会执着于自己的某一观点，对其他的事视而不见，甚至故意忽略。以前我们说胡适的"大胆假设，小心求证"，是他的科学方法，但这很难成立，如果根据他的假设去找证据，那么假设之外的数据，他就会视而不见，因此而导致走向偏颇。不只是说做这种学问，其他学科在创立学说时也很可能先有一个假设，然后以此去找证据支撑，其他不同的事实就会有意或无意地被遗漏，也就是"有不见"，即有意不见了。

下面几句话可以看作庄子达到"天地与我并生，而万物与我为一"之后的一个结论，"大道不称"，"称"就是"名"，是说大道不是可以用任何名字去描述、去称呼、去限定的，凡是用语言文字去描写的，就已经不是大道了，即"道可道，非常道"。"大辩不言"，真正的大辩不需要语言文字，我们常说事实胜于雄辩，天道就是大辩，人可以抱怨老天不公，但天不会回应，直到人后来发现确实应该如此。"大仁不仁"，"仁"字有广义和狭义的理解，广义的"仁"是包括众德，狭义的"仁"是爱。这是说真正的大仁不去标榜它的仁爱，天地是大仁，万物的生长是自主的，天地是没有偏爱的，否则就会使得所有的东西都长得一样了，所以大仁无心，不讲求仁爱。"大廉不嗛"，"嗛"就是自足，真正大廉的人不会说天下唯我独清，因为他不会想到自己是大廉，本来就应该清廉，越是去强调廉，越是不能做到真正的廉。"大勇不忮”，“忮”就是那种愤世嫉俗的匹夫之勇，大勇不是好勇斗强的行为，真正大勇的人不会表现得像豪杰一样。老子所讲的"上德不德"也是同样的道理。

庄子接着说"道昭而不道"，意思是如果大家都能清楚描写出的道就不是真道了，道就是因为大家不能看清楚才是道，一旦看清了，道就会沦为客体，大家就可以计算了。因为道是无法看清的，所以要不要这样做就成了自己的选择，不是说因为会有某个特定结果，对我们有利才去做，那是出于自私的目的，而不是求道的真义。"言辩而不及"，用语言文字去争辩是达不到真实的，因为都是有目的的、片面的。"仁常而不成"，"仁"如果是固定在特定范围之内的话，就不是真正的"仁"，仁是使万物都能够生长，而不是有一个标准。"廉清而不信"，真正清廉的人是不会刻意去表现和强调自己的清廉的。"勇忮而不成"，是说如果好勇斗狠就不能成就大勇。要注意这五个方面，庄子讲的真正的道德是圆的，是无所不通的，但是表面看起来好像是方的。如果是方的话，就会有标准和范围，就变成片面的了，而圆不是片面、暂时的，它可以适应各种环境。

我们要追求知，但庄子说："知止其所不知，至矣。"也就是说，"知"要以"不知"为最高境界，如果以"知"为追求的目的，就一定会有标准和限度。相反的，以"无知"为最高境界就能无限地提升，个人的"知"的标准都是小知。"知"的最高境界是无知、不知。无知或不知并非糊涂、浅薄，而是超知，不以一般的小知为知，所以无知才是大智慧。那么，要如何达到不知的境界呢？我认为有两个途径：一个是使我们的知通向无限，不要限定在某一范围；另一个是转化，把知转化成德，我常说智慧就是知加上德，当知转化为德就不会拘束在知的范围中。前面讲到"不言""不道"，谁知道我不用言语所要讲的东西和我不用"道"的名称所讲的道呢？如果能知道的话，这就叫作天府。这个"天府"不是天堂,"府"有包藏之义,"天府"其实就是庄子讲的真心、常心。所以真心就像海一样,既永远注之不满,又永远取之不竭,我们也不知道这个水是从哪里来的,这也叫作"葆光"。"葆"是"包","葆光"就是含着光,将光芒加以遮盖。这里的"天府""葆光"其实指的都是真心,真心为什么无穷无尽呢?因为掩盖了光芒而不去显露,所以,真心的光芒是永远用不完的,一旦显露就会耗尽。

庄子讲完了这个大道理后,便举例来说明如何落实:从前尧跟舜说他想征伐三个小国,所以心里一直想着这个问题,舜就说这三个小国在宇宙之间是微不足道的,这有什么好思虑的呢?古代有十个太阳,能够照耀万物而不相互妨碍,我们要努力修德,要跟太阳一样包容一切。庄子在这里讲的十个太阳跟前面的葆光有关,这十个太阳之所以能够"万物皆照",是因为它们葆藏光芒,不会相互冲突,焚烧了自己,也烧毁了万物。

原文

啮缺问乎王倪曰:"子知物之所同是乎?"曰:"吾恶乎知之?""子知子之所不知邪?"曰:"吾恶乎知之?""然则物无知邪?"曰:"吾恶乎知之?"虽然,尝试言之。庸讵知吾所谓知之非不知邪?庸讵知吾所谓不知之非知邪?且吾尝试问乎女:民湿寝则腰疾偏死,鳅然乎哉?木处则惴栗恂惧,猿猴然乎哉?三者孰知正处?民食刍豢,麋鹿食荐,蝍且甘带,鸱鸦耆鼠,四者孰知正味?猿猵狙以为雌,麋与鹿交,鳅与鱼游。毛嫱丽姬,人之所美也;鱼见之深入,鸟见之高飞,麋鹿见之决骤。四者孰知天下之正色哉?自我观之,仁义之端,是非之涂,樊然淆乱,吾恶能知其辩!啮缺曰:"子不知利害,则至人固不知利害乎?"王倪曰:"至人神矣!大泽焚而不能热,河汉沍而不能寒,疾雷破山飘风振海而不能惊。若然者,乘云气,骑日月,而游乎四海之外,死生无变于己，而况利害之端乎！"

语译

啮缺问王倪说："你知道万物所以为是的标准是否相同？"王倪回答："我怎么知道啊！"啮缺又问："你知道你所不知的吗？"王倪回答："我又怎么知道呢？"啮缺再问："那么万物都是无知的吗？"王倪再答："我又怎么知道呢！虽然一切都不可知，但我可以试着加以说明。你怎么知道我所谓知，不是一种无知？怎么知道我所谓不知，实际上是一种知呢？我要问问你，人们住在潮湿的地方，便会得腰病和半身不遂，而泥鳅在同样的地方是否会得病呢？人攀在树上，便会气结、战栗、恐惧，猿猴是否也会如此呢？人、泥鳅、猿猴三者之中，谁知道何处才是真正合适的住所呢？人类吃牲畜，麋鹿吃草，蜈蚣喜吃小蛇，鸱鸦喜吃鼠类，这四者之中又有谁知道哪种才是真正的美味呢？猿以狙为雌，麋与鹿相交，鳅与鱼相游，毛嫱和丽姬是人们公认的美女，可是鱼儿看到她们，便会深深地潜在水底，鸟儿看见了她们，便会高飞，麋鹿看见了她们，便拔腿飞跑。这四者中，又有谁知道什么是天下最标准的美色呢？以我的眼光来看，仁义的源头，是非的路子，是混淆杂乱的，我又怎么能知道它们的分别呢？"啮缺又说："你不知道这一切是利是害，难道至人也不知道是利是害吗？"王倪最后回答："至人已达到神化之境，大泽被焚尽他却不感觉热，河汉冻成冰而他也不感觉寒，迅雷摧破山岳，飓风摇动大海，而他一点儿也不感觉惊惧。像他这种功夫，可以乘驾天上的云气，骑跨日月两轮，而遨游于四海之外的宇宙。死和生，都不能改变他，何况区区人世间的利害关系呢！"

解义

接着庄子讨论知的有限和偏执，先举了两位隐士的对话。啮缺问王倪说："子知物之所同是乎？""同"是说万物都是相同的，"是"是指万物都各有它们的"是"。王倪回答说："吾恶乎知之？"这个话很妙，他如果回答说"知"，就表示他知道有同是；如果他说"不知"，也表示他的不知，而万物仍有同是，只是他的不知。所以说"知"和"不知"都表示了他的看法。而他现在的回答是："我怎么知道呢？"这和禅宗的回答方法非常相似，是反问的，比不答还要传神。啮缺更进一步，说："子知子之所不知邪？"即你知道自己的不知吗？王倪仍然回答："我怎么知道？"这个问题还是不能回答知与不知，因为说知，已是知了，何来不知；说不知，知道自己的不知，已是知了。啮缺继续追问："然则物无知邪？"是问万物都没有知吗？王倪依旧回答："吾恶乎知之？"因为说知与不知都不能说明万物的真有知与否。因为知与不知都属于知的范畴，只是一个肯定一个否定而已。西方的怀疑论，认为我们无法知道真理，这仍然是属于知的范畴，而王倪回答的"吾恶乎知之"，是不落在知与不知的相对性的陷阱中，背后是有真知的，只是这个真知是在最高的无知（无以知为）的境界。这段故事后来就变成我们常说的成语"一问三不知"了。

随后庄子便说"虽然，尝试言之"，他通过这个故事来破除人类的知的局限性和主观性，接下来他举了各种例子：人如果睡在潮湿的地方就会得关节炎，而泥鳅、小鱼不会；如果人跑到树上就会恐高，猴子则不会。所以，哪里是真正适合居住的地方呢？人吃植物、吃牛羊，麋鹿吃草，蜈蚣吃小蛇，乌鸦吃老鼠，那什么又是吃的标准呢？雄猴要找母猴，麋要追求鹿，泥鳅与鱼同游。人以毛嫱、丽姬为美女，但是鱼看到她们就逃了，鸟看到她们就飞了，麋鹿看到她们也赶快跑了，所以什么叫作美呢？从我的观点来看，仁义、是非是讲不清楚的，所以说"吾恶乎知"。那么，啮缺就问："你不知道这一切是利是害，'至人固不知利害乎？'，难道至人也不知道是利是害吗？"王倪说："至人神矣。"这个神就是至人精神化的最高境界，超脱于物质，所以说泽火烧干，他不感到热；河汉结冰，他不感到冷，飓风把所有的山都撼动，甚至地震海啸，他都不受惊，外界的利害不能影响到他。他可以"乘云气，骑日月，而游乎四海之外，死生无变于己"，他已经超脱了死生，"而况利害之端乎"，是指人生的祸福利害又怎能干扰到他。

这也就是说，知是有局限的、片面的、没有统一标准的，我们所看到的是是非非都是个人的看法，所以要超脱是非标准、利害关系，达到神人的境界，即完全精神化的境界。前面也讲过，知要达到无知、不知的境界，知要转化成德。只有超越利害是非，才可以达到超脱的境界，否则永远都会局限在知里面，被相对的观念牵着鼻子走。

原文

瞿鹊子问乎长梧子曰："吾闻诸夫子，圣人不从事于务，不就利，不违害，不喜求，不缘道；无谓有谓，有谓无谓，而游乎尘垢之外。夫子以为孟浪之言，而我以为妙道之行也。吾子以为奚若？"长梧子曰："是黄帝之所听荧也，而丘也何足以知之！且女亦大早计，见卵而求时夜，见弹而求鸮炙。予尝为女妄言之，女以妄听之。奚旁日月，挟宇宙，为其吻合？置其滑涽，以隶相尊。众人役役，圣人愚芚，参万岁而一成纯。万物尽然，而以是相蕴。"

语译

瞿鹊子问长梧子说："我曾听孔夫子谈起过：所谓圣人不从事于世务，不亲近利，不逃避害，不喜欲求，不攀缘道。不说而说，说而不说，遨游于尘世之外。孔夫子以为这些话都荒唐不羁，而我认为它们是精妙的道行。你的看法如何呢？"长梧子回答："黄帝对精妙的道行也有所不明，孔夫子又哪能知道妙道呢？至于你认为这些话就是妙道之行也未免言之过早了。你好像是看到了蛋就想到司晨的公鸡，看到了弹弓就想到吃烤的鸟肉。我姑妄跟你谈一谈吧！你也姑妄听一听吧！我们何不依傍日月，拥抱宇宙，与之和合。任万物的滑乱混杂，而自处于低的地位和它们互相尊重。人们都驱役自己的精神，我却自居于无知的愚人之心，而和万代的生生变化融成纯然的一片。万物都有其自是，而我以此和万物相待相摄。"

解义

"瞿鹊子问乎长梧子"，这两个人都是隐士，瞿鹊子说听孔夫子说过这样的话，"圣人不从事于务"，即不以事务来束缚自己，不为俗世的事情烦心，"不就利，不违害"，不因为利就靠近它，不因为害就离开它，"不喜求"，不喜欢追求，"不缘道"，什么叫作"缘道"？佛学中有个术语叫作攀缘，可以理解为不攀缘道，不执着于道。不要自以为在追求道，已经知道，所谓的"道"已经成标签了。《论语》中孔子说："朝闻道，夕死可矣。"这说明孔子认为道是很重要的，但是《论语》里面所讲的其他的道都是仁道，比如志于道，"人能弘道，非道弘人"，都是在讲道德仁义。只有在这句话中孔子把道看得很高，我认为这是表示这个道不可失、不可违，先把这个道提升到无限的空间，接下来才是人生日常追求的道，这个在上的道是无限发展的。孔子没有给这个道贴标签，"朝闻道，夕死可矣"，表示这个道是不容易讲清楚的，所以"不缘道"是个有深度的功夫词，不缘道就是道，缘道反而不是道了。下面说"无谓有谓，有谓无谓"，说了等于没说，不说等于说了，说明真相不在语言中。"而游乎尘垢之外。夫子以为孟浪之言，而我以为妙道之行也。"孔子认为这些都是荒唐的言论，而瞿鹊子认为是很精妙的道理，他称为"妙道之行"，已经是贴标签的行为了，是缘道而不得道了。简单来说，缘道就是着了名相，就是把道变成一个名相，要真正去体验实行和用言语谈论不是同一回事。然后他问长梧子："你认为如何？"结果被浇了一盆冷水。长梧子说"是黄帝之所听荧也"，黄帝听起来都有一点儿迷惑，更何况孔子呢？孔夫子批评这是孟浪之言固然不对，但瞿鹊子认为这是"妙道之行"也为时尚早。就像看到鸡蛋就想吃鸡肉，看到鸟蛋就想吃鸟肉，长梧子说："现在我给你妄言之，你也妄听之。"这样的圣人他自己能够做到不从事于务，他能够"旁日月，挟宇宙，为其吻合"，也就是说，他能够把自己提升到天和道的境界，实现宇宙合一、天人合一。达到这个境界之后，"置其滑涽"，"置"就是放任，"滑涽"就是混沌不清的现象界，也就是把自己放在混沌无知的境地，"以隶相尊"，意思是认为无论圣人凡人都属于天的奴隶，都应该不分高低，互相尊重。

人生就是这样，有生就有生之累。我们都是平平凡凡的人，都有生死，不要把自己看得很高。"众人役役，圣人愚芚"，是指众人劳形以谋生，圣人看上去浑然无知，也就是说圣人不要自以为聪明。但圣人能"参万岁而一成纯"，这是"成"字第二次出现，前面我们讲"成心"是真心，"成"指的是现成、纯粹。"参万岁"就是参合万代，能够与万物达成整体的纯一。我认为这句话实际上也是在讲成心，即能够打成一片的、现成的真心。然后他说，"万物尽然，而以是相蕴"，了解万物都各有本然，山之高，水之深，都有它们的特色，而后以万物的真实互相涵摄。"相蕴"就是相照、相含、相摄。"摄"的繁体字写法是"攝"，一个提手旁三个耳朵，这是佛教的说法，万物相含相照，就像我们说的红花配着绿叶，树木配着小草，都各有它们独立的存在，而同时也彼此相关，密不可分。"山高水低"，山有山的高，水有水的深，各有特色，但是也互相映照，没有水深就显不出山高，没有山高也显不出水深。

原文

"予恶乎知说生之非惑邪！予恶乎知恶死之非弱丧而不知归者邪！丽之姬，艾封人之子也。晋国之始得之也，涕泣沾襟；及其至于王所，与王同筐床，食刍豢，而后悔其泣也。予恶乎知夫死者不悔其始之蕲生乎！梦饮酒者，旦而哭泣；梦哭泣者，旦而田猎。方其梦也，不知其梦也。梦之中又占其梦焉，觉而后知其梦也。且有大觉而后知此其大梦也，而愚者自以为觉，窃窃然知之。君乎，牧乎，固哉！丘也与女，皆梦也；予谓女梦，亦梦也。是其言也，其名为吊诡。万世之后，而一遇大圣，知其解者，是旦暮遇之也。"

语译

"能如此，我又怎么知道贪生不是一种迷惑呢？我又怎么知道怕死不是一种迷途而不知回归呢？丽姬是艾封这个地方的一个女孩，晋国国王召她入宫的时候，她吓得涕泪满襟。后来到了王宫，与国王同睡在华丽的大床上，吃美味的肉品，于是她大悔以前哭泣时的无知。同样，我又怎么知道人死了以后不后悔以前贪生之不当？就像做梦饮酒作乐的人，醒了以后便哭泣。做梦时伤心哭泣的人，白天便快乐地去打猎，当他们做梦的时候，不知自己在做梦。在梦中又做另一个梦，梦醒之后，才知都是梦。等到有了大觉之后，才知所做的是大梦。只有愚笨的人才以梦为觉，好像自己知道得很清楚似的。是君主，是臣子，好像确实分明。其实孔子和你都在做梦，我说你做梦，也是一种梦话。这样的说法，似乎是一种诡辩的谈论，只有等万世之后，遇到一位大圣，为我指点迷津，对于以前的梦境，犹如一夕之间的突然而悟。"

解义

有了这种境界，我们怎么知道"说生之非惑"呢？怎么又知道怕死的人不是因为自己的在外在迷惑而忘记了回家呢？死是一种回归，怕死就像是留恋于外，不愿意回家一样。生死本来都是自然的过程，所以谁知道贪生怕死不是一种迷惑呢？下面一段庄子讲了个故事。有个漂亮的女孩子被晋王选作妃子，她一开始很害怕，整天以泪洗面。后来住进了王宫，吃好的、住好的，她就后悔了：以前有什么好害怕的，有什么要哭泣的呢？我们今天也是一样，贪生怕死，可是谁知道死后如何呢？我们的人生就像一场梦。梦中饮酒开心，醒了以后却要烦恼哭泣；梦中哭泣悲哀，醒了以后却去打猎找快乐。"方其梦也，不知其梦也"，刚做梦的时候谁知道那是梦呢？"梦之中又占其梦焉"，梦之中又有梦，一环套着一环。"觉而后知其梦也。且有大觉而后知此其大梦也"，只有最后的大觉，才发现以前的一切都是一场大梦。

道家讲"觉"，道家的"觉"是"觉真假"，涉及的是真假问题，因为醒来之后发现梦是假的。这样一来，真假跟是非的问题就在这个地方出现了，但是一般人对此无所了解。"愚者自以为觉"，这个"觉"字不是指前面的大觉，而是贩夫走卒们的"自以为觉"。我们绑在是非里面，自以为有所觉了，其实这只是是非之觉，到了大觉以后才能觉出真假。"窃窃然知之"，一副是非分明的样子，这还是没有跳出对"知"的讲求，始终在"我认为对"里面打转。就像文中说"君乎！牧乎！""牧"就是奴隶，要去区分统治者与奴隶，君君，臣臣，父父，子子。"固哉！丘也与女，皆梦也"，这里是批评孔子的，说孔子那套"君君臣臣"的正名思想跟我们一样也都是在做梦。

因此，一切都是"姑妄言之，姑妄听之"，庄子以为他的言论也是权且一说一听罢了。谁知道"万世之后"，也就是很长时间之后，会不会真正遇到一个大圣人来点醒我们呢？"知其解者，是旦暮遇之也"，就好像早晚遇到那样，一梦而醒。我们在梦中不会知道梦究竟做了多久，醒后却一下子就意识到那就是一个梦。所谓"南柯一梦"，有的人还在梦里娶了公主，生下孩子，还要打仗，时间跨度长达几十年，醒来却不过是几分钟，连旁边的酒都还没温热呢。所以说"旦暮遇之"，这就是突然知道真假的问题，原来一切都是假的，一切真假都在片刻之中了然。这里是用"万世"与"旦暮"形成了对比的效果，一觉之后"万世如旦暮"。我们想想，现在讲历史说"中华上下五千年"，从黄帝开始，然后到孔子，再到今天，这个历史对我们来说很长。但也许突然醒来以后，就会发现这五千年的中国文化原来是在做梦。诸葛亮问："大梦谁先觉？"我们当中哪一位能先醒来呢？

原文

"既使我与若辩矣，若胜我，我不若胜，若果是也，我果非也邪？我胜若，若不吾胜，我果是也，而果非也邪？其或是也，其或非也邪？其俱是也，其俱非也邪？我与若不能相知也，则人固受其黮暗。吾谁使正之？使同乎若者正之？既与若同矣，恶能正之！使同乎我者正之？既同乎我矣，恶能正之！使异乎我与若者正之？既异乎我与若矣，恶能正之！使同乎我与若者正之？既同乎我与若矣，恶能正之！然则我与若与人俱不从能相知也，而待彼也邪？何谓和之以天倪？曰：是不是，然不然。是若果是也，则是之异乎不是也亦无辩；然若果然也，则然之异乎不然也亦无辩。化声之相待，若其不相待，和之以天倪，因之以曼衍，所以穷年也。忘年忘义，振于无竟，故寓诸无竟。"

语译

"假定我和你辩论。你辩胜了我，我胜不了你。难道你就真的对吗？我就真的错吗？相反的，我胜了你，你胜不了我，难道是真的我对，而你错吗？还是说我们两人中，必有一人对，或一人错呢？还是有可能两人俱对，两人俱错呢？我和你都不知道，这是因为我们两人都各有蒙蔽。我能请谁来做裁判，加以辨正呢？请和你见解相同的人来辨正，此人既与你相同，又怎能客观地辨正？请和我见解相同的人来辨正，此人既与我相同，又怎能客观地辨正？请与我和你都不同的人来辨正，此人既与我和你都不同，又怎能客观地辨正？请与我和你都相同的人来辨正，此人既与我和你都相同，又怎么能客观地辨正？既然我和你和第三者都不能知道，难道还期待其他的人吗？什么叫作'和之以天倪'？也就是说，'是'的还它一个是，'对'的还它一个对。如果'是'是真正的是，它就很清楚地与'不是'不同，不必去强辩。如果'对'是真实的对，它就很显然地与'不对'不同，也无须去强辩。其实，自然变化声息的互相对待，正如它们并没有互相对待。因此我们要'和之以天倪'，即以天道自然来调和万物的不同，顺万物的自是以发展，这样才能使各物都尽其所得于自然的命限。忘掉年命的长短，忘掉义理的是非，使我们的精神振扬于无限，使我们的生命寄存于无限。"

解义

下面一段话也是一个比喻。有两个人互相辩论，甲说是，乙说非，甲胜了，难道甲就对吗？乙就不对吗？相反的，乙胜了，难道乙就对，甲就不对吗？两个人都不服输，不能决定，于是找第三者来做评判，可是没有人能够做评判。就算找了一个第三者丙来做公证，他的看法要么与甲一样，要么与乙一样，要么和两人都不一样，而有他自己的想法，所以第三者也不能做公证，仍然解决不了问题，是是非非永远没有一个公证人来裁判，都是没有标准的，都是"愚者自以为觉"，每个人都自以为是，因此不能相知，要怎样才好呢？只有"和之以天倪"，就是把是是非非打成一片，让它们合起来。拿什么东西来和解呢？以天道之明，"倪"就是明。前面一直讲"照之于天""因是已"，"和之以天倪"就是"照之于天"，从天道的角度是没有是是非非的，照之于天也就是"大觉"。"是不是，然不然"，是不是也好，然不然也罢，一概平等而观之。"是"如果真的"是"，"则是之异乎不是也亦无辩"，即是说，"是"如果真的"是"，即与"不是"不同，也就不需要去辩论了。同理，"然"如果就是"然"的话，即与"不然"不同，也一样不需要辩论了，对错分明，要辩论做什么？接着庄子说出了一个重点，"化声之相待，若其不相待"。"化声"就是变化的声音，指《齐物论》开篇所说的风吹山林所造成的各种声音，进而延伸为宇宙万物的变化。万物变化的相待，是什么原因呢？我们人类现在有生命，死了以后就变成蚂蚁，蚂蚁死了以后再变成另外的东西，就像一个一个排着队等待变成后面一物那样。我们现在只看到万物的一面，但实际上宇宙中的每个东西都处于这个队列中。"若其不相待"，为什么看上去又好像是不相待的呢？每个东西都在那里，认为我就是我，蚂蚁就是蚂蚁，所以我们不要去计较相待还是不相待。就宇宙整体而言，当然是相待的，但在每一个时段上又有它们各自的面貌，人要好好过人的生活，蚂蚁也要好好过蚂蚁的生活，这就是自然。所以要"和之以天倪"，顺应天道自然，不要去区分，认为做人是好的，做蚂蚁不好。"因之以曼衍"，"曼衍"就是发展，顺应万物的性能去任由它们发展，是人就是人，是蚂蚁就是蚂蚁，是草就是草，是花就是花，不要去计较是非好坏。"所以穷年也"，"穷"就是万物本该有的生命，五十年也好，一百年也好，几个月也好，每个东西都可以穷年。所以现在我们就忘掉年龄的长短，忘掉是非仁义的标准，"振于无竟"，这个"振"与"忘"是一个对比，忘了以后，"振"就成为一种"觉"，"无竟"就是无边无限，不要把自己局限在几十年的生命里，死后变成蚂蚁，蚂蚁再变成别的东西，永远处于这种转化的过程之中。"寓诸无竟"，要住在无边无止的宇宙里面，把自己寄托在无止无境的变化中。当人们达到这个境界以后，再回头去看，自然就会理解什么是"不从事于务，不就利，不违害，不喜求，不缘道"了，不会执着于一些小事，掉在利害的陷阱中了。我常常碰到学生说中国哲学很难，好像听是一回事，做起来却又是另一回事。实际上就是先要把心灵提升到这个境界，否则便只是在观念上说"我要做到"而已，这样，反而做不到了。所以，庄子的话就是要先把心放开，以宇宙为一家。整个放开之后，自然而然也就不会去在乎生活上的一些小挫折了。

原文

罔两问景曰："曩子行，今子止；曩子坐，今子起；何其无特操与？"景曰："吾有待而然者邪！吾所待又有待而然者邪？吾待蛇蚹蜩翼邪？恶识所以然？恶识所以不然？"

语译

影子的余影问影子说："刚才你走，现在你停；刚才你坐着，现在你起来，为什么你没有一定的操守呢？"影子说："我是有所待才如此的啊！我所待的东西又有它的所待才如此的。我之所待就像蛇蜕去的皮、蝉换掉的翼一样，都是没有不变的定体。我怎么知道我为什么如此？我又怎么知道我为什么不如此？"

解义

接着庄子用了一个很好的比喻。"罔两"是影子的影子，我们看影子边缘有一点儿淡影，就像有两三重似的，这就是罔两。罔两有一次就问影子："你这个人怎么莫名其妙呢？一下子又动，一下子又停，忽行忽坐，没有一个固定的操守，一直在变，害得我还跟着你变。"其实我们也要问自己：我们自己也是不断处于变化之中，一个东西改变，自己的观念也在跟着改变。所以影子就回答了："我也不能自主，也是有待而来的，要跟着我的主人走，不能自主。"那么，影子跟着谁呢？跟着身体。如果影子批评身体为什么老是变动，那么身体就会回答说：我也是不能自主，也是有待于心的。那么这个心如果是心念，也就是观念、意识，它们也是有待的，或者说有待于万物。万物随时在变，意识也就跟着变化。由此类推，"吾所待又有待而然者邪"？我所待的东西又有所待，就像"蛇蚹蜩翼"那样，就像蛇蜕去的皮，蜩甲换掉的翅膀一样，所待的东西永远会变化，因此，这个心也会变化，它又怎么知道"所以然""所以不然"呢？即为什么要如此呢？这个比喻就是让我们扪心自问，自己所待的又是什么？是"吉凶祸福，生死成败"这八个字吗？那为什么会有吉凶？吉凶待于"我"，如果没有那个"我"，吉凶也就与我无关了。所以吉凶祸福都是一场梦而已，待到梦醒之后，就会发现那都是梦。

以前讲到要顺万物之"是"，实际上，功夫要落在打消我们自己之"是"上，而不是真的要去了解万物之所是。我们要去了解树吗？学宋明理学家的格物，像王阳明的格竹子格了七天，格得自己生了一场大病吗？其实，树木本来就有它的"真是"，不要我们去认定，只要我们不怀有成见，打消自以为是的想法，让树木过它的自是的生活吧！我们总说各人有各人的原则，这就要反省自己的原则是不是一种"自是"。有些人的原则是真真正正很伟大的原则，有的人则是顽固的、自以为是的原则。所以我们要想想，平时是否会用自己的原则去框住别人，庄子说"不缘道"，甚至连道都不要缘了，这也就是老子讲的"无为"。无为也是一个原则，但它的内容就是不要去干涉别人。所以我们把儒家、道家放在一起来看时会发现，真正的原则就应该是自己所持守的原则，而不应用它去规范别人的。

儒家讲恕道说"己所不欲，勿施于人"，也就是这个意思，现在人们都要求别人去宽恕自己，而不是自己去宽恕别人。很多人讲道德都是拿来要求别人的，而不是去勉励自己，问题就出在这个地方。所以，我认为儒家的"恕"字最好，要站在别人的角度去想想他的原则。这并不是说应该去盲目地顺从别人，而是说在我们想批评或想纠正别人的时候，要先站在对方的立场想一想，否则就会落入是是非非的樊笼之中了。这个比喻真正讲的是无待，借有待，如罔两待影，影子待身形，身形待心念，心念待万物，最后让我们想一想，如何结束这一连串不由自主的有待，言外之意就是要达到真心的无待了，庄子没有点明，就同他在开端问："怒者其谁邪？"也没有说穿，让读者自想，但不难，一想就知。

原文

昔者庄周梦为胡蝶，栩栩然胡蝶也，自喻适志与，不知周也。俄然觉，则蘧蘧然周也。不知周之梦为胡蝶与？胡蝶之梦为周与？周与胡蝶，则必有分矣。此之谓物化。

语译

以前庄周做梦变成了蝴蝶，像蝴蝶一样翩翩而舞，自以为得其所哉，不知自己是庄周。突然他醒了过来，发现自己的形体是庄周。不知道是庄周做梦变为蝴蝶，还是蝴蝶做梦变成庄周。庄周与蝴蝶之间，必然有所分别。这叫作物化，就是与物无碍，相与而化。

解义

最后一个故事是很有名的，大家早就知道了。"昔者庄周梦为胡蝶"，有趣的是，这里直接使用了"庄周"这个名字，而没有说"我梦蝴蝶"。如果说"我梦蝴蝶"，那实际上已经有一个"我"了，也就失去了客观性。所谓庄周梦蝴蝶，也就是把"我"与蝴蝶都看作两个客观的事物。"栩栩然胡蝶也",非常漂亮,自以为畅快了,但不知道自己其实是庄周。然后突然醒来,发现原来"我"是庄周,这个时候他就有些疑惑了:"不知周之梦为胡蝶与?胡蝶之梦为周与?"

接下来需要注意:"周与胡蝶,则必有分矣。此之谓物化。"这里有几重境界。一开始认为庄周与蝴蝶是有分别的,我是我,蝴蝶是蝴蝶,蚂蚁是蚂蚁,做了一场梦后却搞不清楚了,也就来到了禅宗所谓的第二重境界,从"见山是山,见水是水"过渡到了"见山不是山,见水不是水"。而到了第三重境界之后,见山还是山,见水还是水,蝴蝶还是蝴蝶,庄周还是庄周,"必有分矣"指的是蝴蝶有蝴蝶的真我,庄周有庄周的真我。现在我们睡醒了,各安其位,还有什么可操心的呢?在第一重境界里我们在操心、在分别,觉得我是我,蝴蝶是蝴蝶,我好,蝴蝶不好——它飞不久就会殒落,这样就有长短好坏的分别,在做梦时我们却分不清了,醒来之后,蝴蝶还是蝴蝶,庄周还是庄周,而蝴蝶与庄周都好。我变成蝴蝶就飞,不是蝴蝶就在这里传道,各有各的真实。总而言之,我们要通过"做梦"而把是非好坏的区分化掉,然后就会真正认识到庄周与蝴蝶都真实地在那里,都是很好的。所以说,"必有分矣"的"分"一定是第三层次"见山只是山,见水只是水"的"分",这才能叫作"物化"。

物化有两个层次,一个是与万物同化,好像是往低处去变化的。比如人要变狗、变猪,那不是降低自己了吗?认为变猪、变狗都无所谓,那是戏谑的思想。我们所谓的"物化"是说,把万物与自己都提升到一个更高的精神境界中,大家在此互相共化,万物都有真我。所以"物化"不是同流合污,不是把自己降下去。

《齐物论》到此也就讲完了,一言以蔽之,这个"齐物"不是把所有东西都削成一样平,而是要把万物都提到最高的境界里面,从而实现"齐一"，使万物都有真心至性，彼此相合，都要"旁日月，挟宇宙，谓其吻合"及"万物尽然，而以是相蕴"。也就是说，一方面与宇宙时空并生，一方面又与万物草木共化，这才是真正的"齐物"。

内篇第三　养生主

我们应当从《齐物论》与《逍遥游》出发，去理解《养生主》。这里的"主"就是主要的意思，或者说，这是真正重要的养生之道。

提到养生，我们会想到几个相似的名词，比如养形、养命，也有养心、养性、养神、养气，以及存养"浩然正气"。"养生"当然包括养形，"生"是包括形体在内的，我们无法脱离形体而抽象地来讨论"养生"。当今的"养形"显然是有问题的，它已经退化成美容、整容了。"养命"也就是延年益寿，道教比较强调这个。

"养性"是讲什么呢？这里所谓的"性"是很抽象的，儒家的孟子讲人的性善，"养性"也就是发挥自己的性善。佛家又会怎么讲呢？他们讲"明心见性"，好像这个"性"不是"养"出来的，而是最高的一个境界，也就是所谓的"自性"。

佛家的禅宗实际上就是在养心上下功夫，"明心见性"的功夫在"明心"，不在"见性"，"见性"是功夫自然的结果，《六祖坛经》里对这一点的表述很清楚。"养心"则注重心的修养，也就是"正其心"，《齐物论》中就有很多讲养心的内容。"心"有好有坏，但在儒家看来心是可以养的，因为人的性善之端就是"仁、义、礼、智"，蕴藏在心里面，要把它培养出来。至于"养神"，实际上也与心和性有关，因为神不能离开性。

王夫之在解释《养生主》时认为，"生主"就是神，"养生主"就是养神。而在庖丁解牛的故事里也谈到了"神遇"，这个"神"字在好几个地方都出现了。所以庄子在《养生主》里面特别强调养心与养神，而非养形。

至于"养气"则是一个比较抽象的概念，儒道两家对此都有强调。孟子所谓"养浩然之气"是配合了义与道的，要从内在把"浩然之气"、把仁义发挥出来，与道教所谓的练气、行气不同。禅观里面也有"数呼吸"这样的养气法门。

原文

吾生也有涯，而知也无涯。以有涯随无涯，殆已；已而为知者，殆而已矣！为善无近名，为恶无近刑。缘督以为经，可以保身，可以全生，可以养亲，可以尽年。

语译

我们的生命有限，而知识却是无穷的。以有限的生命去追逐无穷的知识，这是耗精损神的。而以这种耗精损神的追逐知识为知识，追逐不已，更是危害心身的。对于善事，去做时，千万不可贪名。对于不好之事，不要靠近它，使自己免于任何内外的刑罚。以顺着身心的自然之理为正路，这样才能保存自己的身体，保全自己的生命，护养自己的精神，以颐养天年。

解义

"养生"的说法非常全面，将形、身、心、神、气等各个方面都包括进去了。本来文本很短，也很容易读懂，文章的第一段话就是它的结论——这是庄子写作的特点。他说"吾生也有涯"，"生"就是指生命，生命是有穷的，"而知也无涯"。这里开门见山地将"生"与"知"放到一起来谈，可见养生最大的妨碍就是"知"。"以有涯随无涯，殆已"，以有穷的生命来追求无涯的"知"，这是很危险的。

这里的"知"指什么？为什么说它是一种麻烦呢？《庄子》里面的"知"有两种含义，一种是外在的知识，就像科学知识那样，是无穷的，它也包括是非的知识，因为它们会影响到养生。"知"的第二种含义是"知谋"，即用"知"去计划怎样得到某物、达到某个境地，这样"知"就变成了"谋府"，变成了计谋的仓库，这是"知"为什么成为养生障碍的最主要原因。

佛教认为，十二因缘的开始是"无明"，"无明"也就是无知，是"愚"。由于无知，我们的思想才会走偏，才会感到哀伤抑郁，归根结底都是知的问题，所以说以有涯的生命去追求无涯的知是很危险的。"已而为知者"，已经危险了却还自以为知，这就更加危险，"殆而已矣"。知识变成了是非当然危险，而有了是非之后又执着于那个自以为的是，这是更大的危险。

那么要怎么跳脱这个危险呢？要做到"为善无近名，为恶无近刑"。前者易于理解，也就是做任何善事都不要为了名。尽管容易理解，但做起来还是不容易的，我们总是为了善名而去行善，否则善事就没有那么大的吸引力了。至于"为恶无近刑"则有些争议，很多学者据此而批评庄子，说庄子是个阴谋家，劝人家去钻法律的漏洞，做坏事不要触犯刑法，这不是故意助长作恶吗？这样解释显然是不通的。我认为这里的"为"是"对于"的意思，对于所有善的事情都不要为了名而去行善，对于所有的恶事则一定不要去犯"刑"。

这个"刑"字可能有三种解释，第一种解释是法律意义上的刑罚，做了坏事被关入监牢，或是被处刑，这种刑离我们规规矩矩的一般人比较遥远，真正作奸犯科、犯了大罪的人还是少数的。"刑"的第二种解释是庄子讲的"内刑"，亦即内在的惩罚，比如忧虑、忧患、阴阳不和。《庄子·列御寇》篇中说"为外刑者，金与木也"，小人在行为上犯了错，就会碰到外刑，"金木讯之"。对于犯了内刑的人，则是"阴阳食之"，即阴阳不调和，比如患得患失，现在的抑郁症就是所谓内刑所致。养生当然要避免内刑，我们不仅要养形，使形体不受到伤害，更要养心、养气，心里面不要有太多欲望和烦恼，不要受到内刑的处罚。"刑"的第三种解释实际上是《养生主》篇讲到的"天刑"，也就是生死，这是天的刑法。天刑要如何对付呢？只有顺其自然，因为它不可逃避。回到开篇的这句话，"为恶"并不是要大家去作恶，而是要我们了解，自己每天碰到的一些不好的事情，所有的欲望都是恶，"无近刑"就是让我们不要因欲望、烦恼而遭受内刑。

庄子在《人间世》里讲"祸重乎地"，即灾祸像地一样重，而"莫之知避"，没有人知道避开，还画地为牢，钻了进去，所谓祸患多半都是作茧自缚。要怎么做到"无近名""无近刑"呢？"缘督以为经"，这个"督"字也可以当作"中"讲，缘中道以为经，实际上也就是顺天理以为经，顺自然以为经。这样才"可以保身"，这是养形；可以"全生"，保全生命；可以养亲——这个"亲"我认为不是指父母亲，而是指那个最亲近我们的东西，也就是性；"可以尽年"，活到自己应该有的年岁。养生的整个重点就是不要近"名"，不要近"刑"，不受"名"与"刑"二者的拖累。

原文

庖丁为文惠君解牛，手之所触，肩之所倚，足之所履，膝之所踦，砉然向然，奏刀騞然，莫不中音，合于《桑林》之舞，乃中《经首》之会。文惠君曰："嘻，善哉！技盖至此乎？"庖丁释刀对曰："臣之所好者道也，进乎技矣。始臣之解牛之时，所见无非牛者。三年之后，未尝见全牛也。方今之时，臣以神遇而不以目视，官知止而神欲行。依乎天理，批大郤，导大窾，因其固然。枝经肯綮之未尝微碍，而况大軱乎！良庖岁更刀，割也；族庖月更刀，折也。今臣之刀十九年矣，所解数千牛矣，而刀刃若新发于硎。彼节者有间，而刀刃者无厚；以无厚入有间，恢恢乎其于游刃必有余地矣，是以十九年而刀刃若新发于硎。虽然，每至于族，吾见其难为，怵然为戒，视为止，行为迟，动刀甚微，谋然已解，如土委地。提刀而立，为之四顾，为之踌躇满志，善刀而藏之。"文惠君曰："善哉！吾闻庖丁之言，得养生焉。"

语译

有位姓丁的厨师被征召去为文惠君示范解牛。他在解牛时，手的碰触，肩的倚靠，足的践踏，膝的相抵，哗然有声。他的刀子向上推进，豁然而开。这一举一动，都有音乐的节奏，合于《桑林》的舞步和《经首》乐曲的韵律。文惠君看了后便说："啊！太好了，想不到宰牛的技术达到这样的境界！"这位厨师便放下了刀，回答说："我所喜欢追求的是道，它是超越了一切技术的。开始解牛时，我所看到的就是实实在在的牛。三年以后，我在解牛时，所看到的就不再是整个的一头牛了。到了十九年后的现在，我解牛时，是以我的精神去与牛相遇，而不是用肉眼去注视牛。这时，我的感官知觉停止了，而精神意识在前行。我顺着天然的肌肤纹理，刀子划开皮肉的空隙，进入了筋骨的空隙，一切都因应着那固有的情状。所以那些枝生的经脉，附在骨上的肌肉都不是阻碍，何况那些较大的骨骼呢？一个善于用刀的厨师，通常需一年换一把新刀，那是因为他常用刀去切割。至于一般的厨师，几乎一月需换一把新刀，因为他们要用刀去砍折牛骨。现在，我的刀用了十九年，解剖了数千只牛，可是我的刀刃锋利得好像是刚在磨刀石上磨过的一样。这是因为牛身上的骨节是有空隙的，而我的刀刃薄到几乎没有厚度。以几乎没有厚度的刀刃进入有空隙的骨节间，当然是宽大得好像在其中悠游一样。所以十九年了，我的刀刃还好像是刚在磨刀石上磨过的一样。虽然有时候我也遇到筋肉相缠结的地方，那时，我知道很麻烦，便很小心地集中注意力，刀下精神意识缓缓而行。用刀非常精微，忽然间，整只牛已被解了开来，好像是泥土一样撒在地上。这时，我提着刀站了起来，看看四周的观众，志得意满。我很爱惜我的刀，仔细地把它珍藏了起来。"文惠君听毕，便说："太好了，我听丁师傅的一席话，也知道养生的道理了。"

解义

接下来这一大段"庖丁解牛"的故事很有名，就不仔细解释了，重点在于理解为什么要讲这个故事。庄子的写作方法很特殊，养生原本是很美的事情，他却故意用非常丑的东西来衬托。就像《维摩诘经》里所说的那样，我们所生活的这个婆娑世界，土地是非常肮脏、丑恶的，但佛祖脚一踩，马上变成净土。庄子也是一样，他要把杀牛变成非常美丽的事情，所以故意使用了这个解牛的故事。

庖丁是个屠夫，我们听到屠夫就感觉很恶心，整天宰牛杀猪，但在本文中他是一个得道之人，而且还掌握了杀牛的艺术，所以文惠君请他来表演。庖丁讲"臣之所好者道也"，是屠夫也无妨，只要所喜好的是道，"进乎技矣"，是指超乎技术而达到了道的境界。他开始练习杀牛时，所看到的都是牛，而三年之后所看到的就不再是全牛了，一眼看过去就是牛被肢解后的样子："方今之时，臣以神遇而不以目视。""神"字出来了，他现在不是用肉体的感官去触碰牛，而是用精神去游走，这就是养神。养神之后，就像庄周梦蝴蝶那样，看到的东西都是万物的真我——"物化"的前提就是"以神相遇"。这种境界"不以目视，官知止而神欲行"，即感官停止作用，精神往前走，即"依乎天理"。"神"是指我们的精神，"天理"则是指外物的自然理路。精神顺着万物的自然理路而行动，也就自然不会遇到阻碍，这是本文的要点。庖丁说自己"善刀而藏之"，"刀"也就是神，要保养自己的精神。

屠夫用完刀后要将它存好，存好实际上也就是不用。

我认为整个故事归结起来有两个要点：一是对万物来讲，不要执着于它们的形相。这是佛家所谓的空，也就是把万物看作四大因缘的聚合，因缘一散自然没有了。既然万物都没有自体，我们遇万物时也就什么都不会碰到了，都是空，也就不会再有所执着了，包括生老病死等。二是对自己来讲，空掉自己。庖丁解牛其实不是解牛，是解他自己，那个牛就是自己，把自己整个解掉，空掉了。一方面是把外在的东西空掉，不执着于外；另一方面也要把自己空掉，不执着于己。这也就是养生，可以"保身""全生""养亲""尽年"。

原文

公文轩见右师而惊曰："是何人也？恶乎介也？天与，其人与？"曰："天也，非人也。天之生是使独也，人之貌有与也。以是知其天也，非人也。"

语译

公文轩有一次看见右师，非常惊讶地说："他是怎样的一个人啊，为什么只有一只脚？是天生的，还是人为的？"接着他自答说："想必是天生的，而不是人为的。他天生只有一只脚，所以他由天所禀，也就只有一只脚了。所以他的独足是天生的，不是人为的。"

解义

我们看看"公文轩见右师"的故事。右师这个人是断了脚的，肢体不全还要怎么养形呢？形已经不全了。公文轩问他的断脚是"天与？其人与？"这个肢体不全是天生的还是人为的？是生下来就只有一条腿，还是做了坏事而被砍掉了？右师是一个军职的名衔，或是他在战争中被伤了脚？右师马上回答"天也，非人也"，是天生的，不是人为的。果真如此吗？实则不然，因为右师是个将军，常年在军队里打仗，所以一定是腿被砍掉了。但他认为这是自然的天赐，也就是说他并不怨天尤人，而是把人生的痛苦遭遇当作很自然的事情接受下来。

看到这里，你也许会想到自己在生活中的痛苦，这在佛家来讲就是上辈子造的业。如果这样理解，那我们还是要埋怨自己上辈子造了业，导致这一辈子不得不承受，仍然是有怨言的。而庄子对"天刑"则没有任何怨言，把它视作自然，也就化解掉怨尤和痛苦了。

原文
泽雉十步一啄，百步一饮，不蕲畜乎樊中。神虽王，不善也。

语译
草泽旁的野鸡，走十步啄到一粒食物，走百步饮到一口水。它不愿被养在鸡笼中。它的精神虽然能自主自得，却不求世俗的善名。

解义
这个故事很短，"泽雉"，是指草丛泽旁的野鸡，"十步一啄，百步一饮"，是指它在外面找东西吃很困难。即便如此，它还是不愿意被关在樊笼里面，因为那样虽然吃得饱饱的，却"不善也"，即没有什么值得赞美的。

养生本来就是养精神，也就是不受欲望的左右，不受外在的影响。"神虽王，不善也"有两解：一是指野鸡关在笼中，精神虽"旺盛"，但心灵不自由，所以是不完善的；另一是指野鸡在野外，精神虽"王"，即满足，生活却非常困难，不够完善。两者解释不同，本意应该是一致的，即养神重于养形。

原文

老聃死，秦失吊之，三号而出。弟子曰："非夫子之友邪？"曰："然。""然则吊焉若此，可乎？"曰："然。始也吾以为其人也，而今非也。向吾入而吊焉，有老者哭之，如哭其子；少者哭之，如哭其母。彼其所以会之，必有不蕲言而言，不蕲哭而哭者。是遁天倍情，忘其所受，古者谓之遁天之刑。适来，夫子时也；适去，夫子顺也。安时而处顺，哀乐不能入也，古者谓是帝之县解。"指穷于为薪，火传也，不知其尽也。

语译

老子去世时，秦失去吊唁。只哭了三声，便离去。老子的弟子奇怪地问："你是否是我老师的朋友？"秦失回答："是啊！"弟子又问："可是你这样轻率地吊唁怎么可以呢？"秦失回答："可以的！开始时，我以为老子是人，可是现在我觉得他已不是人了。刚才我进去吊唁时，看到有年老的人哭他，好像丧子一样。有年轻的人哭他，好像丧母一样。他们心中所感触的，恐怕是想不说却不能不说，想不哭也不能不哭的。他们这种对老子去世的哀悲之心，是违反了天道自然和人生至情的，他们忘了生命是自然所赐，最后又须回归自然。老子来到这个世间，是时的变化使他来，现在他离开人间，也是顺着时间变化而去的。我们如果能安于时的变化，顺着变化而走，一切的悲哀和快乐便不会进入我们的心中。这就是古人所谓的解脱了天帝生化的执着。"薪木的燃烧是有穷尽的，但薪木所化的火焰，传之永远而无穷尽。

解义

《庄子》中明载"老聃死"，可是司马迁的《史记》说老子出关后，不知所终。中国人的习惯都是叶落归根，老子退休了，还到关外一个陌生的、不易生活的蛮荒国度去游荡做什么？当然应该是回到故乡。《庄子》外杂篇中记载了许多老子的故事，尽管有夸大的描写，但也显示了一些老子的游踪，所以这里的"老聃死"当然也是事实了，只是秦失的做法是否有表演的成分，就未可知了。

老子死时，他的朋友秦失去吊丧，"三号而出"，哭了三声就跑出来了。为什么如此？他认为老子死了，这是天刑，是自然的，那些痛哭流涕、舍不得他离开的人则是"遁天之刑"，是不了解天道自然的表现。他们"忘其所受"，即忘记了我们的生命是天所给的，死去便是还给天了，而想要一味占有、不肯归还，就是"遁天"，即违反和天订过的契约。天的刑罚就是生死的契约，生死是自然的铁则，没有人能够躲开天刑。我们可以躲避外刑和内刑，对天刑却只有顺其自然。所以他说，老子来的时候就来了，时候到了，也就该回去了，如果能够"安时而处顺"的话，也就不会有哀乐了。

最后几句，"指穷于为薪，火传也，不知其尽也"，有一些不同的解释。有的解释说，用指头拿了火柴棒，火柴棒烧干净了，就像生命结束了，而精神则可以无限延长。这是一般的解释，我有另外一种解释。"指穷于为薪"，就像点蜡烛一样，这根蜡烛快烧完了，就再去点另外一根蜡烛，一根蜡烛会烧完，但蜡烛一根接一根地烧，却能永远相传。这也就是说，生死是永远相传的，我这根火柴就是我现在的生命。

天刑，就是这根火柴棒一定会烧尽。烧完之后，我的生命就变成别的东西，所以第二根火柴棒可能是蚂蚁，也可能是别的生物。薪火在宇宙之间永传，以至无穷。也就是说，天是自然的，火是永远相传的，我们不要执着于这根火柴棒。儒家就是这样讲，代代子孙相传。而放到整个宇宙里面来看，就不限于自己的儿孙了——死后变成其他东西也是一种相传。佛教说死后有来生，来生在哪里等着我们呢？如果来生还是回到这个世界上，那么就是庄子所说的，死后变成蚂蚁，变成其他的东西了。

　　如果我们现在跳脱出来，用庄子的看法观照这个世界，就会十分高兴，因为整个世界都处于传递的序列中。这个"火"有的是大蜡烛，有的是小蜡烛，但作为火的本质是一样的。也许光芒不同，有的人绚烂，有的人暗淡，但生命本身是无区别的。外在的形体有大小，功业有大小，但生命本身无大小。所以讲到最后，养生最重要的是不要让生命受到外在事物的拖累。我认为其间有两个要点：一个是天理，一个是天刑。把握住此二者，才能够真正养生，养生命之真，而不为形所制。

内篇第四　人间世

《人间世》的篇名提示我们，自己所处的还是人间之世，而非天堂。不讲来生，只讲人间，怎样在人间之世内解决问题？这里实际上涉及很多心理学的东西，人的问题往往就是心理问题。

原文

颜回见仲尼，请行。曰："奚之？"曰："将之卫。"

曰："奚为焉？"曰："回闻卫君，其年壮，其行独，轻用其国，而不见其过。轻用民死，死者以国量乎泽若蕉。民其无如矣！回尝闻之夫子曰：'治国去之，乱国就之，医门多疾。'愿以所闻思其则，庶几其国有瘳乎！"

仲尼曰："嘻！若殆往而刑耳。夫道不欲杂，杂则多，多则扰，扰则忧，忧而不救。古之至人，先存诸己而后存诸人。所存于己者未定，何暇至于暴人之所行！且若亦知夫德之所荡而知之所为出乎哉？德荡乎名，知出乎争。名也者，相轧也；知也者，争之器也。二者凶器，非所以尽行也。且德厚信矼，未达人气；名闻不争，未达人心。而强以仁义绳墨之言术暴人之前者，是以人恶有其美也。命之曰灾人。灾人者，人必反灾之，若殆为人灾夫！且苟为悦贤而恶不肖，恶用而求有以异？若唯无诏，王公必将乘人而斗其捷。而目将荧之，而色将平之，口将营之，容将形之，心且成之。是以火救火，以水救水，名之曰益多。顺始无穷，若殆以不信厚言，必死于暴人之前矣！且昔者桀杀关龙逢，纣杀王子比干，是皆修其身以下伛拊人之民，以下拂其上者也，故其君因其修以挤之，是好名者也。且昔者尧攻丛枝、胥敖，禹攻有扈，国为虚厉，身为刑戮，其用兵不止，其求实无已。是皆求名实者也，而独不闻之乎？名实者，圣人之所不能胜也，而况若乎！虽然，若必有以也，尝以语我来！"

颜回曰："端而虚，勉而一，则可乎？"曰："恶，恶可！夫以阳为充孔扬，采色不定。常人之所不违，因案人之所感，以求容与其心。名之曰日渐之德不成，而况大德乎！将执而不化，外合而内不訾，其庸讵可乎？"

"然则我内直而外曲，成而上比。内直者，与天为徒。与天为徒者，知天子之与己皆天之所子，而独以己言蕲乎而人善之，蕲乎而人不善之邪？若然者，人谓之童子，是之谓与天为徒。外曲者，与人之为徒也。擎跽曲拳，人臣之礼也。人皆为之，吾敢不为邪！为人之所为者，人亦无疵焉，是之谓与人为徒。成而上比者，与古为徒。其言虽教，谪之实也。古之有也，非吾有也。若然者，虽直不为病，是之谓与古为徒。若是，则可乎？"仲尼曰："恶！恶可！大多政法而不谍，虽固亦无罪。虽然，止是耳矣，夫胡可以及化！犹师心者也。"

颜回曰："吾无以进矣！敢问其方。"仲尼曰："斋，吾将语若！有而为之，其易邪？易之者，暤天不宜。"

颜回曰："回之家贫，唯不饮酒不茹荤者数月矣。若此，则可以为斋乎？"曰："是祭祀之斋，非心斋也。"

回曰："敢问心斋？"仲尼曰："若一志，无听之以耳，而听之以心。无听之以心，而听之以气。听止于耳，心止于符。气也者，虚而待物者也。唯道集虚。虚者，心斋也。"

颜回曰："回之未始得使，实自回也；得使之也，未始有回也；可谓虚乎？"夫子曰："尽矣！吾语若！若能入游其樊而无感其名，入则鸣，不入则止。无门无毒，一宅而寓于不得已，则几矣。绝迹易，无行地难，为人使易以伪，为天使难以伪。闻以有翼飞者矣，未闻以无翼飞者也；

闻以有知知者矣，未闻以无知知者也。瞻彼阕者，虚室生白，吉祥止止。夫且不止，是之谓坐驰。夫徇耳目内通而外于心知，鬼神将来舍，而况人乎！是万物之化也，禹舜之所纽也，伏戏几蘧之所行终，而况散焉者乎！"

语译

颜回去见孔子，向他辞行。孔子问："去哪里？"颜回说："去卫国。"

孔子又问："去卫国做什么？"颜回说："我听说，卫君正值壮年，行事专横，治理国事很轻率，从来不知自己的过错。他任意奴役人民，不顾人民死活。全国死亡的人数，多到尸陈河泽，有如草芥，人民无所依归。我曾听你说过：'治理得很好的国家，不需要我，我就离开它；政治很乱的国家，需要我，我就去帮助它。就像医生替人治病，所以医生的门庭之内，一定多疾病之人。'我愿把平日所听闻的道理，变成一些可行的原则，这样也许可以帮助卫国的人民，解脱祸患。"

孔子回答说："啊呀！你这样去，恐怕是自寻刑戮吧！我们行道，最忌杂念。有了杂念，欲望便多。欲望多，心就困扰。心困扰，便有忧虑。忧虑产生，自救不暇，何以救人？古代的圣贤，先要自己有所立，然后才能去立人。自己所立不稳，又如何能去劝阻暴君。你知道'德'因何而荡然不存，'知'因何而层出不穷？'德'是因求名而荡然不存，'知'是因为争竞而层出不穷。'名'是互相倾轧而生的，'知'是争竞的工具。二者都是凶恶的武器，又如何能完成你的任务呢！尤其你虽然道德深厚，信念笃实，未必能通达对方的意气。虽有名闻，而又谦逊不争，尚未能通达对方的心理。如果勉强地用仁义道德等绳墨规矩来规范暴君，这正是以别人的不好来凸显自己的美好，这叫作给人灾祸。给别人灾祸的人，必然也会得到别人给他的灾祸。你此行恐怕会遭受到来自别人的灾祸吧！如果卫君真的是喜欢贤能的人，而厌恶小人，又何必要你去显示你的与众不同呢？届时你不开口则已，一开口劝说，君王一定乘人君之势，和你比赛他的辩才。那时你屈为人臣，便会眼神迷乱，面色低沉，言语讨好，态度卑顺，一心只想迁就君主了。这是以火去救火，以水去救水，可谓越减越多。这样下去，非但无法改变他，相反的，恐怕你将会由于忠言逆耳，而死于暴君之手。而且，在过去，夏桀杀关龙逄，商纣杀王子比干，都是因为这些臣子修养自己的德行，爱护国中的百姓，也就是用爱百姓来显示君主的不好。所以君主也正因为他们的修养而排挤他们，这都是因贪求美名所致。再说，以前，尧帝攻打丛枝、胥敖，禹帝攻打有扈，使国家空虚，百姓病厉，人身为刑戮之场。这种用兵不穷，乃是为了成就实际功业。这两种例子，都不外乎求名和求实两途。你难道没有听说过吗？虚名和实利，圣人有时也不能克服，何况是你呢？虽然如此，你也许有你的方法，不如说出来看看。"

颜回说："我先修养自己，做到外貌尽量端庄而表现谦虚，内心尽量克制而求专一。这样可以吗？"孔子回答："不，这怎么可以呢？卫君有阳刚之气充于内，外表飞扬跋扈。他喜怒无常，一般人都不敢违背他，你却想把握对方的心理反应，而希求为他所接纳。像这种在日常生活中去改变一个人的小德，未必能达到目的，何况用大德去规谏他？结果是对方仍然固执不化，只是外表敷衍你，内心却没有丝毫自省自责，这样你的努力又如何行得通呢？"

颜回又说："既然这样，那么我内心正直，而外表委曲。言之成理，则上比于前人。所谓内心正直，是一切心念与天道自然为伍。与天道自然为伍，使我内心自觉天子与我都是上天的子民，我又哪里在乎我的话是为别人所赞美，还是为别人所批评？这样的话，就是一般人所称的天真的童子，这也就是我所谓与天道自然为伍。所谓外表委曲，是与人群为伍。例如执笏、跪拜、鞠躬，这是人臣之礼，大家都这样做，我岂敢例外！照着大家所做的去做，别人也就无法挑毛病，这就是所谓与人群为伍。所谓言之成理则上比于前人，这是与古人为伍。我的言论虽然实际上是对君王的教训批评，但这些话古人已说过，并不是我自造的。因此，虽然直言，但也不能挑我的毛病，这就是所谓与古人为伍。像这样，可以吗？"孔子回答："不！这如何可以呢？你有太多策略、方法，而不能深察对方的意思。虽然勉强可以使你不受刑戮，但也只能做到这一点，又哪里谈得上感化暴君呢？你只是师心自用而已。"

颜回说："我没有更好的方法，请老师指导。"孔子回答："你斋戒吧！我再告诉你。有所为而为，你以为很容易成功吗？如果你以为这是易事，即使高明如皇天，也是办不到的。"

颜回说："我家贫穷，单单不饮酒、不吃荤也已有好几个月了。这样做，可以算作你所谓的斋戒吗？"孔子回答："你所说的是祭祀的斋戒，而不是我所谓心的斋戒。"

颜回又说："请问什么是心的斋戒？"孔子回答："你专心一意，先不要用耳去听，要用心去听。再接着不要用心去听，而用气去听。你的耳不听，你的心不用。只有气是以虚来对应万物的，而道是和虚相合的。这个虚，就是我所谓的心斋。"

颜回说："以前我未曾顺气时，是以自我为中心。我顺气之后，便不以自我为中心。这是否就是所谓的虚呢？"孔子回答："你已说得很透彻了！我再告诉你，如果你能悠游于卫君的樊篱之内，而不为他君主的声名所影响。他听得进你的话，你就说；他听不进你的话，你就不说。你如果能处心于没有门路，也没有阻碍的境界，把自己完全寄托于不得已的自然，这样才差不多。要绝迹而不走路容易，要走路而不着痕迹则困难。完全根据人为观念来做很容易走入虚伪之途，完全顺着天道自然来走便不会有伪妄。我们只知道有翼才能飞，却没有听说无翼能飞的。我们只知道有知才能去知，却没有听说以无知去知的。

看看那断绝外欲的心扉，由于心中无欲，所以光明自现，一切吉祥便降临于这个静止的虚空之处。如果我们不能使此心静止虚空，那么即使我们只是坐着，我们的心也会向外驰求。所以我们应使耳目向内收敛，而断绝向外求知，那么鬼神都会亲近你，何况是人呢？这是感化万物的道理，是古代禹帝舜帝的治世枢纽，也是伏羲、几蘧等人所终身实行的修养方法，何况我们这些心神散乱的人呢！"

解义

庄子一开始讲了颜回与孔子的故事，这个故事绝对是庄子编造的，在《论语》等所有儒家的书里面都不存在。要注意，庄子编的故事往往不在乎历史事实。他之所以对儒家情有独钟，是因为儒家是显学，以此为基础比较易于被众人理解与接受。庄子所生活的时代有很多儒家的学者，但他们所讲的其实不过是名相和经典。庄子对颜回、孔子这样真正的儒家还是很欣赏的，因此才用他们来讲故事。有趣的是，庄子不用子贡，不用子路，而是选择了颜回。原因何在？首先，本文的主题是"德"，颜回可以作为代表，子路莽莽撞撞，子贡则是做生意的。所以庄子一提到颜回，我们就知道是要讲"德"了。

颜回要去卫国劝君主，孔子说："你怎么去劝？"孔子是不太赞成的，认为只有自己先修养好才能去劝君王。孔子说，你现在去的话，"若殆往而刑耳"，可能会碰到麻烦，因为你现在修养不够，卫君是个暴君。"轻用其国，而不见其过"，是指卫君不懂治国，尤其从来不会反省自己的过错。

孔子告诉颜回说，"夫道不欲杂，杂则多，多则扰，扰则忧，忧而不救。""道不欲杂"这句话可以从两个方面来解释。一是道本身纯粹不杂，自然之道是清清楚楚的，树就是长那么高，草就是长那么低，这是很自然的。《易经·系辞传》说"乾以易知，坤以简能"，也是一样的道理，"易知"就是清清楚楚、明明白白的，道本身如此，如果求道而杂，也就违反了道的自然，也就把自己的欲望加进去了。二是说如果求道之心一杂，也就"缘道"了——前面讲"不缘道"，不能人为地把道框住、贴上标签，说这个是"道"时，就已经不是"道"的本身了。所以杂则多，看法就会不纯，想法就会复杂；多则扰，心会被扰乱，导致阴阳不和；扰则忧虑产生，自己已有忧虑，又如何能救人？连自己都救不了，当然无法救别人了，所以说"先存诸己而后存诸人"。这实际上是儒家的话，但庄子在这个地方拿来说明道家的思想也很合适：先要自己能够无欲、不杂，才能去救别人。

那么，这个求道之心杂在哪里呢？就是下面说的"德荡乎名，知出乎争"。德性荡掉了、乱掉了，是被名打散了，一有好名之心，我们的德就不是真正的德。"知出乎争"，这里的"知"当然是"是非之知"。颜回先有了"我对，卫君错"这样的是非观念，再去劝卫君，就必然会产生争端。《养生主》一开始就指出，真正的养生不能为"知"所绊，所以"名"与"知"都不是好东西，前者执着于名望，后者则是"争之器"，是相争的工具。现在颜回要去劝国君，却仍有是非之心，还是为了名。

所以孔子接着说，"且德厚信矼，未达人气"，未达"人气"就是未达人心，指颜回的德行虽然很好，但没能通达对方的人气。我们常说"怒气""火气""躁气"等，都与心理问题相关；一旦心平"气和"，心理问题也就没有了，所以"人气"就是人的心理。"名闻不争，未达人心"，在没有了解对方的人心之前就勉强地用自己认为的仁义道德之言去劝那个暴君，这是"以人恶有其美也"，即拿人家的恶来表现自己的美，这就犯了大忌。真正要去劝别人，就要先把自己放到和对方一样的位置上，比如说"我在你这个情形，一定做得比你还坏"，对方听了就很舒服了。不然就叫作"灾人"，即批评人就是害人，把别人说得很坏。"灾人者，人必反灾之"，对方一定会反抗，要想尽办法来害你了。如果君主是好君主，喜欢贤能的人，那朝廷上的贤人就会很多，也就用不着你去劝他了。如果你自命贤能地强行去规劝一个唯我独尊的君主，也就是自找麻烦了。所以"恶用而求有以异"，为什么要用你去呢？"若唯无诏"，诏是说话，是指你不开口则已，一开口暴君就会与你相斗了，而臣子怎么斗得过君主呢？最后你的眼睛也迷糊了，态度也改变了，不能再趾高气昂了，嘴巴也讲不出话来了，因为君主不准你开口，于是你"容将形之"，态度反而要去迁就他，"心且成之"，心念反而被他所操纵。这不是"以火救火，以水救水"，越帮越忙吗？"顺始无穷"，如果一开始就这样，最后"必死于暴人之前"，救人者却无法自救了。像比干那种贤臣就被杀掉了，他们都是"修其身以下伛拊人之民"，安抚民众，得到民心，但这是"以下拂其上者也"，因下面人民的拥戴而犯了在上君王的大忌，因此遭杀身之祸。"君因其修而挤之"，他们因为有德反而被排挤，这就是好名的结果。

颜回听到孔子这段话之后，认为老师讲得有道理，决定做出改变。他说：如果我"端而虚，勉而一"，可以吗？颜回一开始是不虚心的，说那个君主很坏，我要拿夫子教我的仁义道德去劝他，十分骄傲，结果遭到了老师的批评。颜回反应很快，立刻说我要"端而虚，勉而一"，"端"就是端正，"虚"是谦虚，"勉而一"，即自我勉力，要做到"一"，把握一而不杂，这样可以吗？

孔子又对此加以否定，认为这是"以阳为充孔扬，采色不定"。很多人把这句话当作对君主的批评，我认为这是批评颜回的：颜回这样做还是阳刚之气充于内，而显扬于外，导致了外在的"采色不定"，即态度不安定。为什么呢？这个"以阳为充"就是针对"端而虚"的，由行为的"端"而产生的"虚"不是真正的虚心，而是"做"出来的谦虚的样子。同样，要去"勉"而为"一"，也就是前篇讲的"劳神明为一"，是勉强去求"一"，这样并不能使自己的内在真正虚下来，表现出来还是会有所做作。这是"常人所不违"的，是一般平常人的做法，"求容与其心"，要想抓住对方的所感与自己相合，则"日渐之德不成，而况大德乎"，即这在日渐的小德上都行不通，何况对君王要用大德的修养呢！对方也许只是表现出与你相合的样子，但内心并不能与你相合。这段话实际上是说，颜回的方法还是浮于表面的。

接着颜回马上又想到了新的方法："内直而外曲，成而上比。"这里谈了三点："内直"就是内心诚正，以天为徒，内心里与天道相合，顺着天走，像孩子一样天真无邪；"外曲"则是外面随和，是与人相交的礼仪，别人对君主要拱手相拜，我也照那样拜，很谦虚，守人臣的礼节；最后"成而上比"，也就是与古为徒，将所讲的话不归于自己的想法，而是归于尧舜禹汤这样的古人。

这样可以行得通吗？孔子说："恶，恶可！"仍然不可以。因为"大多政法而不谍"，方法太多，不符合"道不欲杂"的要求，"不谍"就是不明。"虽固亦无罪"，就是说，这样固然也许可以免罪而不死，但"夫胡可以及化"，还谈不上要去感化、转变他。说颜回仍然是"师心者也"，心里还是不虚，还是认为自己高明，要去规劝别人。

颜回相当聪明，他便说，我想不出再好的了，请老师告诉我方法吧。孔子说："斋"，你先斋戒，我再来告诉你。颜回说：我已经好几个月没有吃肉了，这算不算斋戒呢？孔子说：我讲的不是口头的吃素，而是讲"心斋"。颜回不懂，便说"敢问心斋"，请问什么是心斋。这里就是重点了。孔子回答"若一志"，你的精神要凝聚，"无听之以耳，而听之以心"，不用你的耳朵听，要用你的心听，这是由外到内。耳朵当然执着于外在的一切声响，而心也不能自主，时时要抓一个东西，因此心有麻烦，会产生各种念头。孔子认为，应当"无听之以心，而听之以气"。气与心不同，心必然有一个对象，而气本身是没有所欲的，因此

"听止于耳，心止于符"，"符"就是一个对象。气本身是虚的，只是顺随万物而已，"虚而待物者也"，如果一味地虚，就成了佛家所谓的"顽空"，所以虚的同时还要待物。道就是集虚，"心斋"就是要真正地虚掉我们的心念，这跟前面的"端而虚"不一样。"端而虚"是指外在的态度端正、谦虚，这里的"虚"则是将欲望与观念整个虚掉。

颜回听了这番话，反应很快，便问："回之未始得使，实自回也；得使之也，未始有回也；可谓虚乎？"即，以前我请教方法，都有一个自我在，现在听了老师这番话，就没有我颜回了，这是虚吗？孔子对此评价说："尽矣！"他认为颜回现在已经有这个功夫，可以去劝君王了，于是接着说，应当"能入游其樊而无感其名"，能够进入那个君主的宫廷而不受到他的威名的影响，想到他是君主我是臣子，先贬低自己；此外还要做到不受外力干预，"入则鸣"，对方听得进去就讲，"不入则止"，对方听不进去就不讲。"无门无毒"，"毒"字本来是毒药的意思，但汉语有时候会用反面意思，实际上这个毒就是"药"，"无毒"就是没有药方。"门"就是方法、法门，"无门"也就是没有一个方法。"无门无毒"，即没有要教给对方的某个法门，没有要用药医治对方的想法，或者说不要先行存有一个观念，要"一宅而寓于不得已"，就是把自己放在顺其自然的境地。"不得已"，即只做顺其自然而不得不做的事情。"几矣"，这样也就差不多了。

要知道"绝迹易，无行地难"，把自己关在家里不走路很容易，但走路而不碰地就很难。也就是说，不去劝他容易，劝他而能自然到不留痕迹就很难。"为人使易以伪，为天使难以伪"，"为人使"，就是要去劝这个人、有这个人的观念，这是容易虚伪的，因为有时候会心口不一。"闻以有翼飞者矣，未闻以无翼飞者也"，我们听到过用翅膀飞行，但是没有听过不用翅膀而飞行的。没有翅膀而能飞的是什么呢？是精神。"闻以有知知者矣"，我们都知道有知才能知，而"未闻以无知知者也"，没有听过以无知而能知，这里的"无知"是不用知，是智慧。我们生命的发展都是自然而不得已的，不是我们所能强求的，因此不要用已知的东西去知，因为已知的东西有限，都有特定的前提。"瞻彼阕者"，要看那个"阕"，也就是空的地方，"虚室生白"，心为"虚室"，"白"就是光明，隐喻智慧，"虚"是能够产生智慧的。由此一来，"吉祥止止"，吉祥就会来了，就不会再遇到灾害了。如果不止，"是之谓坐驰"，就像打坐时精神散乱了那样，所以要"徇耳目内通而外于心知"，即要把耳目关掉，断掉外面追求的知，而转向内心。由此一来，"鬼神将来舍"，鬼神都会来降福给你，"而况人乎"，何况是这个君主呢？他也会来靠近你，接受你的劝化。这才是"万物之化"，顺随万物的变化，才是尧舜禹这些圣王之"所纽"，他们成为圣人的关键，才是伏羲这些神人终身行之的依据，"而况散焉者乎"，何况是普通的人呢？

总而言之，这一整段话都是孔子劝颜回，同时也是庄子劝颜回的。如果想要去劝别人，自己首先要虚心，取消彼我的差别，也不要带着"内知外曲"等方法，而是要自然处之，根据对方的反应来采取对策。

关于方法，我想到《天地》篇里一个关于子贡的故事。有一次，子贡南游于楚，回到晋国的途中经过汉水的南岸，看到一个老人正要种东西。老人挖了一条隧道到井那里，又拿一个破罐子来盛水，一罐罐地将水提出来，很吃力而且没有效率。子贡看到后就说："有这样一个机械，提起水来用力少而且效率高，您不想试试吗？"老人就问他是什么机器，子贡说："这个机器是由木头做的，后面重，前面轻，叫作槔，大概用的是杠杆原理，抽水很快。"这个老人"忿然作色"，很不高兴，他说："我听我的老师说过，'有机械者必有机事，有机事者必有机心'，有了这个机器，内在就会产生机心，内心因而不纯不白、不再干净了，这就会导致精神不定，进而失去'载道'的能力，即'道之所不载'。我不是不知道机器有用，而是羞于使用机器。"这一段话很有趣，在我们今天来看却很迂腐。机器能够省力并产生更大的效能，为什么还要吃力不讨好地去使用人力呢？今天有很多人看到这段话，会觉得这个老人不可思议，太顽固了，子贡听了这一段话之后却十分不好意思。老人接着又问他是做什么的，他回答说自己是孔子的徒弟。老人就说："不就是那个博学而想做圣人的孔子吗？你们的老夫子就会吹牛，'卖名声于天下'。你如果向孔子学习，就会忘掉自己的精神，而落在行恶的陷阱里面，连自己的身体都不能治理，更何谈治理天下呢？算了，算了，你走吧，别耽误了我的事情。"

《庄子》中的故事对角色的选取是很用心、很谨慎的。这个地方拿子贡来讲故事也很有趣，因为子贡喜欢做生意，做生意的人就喜欢投机，也就会有机心。

子贡被老人批评一番之后，心里一直不畅快，走了三十里以后才好一点儿。子贡的弟子就问他说："你刚才碰到的老人是什么样的人呢？你为什么听了他一番话之后就'变容失色'，整天好像魂不守舍呢？"子贡回答说："以前我以为天下只有夫子最伟大，现在却发现还有人是与夫子不同的。我听夫子讲过，任何事情都要做好，任何事功都要求成，要追求用力少而产生更大的功劳，这就是圣人之道。"现在子贡的想法改变了，后面这几句话十分重要："执道者德全，德全者形全，形全者神全，神全者圣人之道也。""执道者德全"，把握道的人就能够保全他内在的德，而"德全"就会推导出"形全"，接下来说"形全者神全，神全者圣人之道"。这里先讲"道"和"德"，然后讲"形"，再将它们关联到"神"上面，可见这里的"形全"是很重要的。我认为执道者所执的应该是自然之道，只有把握了自然之道，内在之德才能够保全。因为前面讲"机心"，机心就是不自然，会导致内在的"纯白不备"，德也就不再具备了。"德全者形全"，我认为这里的"形"不只是指肉体，因为肉体本身并不那么重要，但"形全"在这里是"神全"

的前提。所以"形全"应该是指我们参与宇宙变化的形体，而不只是会腐朽的肉体而已；只有保全了变化的形体，精神才能够保全，也就是在心的层面上能够逍遥而游。"神全"就是心游，心游于天地之间才能够得以保全，这才是圣人之道。

可见，子贡听了老人一席话后产生了新的体会，他说圣人"托生与民并行"，拥有跟普通人一样的生命，却"不知其所之"，即不需要知道我们的目的是什么，也就是不为特定的目的所束缚，达到了无为的境界。"汇乎淳备哉"，是指内心纯白，"功利机巧，必忘夫人之心"，是说忘掉功利机巧，它们不再存在于心中。这样的人"非其志不之"，与其志业不合的地方不去，"非其心不为"，不顺其心的事情不做。他不受外在的干扰，所以就算天下的人都赞美他，"得其所谓"，他也"謷然不顾"，不在乎别人的赞美；就算天下人都批评他，"失其所谓"，也依旧"傥然不受"，不去接受"天下之非誉"。批评与赞美对他都没有损伤或增益，这就是全德的人。子贡说："我之谓风波之民。"我们像水波一样，风一吹来就动了，也就是说，我们容易受到外在欲望的干扰，心不能定。

回到鲁国以后，子贡把这一段经历告诉了孔子，孔子说这位老人"假修浑沌氏之术"，这个"假"不是虚假，而是假托，是说老人寄托于修养浑沌氏之术，"浑沌"就是没有机心和分别心。孔子认为这是"识其一，不识其二，治其内，而不治其外"，偏于内修的方面。他们"明白入素"，心灵纯白，一片干净；"无为复朴"，无所为而回归于内性，能够"体性抱神"，与神相合，"以游世俗之间者"，逍遥于世俗之间。这样的人在现在看来当然会显得很奇怪，因为我们是强调外在的，当然没有办法去了解这一套"浑沌氏之术"。

现在很多人受了老子、庄子影响，想要像这位老人一样去生活，这是有点偏激的；而完全离开这种生活，强调达尔文的进化论，推崇机器，则又是另一个极端。对此，我们应该思考：如何在这两个极端之间进行调和？一味推崇机器会造成种种病态，但是也不能完全弃之不用，这就有点骑虎难下了。机器虽不能不用，我们却可以调整观念。有一个学生就问我：我们在处理生态问题时对好坏是否该有所选择呢？倘若做选择，那么老子一任自然，庄子讲"齐物"，也就是万物一齐、泯灭分别心，是否会产生矛盾呢？我的回答是：老庄对于自然万物只是一视同仁，没有分别心，就像病人在医生眼中首先是生命，因此必须去救治；至于他是否犯了法，这要留待警察与法院去处理。老庄面对自然，也就是在面对生命，他们崇尚自然、珍惜生命，这是第一步，是没有分别心的；至于要分别好坏，分别生态是否平衡，这是第二步，是研究生态学的人要去处理的。

由此看来，今天自然界的许多问题可以说是由机械的使用产生的，使用机械产生的自然是人为的自然，而人为的自然有好有坏。对于怎样去发展好的、避免坏的，这是第二步，而不是老庄所关注的事情，他们强调的是生命本身，是真正的自然。也就是说，今天我们不能没有机器，而有了机器之后所造成的结果是有好有坏的，就像故事里的机器"槔"打水很快，这对于灌溉田地也许是好的；但机器的使用也会产生很多副作用，比如空气污染，对这种平衡的把握则是另一个问题。庄子在这里批评"机心"，也就是投机取巧，从好的方面说是提高了效率，但道家讲出了坏的方面——不断"利用"的心态。两千多年前的庄子在还没有看到现代机械的时候，就已经指出了"机心"的问题，这是不容易的。

原文

叶公子高将使于齐，问于仲尼曰："王使诸梁也甚重，齐之待使者，盖将甚敬而不急。匹夫犹未可动，而况诸侯乎！吾甚栗之。子常语诸

梁也曰：'凡事若小若大，寡不道以欢成。事若不成，则必有人道之患；事若成，则必有阴阳之患。若成若不成而后无患者，唯有德者能之。'吾食也执粗而不臧；爨无欲清之人。今吾朝受命而夕饮冰，我其内热与！吾未至乎事之情，而既有阴阳之患矣，事若不成，必有人道之患。是两也。为人臣者，不足以任之，子其有以语我来？"

仲尼曰："天下有大戒二：其一，命也；其一，义也。子之爱亲，命也，不可解于心；臣之事君，义也，无适而非君也，无所逃于天地之间。是之谓大戒。是以夫事其亲者，不择地而安之，孝之至也；夫事其君者，不择事而安之，忠之盛也。自事其心者，哀乐不易施乎前，知其不可奈何而安之若命，德之至也。为人臣子者，固有所不得已。行事之情而忘其身，何暇至于悦生而恶死？夫子其行可矣。丘请复以所闻：'凡交近则必相靡以信，远则必忠之以言。'言必或传之。夫传两喜两怒之言，天下之难者也。夫两喜必多溢美之言，两怒必多溢恶之言。凡溢之类妄，妄则其信之也莫。莫则传言者殃。故《法言》曰：'传其常情，无传其溢言，则几乎全。'且以巧斗力者，始乎阳，常卒乎阴，大至则多奇巧。以礼饮酒者，始乎治，常卒乎乱，大至则多奇乐。凡事亦然，始乎谅，常卒乎鄙。其作始也简，其将毕也必巨。夫言者，风波也；行者，实丧也。夫风波易以动，实丧易以危。故忿设无由，巧言偏辞。兽死不择音，气息茀然，于是并生心厉。克核大至，则必有不肖之心应之，而不知其然也。苟为不知其然也，孰知其所终？故《法言》曰：'无迁令，无劝成，过度益也。'迁令、劝成、殆事，美成在久，恶成不及改，可不慎与？且夫乘物以游心，托不得已以养中，至矣。何作为报也？莫若为致命，此其难者！"

语译

叶公子曾奉命出使齐国，他去请教孔子说："吾王交给我的任务非常重要。齐国对待使臣的态度，也许是外表很敬重实际上却拖延其事。一个普通人我们尚且不容易去改变他们，何况对方是诸侯呢！所以我非常惶恐不安。夫子曾告诉过我说：'无论事情是小是大，没有一件事是不合于道而能成就的。一件任务如果不能完成，则必然遭受君王的惩罚。相反的，如果能成功，可是也早已遭受到内心阴阳相煎熬的痛苦了。所以无论成与不成，都没有后患者，只有有德的人才能达到。'我是一个不在乎食物粗糙或精致，即使在闷热的厨房内也不企求清凉的人。可是今天早朝时，我接到了这个命令，到了晚上，便拼命地喝冰水。这是因为我内心焦急如火烧啊！我还没有实际出使任务，面对事实，早已有阴阳不调的忧虑之患了。将来任务如不成功，更遭君主惩罚的人道之患。这是两患兼至。作为一个臣子的我，实在没有能力来担当，夫子能否告诉我一些道理？"

孔子回答："天下有两个大法戒：一是命，一是义。子女爱父母，这是天命，是无法从我们心中拔除的。人臣忠事君主，这是义，没有一个地方没有君臣，这个关系在天地之间也是无法逃避的。这两者就是所谓的大法戒。所以事奉双亲的人，不管在什么地方都能安于行孝道之事，这才是至孝；事奉君王的臣子，不论到任何处所都能安于行忠君之事，这才是尽忠。一个人如能这样修心，外在的一切悲哀和快乐便不能影响他。知道任务的困难，不是人力之所能及，却尽力去做，把成与不成寄托给天命，这就是至德之人。为人臣和人子的人，固然有时会碰到不得已的事情，但只要照实去做，不要考虑自己，又何至于贪悦生命，而讨厌死亡呢？你就照着我的话去做吧！我再把所听到的一些道理告诉你，所谓：'凡结交邻近的国家，必然以事实使对方完全相信。凡结交较远的国家，则只有靠言语的忠实来维系了。'言语相交必须传达言语。凡传达两方君主讲得好听的话，以及两方君主发怒的话，这是天下最难的任务。因为两方面都喜欢听的话，必然会多加溢美之言。两方面都发怒的话，也必然增加了溢恶之言。凡传达言语中有溢美溢恶，便是不真的妄语。言语失真便不会被相信。不被相信，则传话的人便会遭殃。所以《法言》有谓：'要传达切实的真情，不要传达增添的言语，这样才差不多能保全传达的任务。'再说了，用技巧来角力的人，开始时都是正面的，最后常会转成了反面。技巧运用得太过分，便会产生诡奇的方法。又如合礼的饮酒，开始时都守法，最后往往大乱。因为饮酒太过，便会产生很多淫乐的行为。就像我们办一件事情，开始的时候有谅解、有信用，到了后来，却变得生偏见、有欺诈。在开始的时候看似简易的小问题，结果却变成复杂的大问题。言语，就像风波，执行传达言语的任务，往往使事实走了样。风波变动无常，事实的走样便会有危险。所以当君王无端怒起，乃是由于传话者的那些取巧的话语和偏颇的言辞。野兽临死的时候，完全不顾音调而乱吼乱叫。由于它勃然而怒，心中同时也产生了杀机。如果传达者的言辞锋芒逼人太甚，则对方便有害人之心产生，而传达者还不知为什么如此。如果触犯了对方还不知道为什么，事情会有什么好结果呢？所以《法言》所谓：'不可改变你所交托的命令，不可急于成就你的任务。如果超过了应有的范围，便是增加了你自己的看法。'改变命令，急于求成，都会坏事。美满的成就在于持久的努力。恶事一旦造成，就无法改变了。能不谨慎吗？只有乘顺万物的自然，使自己的身心悠游其中，寄托于万事万物的不得不然，而涵养心中的平和，这才是最佳的方法啊！如何去做才能回复君王所交的任务呢？最好的办法莫如能顺致天命的自然，这是最难能可贵的啊！"

解义

这是《人间世》的第二个故事，"叶公子高将使于齐"。《人间世》篇里的叶公子高是一位外交大臣，国君派他出使齐国，他心中感到不安，就问孔子：现在国君派我去出使，我要怎样完成自己的使命呢？一个普通人尚且难以劝说，何况是大国的诸侯呢？事情不成当然要受罚，如果成了，又会有忧喜失调的毛病。

他说，早上接到君主的命令，自己晚上回家后就拼命喝冰水，因为感到"内热"，即心中焦灼。我们不是外交大臣，但也会遇到许多类似的事情。所以故事中的孔子——其实也就是庄子说：你不要忧虑，天下有两件事情是"大戒"，即无法避免的，忧虑也没有办法，一是"命"，一是"义"。"命"就是天命，天命是不可改变的，比如生在贫穷的人家；"义"则是任务，这个也没有办法改变，比如做父亲的有责任照顾自己的儿女，作为国家的臣子就要尽人臣的义务。对于无法逃避的事情，唯有"不择地而安之"，即在任何地方都要安之顺之。"自事其心者，哀乐不易施乎前"，是指能够这样安心的人就不会受哀乐的影响了。"知其不可奈何而安之若命，德之至也"，这是要点，要抓住这一句话，这是指对于没有办法改变的事情就只好安之若命，比如我们的贵贱、穷通、生死等遭遇。这里的"命"最好解读为"天命"，与"命运"不同，安于后者就有点"做一天和尚撞一天钟"的意思，是往下沉沦的；而如果是安之若"天命"，则会想到这是天对我的考验，也就是孟子所谓的"天之降大任于是人也"，把恶劣的环境与痛苦当成天对我的磨炼，从而去积极地奋斗，这叫作"知命"。知命才能安命，而不是忧郁地、痛苦地"认命"，越认命就越痛苦。

接着孔子告诉子高如何完成他的任务。他说："故《法言》曰：'传其常情，无传其溢言，则几乎全。'"外交官要把话传给对方的君主，就最好"传其常情"，这里"常"字很重要，要实实在在地把应该传的话传过去，不要添油加醋。我们的生活就是一个任务，从生到死都要保持平常心，实实在在地该如何就如何，不要加上很多不合时宜的想法，那样就会怨天尤人了。譬如生下来就想一定要做一个了不起的人物，一定要做君主、大臣之类。这样一旦最后没做到，就会怨天尤人了。我们说小时候就要"立大志"，但立的是目标而不是野心，达不成目标我们不会怨天尤人，因为目标只是"心之所志"的一个方向。

这个故事最后又讲到"《法言》曰"。"无迁令，无劝成"，不要改变你的命令，按照君主给你的命令去实行，也不要为了成功而拼命鼓励自己，因为这样就会过度，是你自己加上去的"益也"。"迁令劝成"会坏事，而"美成在久"这句话很好，完成一件事情一定要花时间，不能速成，任何美的事情都要经得住时间的考验。如果不能持久，"恶成不及改"，突然有一念造成了负面的影响，就会破坏掉整件事情。注意文中的"慎"字。

下面几句话谈到了要点：要"乘物以游心"，随着万物的变化使自己的心逍遥而游，"逍遥游"就是游心，或者说神游、精神之游。如何游呢？"托不得已以养中"，庄子认为任何遭遇都是出于"不得已"，生死即如此。但只讲"不得已"还不够，那会变成认命，所以还要"养中"，也就是养心，在不得已的状态中保持心灵不受影响，也就是陶渊明"结庐在人境，而无车马喧"的境界。在道家看来，所谓"游心"就是要游于世俗、游于人间，而不是一定要在天上游。真正的游心要在世俗社会中，面对任何遭遇都能悠游，这才是高明的。用禅宗的话来讲就是"烦恼即菩提"，烦恼中就有菩提。有位向居士对禅宗二祖慧可说，离烦恼而求涅槃，就好像离形去找影，这里的意思也是一样的。

"何作为报"，怎样去完成任务呢？"莫若为致命"，这里"致"就是"作"，"命"则有三种解释，最浅显的一种就是命令，另一种是命运，再一种是天命，我认为这个地方指的主要是天命。怎样才能"致命"呢？首先是安命，不受它的干扰，不像叶公子高那样早上接到命令，晚上要喝冰水；第二是顺命，顺着万物变化的事理，在任何地方都为所当为；第三是尽命，或者说尽心，完成天命交给我们的责任。所以，我认为"致命"至少有这三个要点：能安、能顺、能尽。"此其难者"，这当然也是不容易的，要有很深的修养功夫。

原文

颜阖将傅卫灵公太子，而问于蘧伯玉曰："有人于此，其德天杀。与之为无方，则危吾国；与之为有方，则危吾身。其知适足以知人之过，而不知其所以过。若然者，吾奈之何？"

蘧伯玉曰："善哉问乎！戒之，慎之，正汝身也哉！形莫若就，心莫若和。虽然，之二者有患。就不欲入，和不欲出。形就而入，且为颠为灭，为崩为蹶。心和而出，且为声为名，为妖为孽。彼且为婴儿，亦与之为婴儿；彼且为无町畦，亦与之为无町畦；彼且为无崖，亦与之为无崖。达之，入于无疵。汝不知夫螳螂乎？怒其臂以当车辙，不知其不胜任也，是其才之美者也。戒之，慎之，积伐而美者以犯之，几矣！汝不知夫养虎者乎？不敢以生物与之，为其杀之之怒也；不敢以全物与之，为其决之之怒也。时其饥饱，达其怒心。虎之与人异类而媚养己者，顺也；故其杀者，逆也。夫爱马者，以筐盛矢，以蜄盛溺。适有蚊虻仆缘，而拊之不时，则缺衔毁首碎胸。意有所至而爱有所亡，可不慎邪！"

语译

颜阖将任命为卫灵公太子的老师，便去请教卫国大夫蘧伯玉说："假如这里有个人，天性好杀。如果我不以原则来教导他，他将来便为害国家；如果我以原则来匡正他，我可能会因此而遭祸。这位太子的聪明足以知道别人的过错，而不知自己的过错。像这样的情形，我该怎么办？"

蘧伯玉回答说："你问得好！要警惕，要小心，要先端正你自己。你在表面上最好亲近他，你的内心最好与他和合。虽然这两者也会有毛病。亲近他不可迁就他，与他和合不可显露你的用意。如果外表亲近他而迁就他，那么你便被他所颠倒、所毁灭、所崩溃、所击败。如果内心与他和合而表露了出来，你便是为了求声誉、争名望，你也会被认为是使诡计、善欺诈。对方如有婴儿之心，你就以婴儿之心与他相处；对方没有分别心，你就以无分别心和他相处；对方没有任何目的，你就以无目的的态度和他相处。然后再使他通达，而进入纯然无疵的境界。你知不知道螳螂？当它奋力举起手臂去抵挡车轮时，它根本不知道自己的力量不能胜任。这是因为它只肯定自己的才能之美。你要警惕和小心，无畏地自负，而自以为美的人便会犯此毛病，他和螳螂的无知相似啊！你知不知道养虎的人，不敢用活的东西给老虎吃，这是因为不使老虎由杀生而引起凶暴之性；他也不敢把有完整形体的东西给老虎吃，这是因为不使老虎由于撕物而产生毁物的残酷之性。他必须注意老虎的饥或饱，以适时地打消它因饥饿而产生的怒气。老虎与人虽然不同类，但都讨好养它们的人，这是由于养它们的人总是顺着它们。而它们之所以要杀生，也是因为对方忤逆它们。那个爱马的人用竹制的篮子盛马粪，用贝制的尿器盛马尿。当有蚊子等飞虫急停在马身上时，便不顾是否合时，猛然拍打马身，使得马儿受惊而挣脱了嘴上的嚼子、头上及身上的链子。这是因为这个爱马的人专心过度，而使他的爱马反而有所失，我们能不小心吗？"

解义

第三个故事，庄子故意设了一个难题：如何做太子的老师？如果批评太子的错误行为，惹他不高兴了，将来他做了皇上后就要遭殃；而如果由着他去，又会失职。庄子教给我们的方法是："形莫若就，心莫若和"，外面要迁就他，内在则要保持和谐，即不受影响。不过要注意，"就不欲入"，虽然要迁就他，但不要陷入他的圈套而被他所牵制，这样就无法以老师的身份对他进行规劝了；更重要的是"和不欲出"，心要安定，但是不要表现出来，不然就显得自己比他高明了。"形就而入，且为颠为灭"，"心和而出，且为声为名"，就是说，若外表态度迁就他，就要被他所牵制、颠覆，内心的安定如果表现了出来，就显得你是为了声誉、名望，变成了你以声名凌人了。

究竟要如何才能使他在不知不觉中受到感化呢？要从他的想法与立场出发。如果对方像个婴儿，我们也要像婴儿一样才能够亲近他，而不要作为老师去教训他。"彼且为无町畦，亦与之为无町畦"，"町畦"指规矩，小孩子不懂什么规矩，我们也不要设立那么多规矩，否则他就会逃掉了。"彼且为无崖"，"崖"就是原则，既然他没有原则，也就不要用原则来规范他；要跟着他慢慢改变，而不要预先设立好一个范围去框住他。庄子接着用了两个比喻：一个是养虎，虎性凶猛而无定性，养虎的人要非常小心地伺候，只能顺它，不能逆它；另一个是养马，也是小心照顾，突然有一只蚊虻飞来叮咬它，养马者爱马心切，拍打蚊虻，打到马身，反而使马惊跑。这两则比喻，一则是讲顺，不能逆；一则是讲爱之过度，反而适得其反。两者都是教太子或者顽童的原则。

教小孩是如此，人与人之间的交往也是如此，不能动不动就用道德的帽子压对方，"水至清则无鱼"。好人当然好，只是他处世时不能炫耀自己的优点。要让别人舒服，就要站在对方的角度去替他们着想。是人都有缺点，不能自我标榜是"零缺点"的人。所谓"德不孤"也可做另一解释，就是说，不能把自己标榜得太高，将自己孤立起来。后面的《德充符》篇讲"支离其德"，就是要把德的表现去除掉，内在有德就可以了。

治国方面同样如此。我们知道儒家是从正面的理论出发的，用一套道德标准来治国。道家在治国时也不能废弃这一套，不同之处在于，道家同时强调内心的另一套东西。外在的东西属于技巧，也就是"术"

的范畴，是政治上的操作运用，内心的一套则是要求君主"大智若愚"，不要强调自己的聪明才智而保持内心的修养，也就是无为。儒家的"无为"指的是恭己，要修己、正南面，道家的无为则是要减少欲望，不去干扰其他人，这是道家与儒家在内在修养方面的不同之处。至于治国策略上那种外在的道德，我想道家与儒家都是很重视的。

我认为，我们处理问题时最好把儒家、道家的框架打破，心胸要宽广，把儒家、道家自然地融合在一起。如果心胸不宽广，先有一个唯我独尊的框架，那就难以融合了。所以从修养方面来讲，无所谓儒家、道家，大家都可以用，佛家也可以用，因时制宜即可。

原文

匠石之齐，至于曲辕，见栎社树，其大蔽数千牛，絜之百围。其高临山，十仞而后有枝，其可以为舟者旁十数。观者如市，匠伯不顾，遂行不辍。弟子厌观之，走及匠石曰："自吾执斧斤以随夫子，未尝见材如此其美也。先生不肯视，行不辍，何邪？"

曰："已矣，勿言之矣！散木也，以为舟则沉，以为棺椁则速腐，以为器则速毁，以为门户则液樠，以为柱则蠹。是不材之木也，无所可用，故能若是之寿。"

匠石归，栎社见梦曰："女将恶乎比予哉？若将比予于文木邪？夫柤梨橘柚，果蓏之属，实熟则剥，剥则辱。大枝折，小枝泄。此以其能苦其生者也，故不终其天年而中道夭，自掊击于世俗者也。物莫不若是。且予求无所可用久矣，几死，乃今得之，为予大用。使予也而有用，且得有此大也邪？且也若与予也皆物也，奈何哉其相物也？而几死之散人，又恶知散木。"

匠石觉而诊其梦。弟子曰："趣取无用，则为社何邪？"

曰："密！若无言！彼亦直寄焉，以为不知己者诟厉也。不为社者，

且几有翦乎！且也彼其所保与众异，而以义喻之，不亦远乎！"

语译

一位姓石的木匠去齐国，走到曲辕这个地方，看见一株社祀坛的栎树。树大，其荫可以遮蔽几千头牛。树身，有百围那么粗。树高如临山，在七十尺的树干之上才有树枝。旁枝可以做小舟的就有数十条之多。前来观看的人有如赶集，这位老木匠看也不看，径直往前走。他的弟子们看了个够，追上石木匠后问道："自从我们拿着刀斧随先生入山砍伐以来，未曾见过树木有这样壮观之美的啊！你为什么不看，就一直不停地走呢？"

石匠回答："算了吧！不要谈它吧！那是一株无用的松木，用它做舟会沉，用它制棺椁会很快地朽腐；用它做器物很容易破坏；用它做门窗，则木头易湿朽；用它来制屋柱，则易遭虫蛀。这是一株没有用的木材，就因为它没有用，才活得那么久。"

石匠回去后，栎社树便托梦给他说："你把我比成什么啊？你把我和那些良木相比吗？像那些柤梨橘柚等果树和瓜类等，当它们果实成熟时，便被人剥落。被剥落，则使它们受辱。大的树枝被折断，小的树枝被扭曲。这是因为它们有用才使生命遭受苦难，所以它们没有活到生命的年限而中途被折死亡，这是因为它们为世俗之人所逼害打击。万物都是如此的。且说我追求达到无所可用的境地已很久了，差一点儿丢了命。现在总算能保命，而有我自己的大用。假使我也一样有用，又怎能够长得如此高大呢？而且你和我同是物，为什么你竟然把我类比文木呢？你也只不过是快死的没有精神的人罢了，又如何能知道我这株没有用的烂木头呢？"

石匠醒了之后，便和弟子讨论梦境。弟子问："既然它有意做无用之木，为什么却成为社祀的树木呢？"

石匠回答说："闭嘴吧！不要多说。它这样做也是一种特殊的寄托而已，所以才招致不了解它的人的辱骂和伤害。如果它不处身为社祀的树木，恐怕早就砍为柴被烧了。它保全生命的方法和一般人不同，你用一般义理来批评它，不是远离了事实吗？"

解义

有个木匠带着学生去齐国，看到一棵树长得很高，因为它无用，没有人去砍它，不然早就拿去做家具、建房子了。木匠告诉学生说：这棵树因为没有用，才能长得这样大。当天晚上木匠做梦，梦见这棵树对他说：你不要把我比得那么差，要了解我。然后他说"且予求无所可用久矣"，这一句是要点：不要以为我没有用就是烂木头，我在追求无用方面是下了功夫的。"几死"，差一点儿就丧命。我如果完全无用，照样要被砍掉当柴烧；如果有用，同样难逃厄运。大树说它经过了很长时间的修养，现在"得之"，才使自己的生命得以保全。

木匠醒了以后，弟子就问他说："趣取无用，则无社何邪？"意思是说，这棵树要追求无用，为什么还要做"社"树？"社"是祭祀宗庙旁的划区，也就是问，为什么它要置身于祭祀宗庙的旁边呢？木匠便说："密！"这个是秘密，是不能谈的。它为什么要变成社树呢？因为那个范围内的树不能砍。"彼亦直寄焉，以为不知己者诟厉也。不为社者，且几有翦乎！"是说它故意寄托为社树，让那些不知道它的人说它无用，又不能砍伐，如果它不是社树，又岂能逃过人们的刀斧？可见无用是不容易的，它不等于废弃掉变成垃圾，不等于没有用。我们可以把无用倒过来理解为"用无"，即不要去表现，不要去夸大、强调自己，不要显露才华，从而不让人家来忌妒、伤害自己，如此则像诸葛亮说的那样"苟全性命于乱世"。

外杂篇中讲到很多类似的故事：如《山木》篇中，庄子带着学生去山上，看到一棵因无用而长得很高的大树。他便告诉学生，这棵树因无用而保存了它的天年。后来他们到朋友家，朋友要杀雁来招待他们，仆人就问主人：我们家有两只雁，是杀那只会叫的，还是杀那只不会叫的呢？主人说当然是不会叫的。于是庄子的徒弟就问他说："刚才树木以无用而活，现在这雁却是以无用而死，到底要怎么办呢？"庄子说，材与不材都不应当强调，要处于材与不材之间。什么时候该有才，什么时候不该有，这需要自己去把握。接下来的话很重要"乘道德而浮游"，要顺着道德而浮游，也就是逍遥游。这个"道德"是在《道德经》的意义上讲的，道是天道，德是内在于人的德性。"一龙一蛇"，见人说人话；"一上一下"，见鬼说鬼话，无所不可。"以和为量"，即以"和"为尺度，灵活地处理不同时候该做的事，以此为标准，不一定有才，也不一定不才。如果得到伯乐的欣赏，就把才华显露出来；反之则不要再显露，不然反而遭人忌妒。

原文

南伯子綦游乎商之丘，见大木焉有异，结驷千乘，隐将芘其所藾。子綦曰："此何木也哉？此必有异材夫！"仰而视其细枝，则拳曲而不可以为栋梁；俯而视其大根，则轴解而不可以为棺椁；咶其叶，则口烂而为伤；嗅之，则使人狂酲三日而不已。子綦曰："此果不材之木也，以至于此其大也。嗟乎，神人以此不材！

宋有荆氏者，宜楸、柏、桑。其拱把而上者，求狙猴之杙者斩之；三围四围，求高名之丽者斩之；七围八围，贵人富商之家求禅傍者斩之。故未终其天年，而中道之夭于斧斤，此材之患也。故解之以牛之白颡者，与豚之亢鼻者，与人有痔病者，不可以适河。此皆巫祝以知之矣，所以为不祥也。此乃神人之所以为大祥也。"

支离疏者，颐隐于脐，肩高于顶，会撮指天，五管在上，两髀为胁。

挫针治繲，足以糊口；鼓筴播精，足以食十人。上征武士，则支离攘臂而游于其间；上有大役，则支离以有常疾不受功。上与病者粟，则受三钟与十束薪。夫支离其形者，犹足以养其身，终其天年，又况支离其德者乎！

语译

南伯子綦漫游到商丘时，看见一株大树，与众不同。四马结成的一千辆马车，都可以隐蔽在该树的树荫下。子綦便说："这是什么树木啊？它一定有特殊的材质。"于是仰头观看它细小的树枝，都像拳头一样弯曲，无法做大屋的梁柱；低头看看大树根，木轴疏松不可以做棺木。用舌舔叶，会使口烂伤；用鼻子去嗅它，它的味道使人发狂，昏醉三日都不醒。子綦接着说："这果然是株不成材的树木，才能生长得这样高大。啊！神人才能使这不材之木长得那么高大！"

宋国有一个名叫荆氏的地方，宜于种植楸、柏、桑等树木。这些树木长到手掌一握两握粗时，便被人砍去当作拴猴子的木棒。长到三围四围粗的，便被人砍去做华屋的栋梁。长到七围八围粗的，便被人砍去做富贵人家的棺木板。因此这些树木都不能活到它们应有的天年，半途便被刀斧所砍伐，这就是由于它们是有材之木而招致的祸患啊！所以古时在祭神消灾的典礼中，头上长白额的牛、鼻子朝天的猪，以及有痔疮的人都不能做河祭的牺牲品，凡是巫祝的人都知道它们是不祥之物，但神人以它们为大祥。

有一位名叫支离疏的人，脸颊因背驼而隐在肚脐之下，头顶下陷使肩高于顶。发髻因头面向下而朝天。五脏的血管都向上凸起。两股夹住身体就像两条肋骨。他做缝衣的工作，可以糊口；他做筛米的工作，可以供养十口之家。当政府征兵打仗的时候，他却因残疾而可以优哉游哉！当朝廷有大工程征劳役时，他却因肢体不全而不受劳役之苦。相反的，当政府赈济病患者粟米时，他却可以得到三钟米和十捆柴。这个人在形体上支离不全，反而能保养他的身体，使他活到应有的天年，何况在德行上做到支离不全的人呢！

解义

接下来有两段故事，一段讲南伯子綦，一段是讲宋荆氏的，都是讲树木因不材而终其天年的。有用，反而早被砍伐，和前面木匠的故事相同，我们就不重复了，现在我们就来看看另一个讲人不德的故事。

"支离疏者"，是说有个人身体"支离"，支离就是残疾，弯腰驼背，形体残缺不全，但因为他驼背，所以可以替人家做需要弯着背的工作来糊口，比如缝衣、筛米。国家有战争的时候，他因为驼背而不被征兵，反而能够保全性命，利用了自己的残疾无用。重点在下面一句话，"支离其形者，犹足以养其身"，形体不全的人都可以利用这个弱点来保全自己的身体，从而"终其天年"，何况"支离其德者乎"！虽然有德，但要把德支离掉、分解掉，不要显露出来，因为我们要在世俗中生活，而世俗的人不见得都有德。当然，这并不是说要同流合污，只是在与世俗相处时不要显露自己。"支离其德"是庄子所创的一个特别的名词，也是特殊的行为，可以对应老子的"上德不德是以有德"。但老子是只点出一个原则，庄子却使之生活化，活灵活现，非常生动。

原文

孔子适楚，楚狂接舆游其门曰："凤兮凤兮，何如德之衰也！来世不可待，往世不可追也。天下有道，圣人成焉；天下无道，圣人生焉。方今之时，仅免刑焉。福轻乎羽，莫之知载；祸重乎地，莫之知避。已乎已乎，临人以德！殆乎殆乎，画地而趋！迷阳迷阳，无伤吾行！吾行郤曲，无伤吾足！"

山木自寇也，膏火自煎也。桂可食，故伐之；漆可用，故割之。人皆知有用之用，而莫知无用之用也。

语译

孔子到了楚国，楚国的狂人接舆来拜访孔子说：凤鸟，凤鸟！你的道德何以如此的失落！未来的世界不能期待，过去的世界也无法挽回，天下有道的时候，圣人可以有所成就，天下无道的时候，圣人只求保全生命。现在之世，我们只求能免于刑戮而已，幸福轻得像羽毛一样在飘荡着，却没有人知道去载它，祸患重得似大地一样展现着，却没有人知道躲避它。快停下来，快停下来！不要以自己的道德去驾驭别人！危险啊，危险啊！不要自筑牢狱而往里钻！多刺的荆棘啊，多刺的荆棘啊！不要挡住我的去路，我已小心地绕道而走，不要刺伤我的足！

山木有用，而自招刀斧。膏脂生火，而自取煎熬。桂树的果实好吃，因而被砍伐。漆树的汁液可以利用，因而横遭割裂。人们都只知有用的用处，却不知无用的大用。

解义

从"支离其德"的驼背无用之人，写到如何运用"支离其德"的方法，庄子笔锋一转，又拿有德有名的孔子来凑热闹。庄子描写了孔子周游列国走到楚国边境时发生的一件事。

当地的隐士遇到孔子的车队，就跟在后面大声地嘲笑道："凤凰啊！凤凰啊！为什么道德如此衰败？未来的看不到，过去了的挽不回。天下有道时，圣人才有成就；天下无道时，圣人只是全生而已！现在这个时代，我们只求能免刑避祸而已！"接着他们唱出了两句极重要的话，"福轻乎羽，莫之知载；祸重乎地，莫之知避"，是指我们追求的幸福其实就像羽毛一样轻，很容易抓住，结果却没有人去载它；灾祸就像大地一样沉重，但我们非但不知躲避，还要自投罗网般钻进去。这个麻烦就在于"临人以德"，即时时拿自己的德去与人相比，以表现自己有德。以德临人，"殆乎"，这就危险了，满地都是"迷阳"，即刺手刺脚的荆棘，所以要小心谨慎，"无伤吾足"，不要让它们刺破我的脚。

老子说"上德不德，是以有德，下德不失德，是以无德"，这就是与人相处，不自以为有德的道理。如果认为别人有什么不好，先把自己放在对方的处境下想想，而不要一味从自己的观念出发去指责别人，就像前面《人间世》篇中的颜回一样，为了显露自己的有德而拿别人的不好作为陪衬。所以庄子要讲"支离其德"，使他的德不形于外。

孔子周游列国去劝说君王，还是为了有所为，那是自找麻烦。乱世是出英豪，但是许多英豪会在打天下的过程中失去生命；在道家看来，我们就不要做这种"悲剧英雄"了。比如孔明，在乱世中先要保全生命，隐居隆中，这是道家的做法；当刘备三顾茅庐的时候，他忍不住，就出来了，"知其不可为而为之"，这又是儒家的做法。所以一儒一道，需要依据时机去灵活运用。

庄子却是纯粹的道家思想，因此用一句话来总结"山木自寇也"，是指山木因为有用而自招砍伐；"膏火自煎也"，是指膏油因为能燃而被烧干；"桂可食，故伐之"，桂树因为可食而被破坏；"漆可用，故割之"，漆树因为可用而被割掉。"人皆知有用之用，而莫知无用之用也。"人如果有用，就会被人利用，大家都求有用，而很少有人能处"无用"，知道"无用之用"。

我前面讲到生命的转化，只有能"用无"的人，才能在遇到任何困难的时候把它们转化掉。如果只讲有用之用，那么遇到困难时，就会执着于有用，而不能变通了。比如孔子在五十四岁以前投身于政治，地位最高的时候做到了鲁国司寇的位置，但他后来周游列国，到六十八岁以后又回到鲁国，就完成了自我的转化，从事于教育。如果孔子一生执着于政治，只看到政治之用、政治之利的话，也就没有现在的孔子了。所以"用无"就有整个天地的空间可以运转，"用有"则是片面的，一定会被某个东西所限制，没有转化的余地。所以要懂得转化，能用无，能用空间，就不会把生命限定在某条路径上。

内篇第五　德充符

《德充符》的这个"德"字显然是指人的内在之德，与一般"道德"不同，"道德"两字源于《老子》,《老子》中先讲了"道"，然后讲"德"。《老子》上卷的第一个字就是"道"，下卷的开头是"上德不德"，第二个字是"德"，所以把它们合起来称为"道德"，即后来《道德经》的由来。"道德"这个概念本来是很重要的，在天为道，在人为德，但是现在我们将它破坏了，我们把"道德"（morality）合成了一个词，西方的心理学家都认为道德是外在的、压迫我们心灵的，现在一般人也把道德看作一种外在的礼义和伦理规范。实际上，老子不是这样说的，现在我把一般所讲的"道德"和"德"进行分析和对比："德"是指内心的修养，"道德"是指外在的行为；"德"是在于个人的，"道德"则兼及他人，是修己及人的。只修己是不够的，一定要对别人、对社会和国家有好处，这才是儒家的真正的"道德"的意义。回到庄子的《德充符》，是指"德"充实于内而自然符应于外，与外面的世界相感应、相影响，这就是"德充符"的意思。

就现在的社会来讲，我分析出大概有五种人：第一种人全无德跟道德的观念，这种人在当今社会数量不少；第二种人在外面满口仁义道德，但自己内心从来都没有德，他们的道德是要求别人对他们讲道德，以此来限制别人，这种人也不少；第三种人是内在有德，但是对外界没有影响，他是好人，甚至有的时候他自认为修养很好，但是对别人一点儿好处都没有，如隐士之流；第四种人是内在有德，这种德可以发展成外在的道德行为，这就是儒家所说的"仁义礼智，善之端也"；第五种人是内在有德，外在不讲道德，而自然呈现于外、感应于外，这就是庄子讲的"德充符"。庄子的"德充符"是强调内在的德自然表现出来，而没有一个观念说，我要救人，我要为人，我要兼善天下，在外面是没有道德的形象的，这就是本篇的中心思想。

原文

鲁有兀者王骀，从之游者，与仲尼相若。常季问于仲尼曰："王骀，兀者也，从之游者与夫子中分鲁。立不教，坐不议，虚而往，实而归。固有不言之教，无形而心成者邪！是何人也？"仲尼曰："夫子，圣人也。丘也直后而未往耳。丘将以为师，而况不若丘者乎？奚假鲁国！丘将引天下而与从之。"

常季曰："彼兀者也，而王先生，其与庸亦远矣。若然者，其用心也独若之何？"仲尼曰："死生亦大矣，而不得与之变。虽天地覆坠，亦将不与之遗。审乎无假，而不与物迁，命物之化，而守其宗也。"常季曰："何谓也？"仲尼曰："自其异者视之，肝胆楚越也；自其同者视之，万物皆一也。夫若然者，且不知耳目之所宜，而游心乎德之和；物视其所一而不见其所丧，视丧其足犹遗土也。"

常季曰："彼为己。以其知得其心，以其心得其常心，物何为最之哉？"仲尼曰："人莫鉴于流水，而鉴于止水，唯止能止众止。受命于地，唯松柏独也在，冬夏青青；受命于天，唯尧舜独也正，幸能正生，以正众生。夫保始之征，不惧之实。勇士一人，雄入于九军，将求名而能自要者，而犹若是。而况官天地，府万物，直寓六骸，象耳目，一知之所知，而心未尝死者乎！彼且择日而登假，人则从是也，彼且何肯

以物为事乎！"

语译

鲁国有一个断足的人，名叫王骀。跟从他游学的信徒，和孔子的信徒一样多。常季问孔子说："王骀是个断足的人，跟他游学的信徒，与你的信徒可以平分鲁国。可是他立不言教，坐不议论。他的信徒们，去看他之前，心中空空洞洞，看他之后回来时，却感觉心中都满载而归。难道这就是所谓不言的教化，无形中使对方心有所成吗？他究竟是怎样的人啊？"孔子回答说："他啊，是位圣人。我尚没有去拜见他。连我尚要以他为师，何况那些不如我的人呢！何止是鲁国，我将召引天下的人都去跟他为学呢！"

常季又说："他是一个断足的人，却能胜过你。他一定远超过那些庸碌之辈。如果这样，他又是如何运用其心智的呢？"孔子回答说："死和生都是大事，却不能改变他。虽然天地崩溃坠落，也不能使他有所损失。他能切实地洞悉真理，而不为外物所变迁。他能主导万物的生化，而把握万物的根本。"常季又问："这是什么意思？"孔子回答说："从差异的观点来看，肝和胆就像楚国和越国一样相距遥远。从相同的观点来看，万物本是一体的。如果了解了这个道理，就不会去理会耳目所适宜的是哪种声色，而能使心神遨游于万物和谐的至德之境，就能看万物自性一体的一面，而不会看它们的有所缺失，因此看自己失去了一只脚就像从身上掉下一块泥土一样。"

常季又说："像王骀这样的人只是修养他自己而已。他只是用他的智力去了解自己的心意识，再用他的心意识去体证自己长存的真心罢了。为何却受到万物的推崇？"孔子回答说："人不会到流水旁去照自己的形象，而是在静止的水面上去照自己的形象。这是因为唯有自己静止，才能使万物静止。生命来自土地的植物中，只有松柏长存，不论冬天夏天，都是郁郁葱葱。生命来自天赋的人物中，唯有尧舜得天命之正气，使他们能正他们自己的性命，然后才能正众生的性命。能够保养原始本有的禀赋，便会有无畏无惧的实际表现。就像那勇士孤身一人深入于九军之中，他是为了追求美名来荣耀自己，才有这样的表现。何况他掌管天地，府藏万物，把自己的六骸当作暂时的寄宿，以耳目所见为幻象，他能用齐一万物的智慧，去观照所知的一切，他是那种心永远不朽的人呢！他只是等待时机择日而登天入道，一般人自然跟着他。他又如何肯把外面的这些物质当作一回事呢！"

解义

本篇可以分成六段来讲，第一段庄子是在讲故事。《庄子》中的故事有的是他自己编的，其中讲的孔子的故事常常不是事实，《庄子》中的孔子并不是真实的孔子。

这一段说鲁国有一个断脚的人，他的弟子很多，可以跟孔子平分秋色。孔子教学生是非常热心的，但是这个人从来不教学生，他"立不教，坐不议，虚而往，实而归"，学生们去的时候都无知，回来的时候都很满足。他没有教学生，但是学生能得到知识，这就是德充于内而感应于外。这是一个引子，引出了下面的要点：什么是他内在的德？

接下来有一段非常重要的话，是庄子假借孔子之口所说的"死生亦大矣，而不得与之变"，死生是大事情，但影响不了他，因为他不在乎生死的变化；"虽天地覆坠，亦将不与之遗"，虽然天地像地震般倾覆坠落，但是对他来讲一点儿损失都没有；"审乎无假，而不与物迁"，这是最重要的一句话，"审"就是完全了解，"无假"就是真，"不与物迁"是指不因万物的影响而改变。"不与物迁"后来影响了佛家僧肇的《物不迁论》，僧肇的"物不迁论"其根据就是庄子的"物不迁"。这里是写物不能影响他，也不能使他改变，他的德充于内，非常稳定且不受外界的影响。

下面一句揭示了他如何能达到这种境界。"命物之化，而守其宗也"，这是在描述功夫。"命"用作动词，有两种解释：一个是"天命之谓性"，我们的性是天赋的，这里的"命"能够赋予万物以变化。换言之，它能够促成物化。庄子在《齐物论》里面讲了庄周梦蝶的故事，庄子、蝴蝶本来有分别，现在却分不清了，这就是物化。物化就是与万物同变化，死了以后变蚂蚁，变任何物体都可以。肉体虽然与物变迁，但是我们的精神是一个"不以物迁"的主宰，能够"命物之化"，我们可以应付万物的变化。我们无法改变死亡之后变成某种东西的命运，但是我们的精神可以一直观看万物的流转变化。所以，"命"字的主导是第一种含义。

另外一种含义是"命物之化"，即安命于万物的变化。这是后面要讲的，安之于自然，安之于命，也就是使自己的命运、生命安于万物的变化。不要说死了之后一定要做人、做天，不要做畜生、饿鬼，这些东西由不得我们，要顺其自然。"守其宗"的"宗"字很重要。既然与物一起变化，就要把握住自己的"宗主"，即本体、精神、真我，这就是"不与物迁"的内在之德。

后面常季追问孔子，孔子称："自其异者视之，肝胆楚越也。"从不同的视角来看，身体里面的东西都是"差之毫厘，失之千里"，但是"自其同者视之"，万物都是一体的，如同身体内的肝胆相依。所以不要斤斤计较、分别，而要与万物同化。"夫若然者"，如果我们能达到这种境界，就"不知耳目之所宜"，不被眼睛耳朵所蒙骗，"而游心乎德之和"。此处是庄子讲"德"的第一个要点。"德"是内在的和与外在的和，"充于内"是一种内在的和谐，没有怨气，没有期待，没有各种的观念、看法、欲望，这样外在便能与万物相和。这个"符"就是符应，即与万物相和。所以"和"是庄子讲"德"的第一个要点。

原文

申徒嘉，兀者也，而与郑子产同师于伯昏无人。子产谓申徒嘉曰：
"我先出则子止，子先出则我止。"其明日，又与合堂同席而坐。子产
谓申徒嘉曰："我先出则子止，子先出则我止。今我将出，子可以止乎，
其未邪？且子见执政而不违，子齐执政乎？"申徒嘉曰："先生之门，
固有执政焉如此哉？子而说子之执政而后人者也？闻之曰：'鉴明则尘
垢不止，止则不明也。久与贤人处则无过。'今子之所取大者，先生也，
而犹出言若是，不亦过乎！"

子产曰："子既若是矣，犹与尧争善，计子之德，不足以自反邪？"
申徒嘉曰："自状其过，以不当亡者众。不状其过，以不当存者寡。知
不可奈何，而安之若命，唯有德者能之。游于羿之彀中，中央者，中
地也；然而不中者，命也。人以其全足笑吾不全足者多矣，我怫然而
怒；而适先生之所，则废然而反，不知先生之洗我以善邪！吾与夫子游
十九年矣，而未尝知吾兀者也。今子与我游于形骸之内，而子索我于
形骸之外，不亦过乎？"子产蹴然改容更貌曰："子无乃称！"

语译

申徒嘉，是一个断足的人，他和郑子产同拜伯昏无人为师。子产
向申徒嘉说："我先出去的时候，你就留在屋中；你先出去的时候，我
就留在屋中。"第二天，申徒嘉又跟郑子产坐在同一屋内。子产便对申
徒嘉说："我先出去，你就留在屋内；你先出去，我就留在屋内。现在
我将要出去，你可以留在屋内；你还是不能做到吗？你看见执政官而不
避讳，你难道把自己看得和执政官一样吗？"申徒嘉回答说："我们老
师的门徒中，难道有执政官像你这样的吗？你是以自己为执政而沾沾
自喜，而把别人看轻了。我曾听说：'镜子明亮，尘垢就粘不着；尘垢
粘着，镜子就不明亮。常和贤德的人相处，就会没有过错。'现在你已

知道什么是重要的，而选择效法我们老师，可是此时竟出言如此，难道不过分吗？”

子产又说：“你已经生得这样了，还想与尧争善，看看你自己的德性，还不值得自己反省一下吗？”申徒嘉回答说：“自己检讨自己的过失，而认为自己很好，不该遭断足报应的人很多；自己不检讨自己的过失，而以为自己不好，不该存足的人，就少之又少了。一个人的肢体不全是无可奈何的事，如能安然处之，有如天命，只有有德的人才能做到。如果你游于善射者后羿的射程中，你站在中央，正是箭靶的中心之地。但你没有被射中，这是你的命运使然啊！以他们的双足俱全而笑我双足不全的人很多。我曾勃然而怒，而到了我们老师的门下，就忘了这一切。我也不知道是不是老师用他的慈善洗净了我心中对断足的介意。总之，我与先生相交了十九年，他未尝感觉我曾断了一只脚。现在你和我共同游学于先生的门下，以德性相交，你却在我的形体上挑剔，岂不是太过分了！”子产觉得很惭愧，立刻改变神色，说：“你不要再这样讲了！”

解义

这段故事是围绕一个断腿的人而展开的。《庄子》书中把断腿的、驼背的、肢体不全的人当作理想人格，因为他们的德性是非常美的。德性不以外在的美丑为标准，不是说美男、美女的德性就好，我们认为最丑的人在庄子看来是最美的。这个断腿的人和郑子产师出同门。子产是一位长相很帅的政治家，他嫌这个断腿的同学难看，说：“我出去的时候你不要跟我一起，如果我在那里处理一些事务，你千万不要跟我站在一起。”这是庄子编的故事，庄子认为断一条腿或者肢体残缺不全是天生的，长得美也是天生的，在这方面，人并没有选择权。

这个断腿的人对子产说：“就像后羿射箭百发百中，结果他一箭射到了我的腿而没有射到你，于是你得以保全你的身体，这都是机遇，有什么值得骄傲的呢？"这个故事是说我们人生中的一切遭遇都无法选择，无论是好的、坏的、丑的、美的。所以庄子说："知不可奈何。"以我们的知识是没有办法去了解为什么我长得丑，而别人长得那么漂亮的，佛教说这是前世的业，用因果报应来解释，但庄子不讲前世。我们的智慧没有办法了解和解释，只好"安之若命"。

"安"是德的第二个要点。"安"是中国哲学中一个非常重要的功夫，有成语说乐天安命，庄子讲安命。安命不是宿命论，而是指我们的精神、心神能够安于一切遭遇。这个"安"字和《中庸》里"素其位而行"的表述有些相似："素富贵，行乎富贵，素贫贱，行乎贫贱。"就是安于富贵，安于贫贱。"安"不是说要放弃和投降，不是自暴自弃，而是安于命运，做好该做的事。比如我现在很贫穷，那我安于贫穷，做贫穷之人该做的事。具体怎么做呢？好好工作，好好努力，那么将来我也许可以变得富有。所以"安""和"这两个字是相关的，"安"还可以说是"和"的功夫，能"安"才能"和"。"安之若命"的"命"不是说命运、天命，庄子所说的"天"多半有自然的意思，所以这里的"命"是指自然的命，也就是自然之天赋予我们的命，因此我们只好安之若命。

原文

鲁有兀者叔山无趾，踵见仲尼。仲尼曰："子不谨，前既犯患若是矣。虽今来，何及矣！"无趾曰："吾唯不知务而轻用吾身，吾是以亡足。今吾来也，犹有尊足者存，吾是以务全之也。夫天无不覆，地无不载，吾以夫子为天地，安知夫子之犹若是也！"孔子曰："丘则陋矣，夫子胡不入乎，请讲以所闻。"无趾出，孔子曰："弟子勉之！夫无趾，兀者也。犹务学以复补前行之恶，而况全德之人乎？"

无趾语老聃曰："孔丘之于至人，其未邪？彼何宾宾以学子为？彼且蕲谂以诡幻怪之名闻，不知至人之以是为己桎梏邪？"老聃曰："胡不直使彼以死生为一条，以可不可为一贯者，解其桎梏，其可乎？"无趾曰："天刑之，安可解！"

语译

鲁国有个断了足趾的人，叫叔山无趾。他用脚后跟走着去见孔子。孔子说："以前你不够谨慎，既然已犯了错误，而有此下场，虽然现在你来我处，但已追悔不及了。"无趾回答说："我因为不识事务，轻忽我的身体，以致断了足趾。现在我来你处，可见我身上有比断足还尊贵的东西保存着，我是为了要保全它们啊！天是无所不覆的，地是无所不载的，我把你看作天地，谁知你的话竟然是这样的！"孔子回答说："这是我的愚陋啊！你为什么不进来，谈谈你的看法？"无趾离开了，孔子便说："弟子们啊！你们要好好努力。像无趾，是一个断脚的人，他还知道努力学习以补救以前的罪恶，何况本来就是全德之人呢？"

后来无趾和老聃谈起此事说："孔子恐怕没有达到至人的境界吧！他为什么还是强调恭恭敬敬去做一个学者呢？他不过只求以怪诞不经的言论来博取名望，不知道至人正是把这些言论名闻当作自己的手铐脚镣啊！"老聃回答说："你为什么不直接使他了解死和生本是一体的，可和不可本是一贯的，来解开他的手铐脚镣？这样不可以吗？"无趾回答说："对他来说，这是天的刑罚，又怎么解除得了呢！"

解义

接着又是一个断脚之人的故事。这个断脚的人去见孔子，孔子就问他的意图为何，他说："我是来向你学习的，我知道你是一个很有学问的人，我要好好向你学习。"孔子误会了他的意思，告诉徒弟说："这样一个断腿的人还知道用为学来补救自己断腿的过失呢！"听了这话，这个断脚的人有些生气地回应说："我来求学不是因为要补救断腿的过失，我向你学习就是为了学。孔夫子啊，我真的失望了，原来你是这样看我的。断腿是天生的、自然的，这有什么不好呢？这和求学是两回事啊。"断腿的人把这件事告诉了老子，于是老子说："你为什么不告诉孔子'死和生本为一体的，可和不可本为一贯的'呢？"

我们都认为死了就什么都没有了，但是庄子不讲生死而讲死生，他说我们死了以后是另外一种生命，断腿算什么呢？孔子以为求学是为了补救错误的说法局限于是非分别的观念，其实是非本是一贯的，是非两忘而化其道，所以要忘掉是非。孔子讲"一以贯之"，一般人认为这里的"一"是仁，从仁贯通到礼、伦理、政治，以及其他东西。其实还有天人一贯、内外一贯的说法，如"忠恕之道"就是贯通内外的，忠是内在于己，恕是推己及人，由此可知内外、是非、生死都是一贯的。

这一段就是在讲生死一贯。断腿之人说孔子已经变成老顽固了，"天刑之，安可解"，这是指孔子的观念已经无法改变了。前面讲了内在之德能和、能安，再接着看外在的生死、是非、贫贱，这一切都是一贯的，这些外在之物对自己还有什么影响呢？我们要超然于这些相对的观念之上，如此我们的德才会充实于内。

原文

鲁哀公问于仲尼曰："卫有恶人焉，曰哀骀它。丈夫与之处者，思而不能去也。妇人见之，请于父母曰'与为人妻，宁为夫子妾'者，十数而未止也。未尝有闻其唱者也，常和人而已矣。无君人之位以济乎人之死，无聚禄以望人之腹。又以恶骇天下，和而不唱，知不出乎四域，且而雌雄合乎前，是必有异乎人者也。寡人召而观之，果以恶骇天下。与寡人处，不至以月数，而寡人有意乎其为人也；不至乎期年，而寡人信之。国无宰，寡人传国焉。闷然而后应，氾而若辞。寡人丑乎，卒授之国。无几何也，去寡人而行，寡人恤焉若有亡也，若无与乐是国也。是何人者也？"

仲尼曰："丘也尝使于楚矣，适见独子食于其死母者，少焉眴若，皆弃之而走。不见己焉尔，不得类焉尔。所爱其母者，非爱其形也，爱使其形者也。战而死者，其人之葬也不以翣资。刖者之屦，无为爱之；皆无其本矣。为天子之诸御，不爪翦，不穿耳；取妻者止于外，不得复使。形全犹足以为尔，而况全德之人乎？今哀骀它未言而信，无功而亲，使人授己国，唯恐其不受也，是必才全而德不形者也。"

哀公曰："何谓才全？"仲尼曰："死生，存亡，穷达，贫富，贤与不肖，毁誉，饥渴，寒暑，是事之变，命之行也；日夜相代乎前，而知不能规乎其始者也。故不足以滑和，不可入于灵府。使之和豫通，而不失于兑；使日夜无郤，而与物为春，是接而生，时于心者也，是之谓才全。"

"何谓德不形？"曰："平者，水停之盛也。其可以为法也，内保之而外不荡也。德者，成和之修也。德不形者，物不能离也。"

哀公异日以告闵子，曰："始也，吾以南面而君天下，执民之纪而忧其死，吾自以为至通矣。今吾闻至人之言，恐吾无其实，轻用吾身而亡吾国。吾与孔丘，非君臣也，德友而已矣。"

语译

鲁哀公问孔子说："卫国有一个相貌丑陋的人，名叫哀骀它。男人和他相处，不愿离开他。女人看见他，请求她们的父母说：'与其做别人的妻子，还不如做他的侍妾。'像这样的女人不下十余个。没有人听到哀骀它有过什么倡议，他只是常常附和别人而已。他没有君主的势位来救济别人的灾难，也没有丰厚的财产来填满别人的肚子，他的丑陌却惊骇天下之人。他附和别人而从不倡导，他所拥有的知识不出于所居的环境，可是所有男女都聚合在他的前面，他一定是有不同于常人之处啊！我召他前来观察，果然他的丑陋惊骇天下。我和他相处不到一个月，便对他的为人产生好感；不到一年，便完全地信赖他。国家没有宰相，我就把国事交给了他。他闷然不言，然后似有点反应。漠然不关心，好像又是推辞。我自感丑陋，最后还是把国家交给了他。过不了多久，他又离我而去。我深念着他，如有所失。好像国内再也没有人能给我快乐似的。他究竟是怎样的一个人啊！"

孔子回答："我曾奉派出使楚国，正好看到小猪在刚死的母猪旁吃奶。过了一会儿它吃惊地发觉了，便弃尸而走。这是因为母猪已看不见它，母猪和它已属生死不同类了。小猪爱它的母亲并不是爱母猪的形体，而是爱它能支使形体的精神。作战而死的军人，下葬时不再穿着盔甲等战具；断足者，也不再爱他的鞋子，这是因为他们的根本已不存在了。做天子侍从的太监，不修剪指甲，不穿耳洞。如果曾娶过妻子的，便派在外面，不再做侍从。可见形体全整，尚得到如此重视，更何况德性全整之人呢？现在哀骀它不说话却受到信赖，没有功业却为人所亲近，把国家交给他还深恐他不接受，这一定是才全而德不形之人吧。"

哀公问："什么是才全？"孔子回答："死、生、存、亡、穷、达、贫、富、贤、不肖、毁、誉、饥、渴、寒、暑，这些都是事物的变化，都是天命的流行。它们就像白昼和黑夜在我们面前交替，我们的知识水平却无法看到它们的究竟。因此不要让它们打破我的和谐的生活，也不要让它们影响我们的心灵。我们要使心灵保持和谐，与万物相通，而不失悦乐之情。对日夜交替的万物变化无分别心。与万物相交，心中充满了春天的生意。与万物相接，而能保持心的顺时而行。这叫作才全。"

哀公又问："什么又是德不形呢？"孔子回答："所谓平，是水彻底静止的状态。它可以做其他事物的标准。内心保持平静，而外面便不会有激荡的现象。所谓德，是达到和谐的一种修养。德不形于外的话，万物就不会离你而去。"

过了些日子，哀公把这些话告诉闵子说："起初我在国君之位，治理天下，把握人民的纪纲，而忧虑人民的死亡，我以为自己做得非常通达。如今我听到了至人的话，恐怕我没有实际的修养。轻率地乱用我的身体，而使我的国家危亡。我和孔子虽非君臣，却可以称得上是互相勉励德行的好友啊！"

解义

这一段话有两个最重要的概念，一个是"才全"，一个是"德不形"。什么是"才全"？孔子说："死生，存亡，穷达，贫富，贤与不肖，毁誉，饥渴，寒暑，是事之变、命之行也。"《论语》中子夏也讲过"死生有命"，我们没有办法了解死生、存亡、穷达、贫富。也许你很有才能，但生不逢时，穷了一辈子，而你的朋友、同学并不聪明，能力也不如你，结果他很有财势。这能找出原因来吗？佛教找不出来原因，就说这是上辈子造下的业，这辈子只有报应，没有办法解释。贤能、愚笨、不肖等人的秉性也是一样，也找不出原因来，饥渴、寒暑则是外在的变化，都是一样的。为什么我没有钱？为什么我受寒？像杜甫那么伟大的诗人，他的儿子、女儿却饿死了，为什么？这都没有办法解释。

庄子说，外在的现象变化就是如此，这就是"命之行也"，这个"命"可以理解为命运，这个"运"就是气的运行。汉代王充的《论衡》中说：气进入身体就会影响我们的命运，我们的聪明才智、愚笨、长寿、夭折等都是我们身体里面不同的气导致的。所以说长命、短命、穷达、富贵都是一气的变化，这是命之运、命之行也。"日夜相代乎前"，每天都看到这些现象的变化，"而知不能规乎其始者也"，我们的知识却不能找出原因，"始"就是原因。既然找不出原因，就不应该拿"事之变，命之行也"来影响内心之和，"故不足以滑和"，"滑"就是乱，扰乱了我们内心的德之和。这个原因是没有办法知道的，所以就把它们悬搁在一边，"不可入于灵府"，"灵府"就是心灵，不可以使它们影响我们的精神。我们要妥善对待外在命运的一些流变和会通，不要影响到内心之和，同时要顺乎外在之和。由此，内在的和就会与外在相和，即"使之和豫"。《易经》中有一卦是豫卦，代表快乐。跟外在能够相和的话，就能保持内心的愉悦。"和""豫""通"，这三个字是三个意思，一个是与外在相和，一个是保持内在的愉悦，一个是能够体会"道通为一"。《齐物论》里讲，"通"是道的一个特质，"道通为一"指道能够打通万物。我们砍伐外面的树木并将它做成桌椅，对树木来讲是损，对桌椅来说是成，但是对道来讲没有成毁，因为只是把外面的树木搬来作为这里的桌椅，本质上是一个东西。就整个宇宙大化来讲，这些只是一个变迁，如果我们能够打通来看待万物的话，就不会执着于一端而斤斤计较。所以"和""豫""通"三个字也是三种很重要的功夫。"兑"字也是《易经》中的一卦，兑卦也代表和、快乐，"不失于兑"就是不失于内心的快乐，能乐天安命。庄子在这一段的几句话中已经引证了《易经》中的两卦，所以我想庄子一定读过《易经》，他不是一板一眼地去占卜，而是把《易经》的精神摸透了、打通了，这是读《易经》的最高境界。

"使日夜无郤"，"郤"就是空隙，也是指嫌隙。喜欢白天不喜欢夜晚，白天和夜晚就有分隔了；喜欢春天不喜欢冬天，春冬就有嫌隙了。现在日夜无隙，二者是连在一起的，没有东西阻隔，也就没有好坏之分，这其实也就是前面说的"死生为一条"，生死也没有间隔。"至道无难，为嫌拣择"是禅宗三祖僧璨的话，赵州在《碧岩录》里面引证了两次，可见其重要性。追求道没有困难，只要不拣择，有拣择就有嫌隙，就有了好坏之分。

"而与物为春"，"春"代表春意、生生之意，跟万物相交就会有一片春意。"是接而生，时于心者也"，是指与万物相交而生生不已。什么叫"时"？"时"就是在心中每一个时刻都是好的，用禅宗的话说就是"日日是好日"，每天都是好日子。"春有百花秋有月，夏有凉风冬有雪，若无闲事挂心头，便是人间好时节。"这是无门和尚在《无门关》中的一首诗，这就叫"时于心"。这就叫"才全"，"才"是才能，"全"是完备，才能其实就是处变之才。

"德充"是由内到外都能够处变，面对任何变动都不与物迁、不受外物影响，长久保持内心的"安""和"，即安于命，处于和，这叫作才全。所以这一段话告诉我们，要"知其不可奈何"，我们的知识、智慧没有办法来处理这个问题，那么只好安之若命；如果你能处理这个问题，那就还是可以改变的。庄子告诉我们，没有办法改变的事，抱怨是没有用的，不要让它影响内心的和。所以不要把庄子看成那种完全不管外在条件的浪漫主义者，唯有知其不可奈何，才能够安之若命，如果能知道原因的话，就找出原因来改变它。

"德不形"是说我们的德是内在的，不要形于外，我们前面讲过德应充实于内而符应于外，能够跟外物相合，不是说表现在外形上，以此认为自己是有德之人，正如老子所言："下德不失德，是以无德。"庄子说："平者，水停之盛也。其可以为法也。""平"字非常重要，水流到哪里都是平的，这又让我联想到《易经》了。《易经》中的坎卦是讲水的，第五爻讲到"坎不盈，衹既平"，就不会有凶险。这也使我想起一句俗语，叫"心平好过海"。如果能够平心静气，即使海浪滔天，也可以过海。"心平"就是不要有太多的欲望、期待，安分一点儿，知足一点儿。这里说"平"就是"水停之盛"，水很平才能够映照出外面的形象，水要是波动的话，就看不清其中的形象。我们前面讲的那一位断脚之人，"立不教，坐不议"，没有教化也没有议论，因为他的心很平静，所以人们通过他能得知自己的缺点，就像我们看到水中倒映出的自己的脸，不管是生气、忧愁、抱怨，都会如实映照。所以这里说的德是像水一样平。

庄子的内在之德是什么呢？就这一篇来讲，第一个是和，第二个是安，第三个是平。这是三个功夫字，中国哲学都是功夫字，是告诉我们要怎样去处理问题。所以无论是《易经》《庄子》，还是《老子》，都是在讲我们面对问题、处理问题的时候应该如何去应用，这是很重要的。"平者，水停之盛也。其可以为法也，内保之而外不荡也"，是指保和于内而不形于外，不要让别人感觉到你有德。

庄子在《天下》篇里讲过，往上"独与天地精神往来"，往下与世俗相处，"而不敖倪于万物"，简单说，就是不要自认为是至人、真人、神人，是了不起的、有智慧、有功业的人，不要把这些形于外，向别人夸耀。庄子也讲过"临人以德！殆乎殆乎"，以我们自己的德去面对他人，让别人知道我们有德，这是危险的，总说自己有道德、有聪明才智，那所有的朋友都会离开我们，因为我们会凸显出他们没有德，不如我们。《人间世》一整篇就是在讲这个道理。"以德临人"就是德形于外，所以要"外不荡也"。

此外还特别强调，"德者，成和之修也"，这里清清楚楚地告诉我们，"德"就是要修这个"和"字。"和"与"平"其实是两种德，这两种德都源于《庄子》一书。"德不形者，物不能离也"，是指如果德不形于外的话，万物就会围绕着我们，与我们和平相处了。

原文
阐跂、支离、无脤说卫灵公，灵公说之；而视全人，其脰肩肩。瓮瓮大瘿说齐桓公，桓公说之；而视全人，其脰肩肩。故德有所长，而形有所忘。人不忘其所忘，而忘其所不忘，此谓诚忘。

故圣人有所游，而知为孽，约为胶，德为接，工为商。圣人不谋，恶用知？不斫，恶用胶？无丧，恶用德？不货，恶用商？四者，天鬻也。天鬻者，天食也。既受食于天，又恶用人！有人之形，无人之情。有人之形，故群于人，无人之情，故是非不得于身。眇乎小哉，所以属于人也！謷乎大哉，独成其天！

语译

有一个拐脚、驼背、豁嘴的人去见卫灵公，卫灵公喜欢他，再看那些形貌全整的人，反而觉得那些人的颈子太瘦长了。另有一个颈旁生了个瓦罐一样大瘤子的人去见齐桓公，桓公喜欢他，再看那些形貌全整的人，反而觉得那些人的脖子太细长了。所以，如果在德性方面有长处，形体方面的残缺便会被忘掉。人们没有忘掉应该忘掉的形体，却忘掉了那不该忘掉的德性，这才是真正的善忘。

所以在圣人的逍遥自在之游中，知识是造作，礼约是黏胶，德目是媒介，技巧是商贾。圣人没有任何计谋，哪里用得着知识？没有割伤万物，哪里用得着黏胶？没有失去自性，哪里用得着去讲德目？没有沽售自己，哪里用得着商贾？这"不计谋、不伤物、不失自性、不卖自己"四者，乃是天赋的禀养。天赋的禀养乃是天给我们的食物，既然是取食于天，又哪里用得着人为？有人的形体，而没有人的情意。因为有人的形体，所以和人同群。没有人的情意，所以是非等偏执之念便不会入于我们的身心。我们渺小得很，这是因为我们具有属于人的形体，而我们有伟大的一面，这是因为人可以成就而与天为一。

解义

这段话中，庄子讲到有四样东西使我们受到拘束，无法修成最高的德性。一个是知，"知为孽"。"知"，在一般人看来，或者在儒家看来，是正面的，但是庄子认为这个"知"往往不是大智能，而是一个争的工具，我们有知、追求知，目的就是要争。这是一般的知识，也就是小知，所以说"知为孽"，这种知不是树的主干而是旁枝，是用来走偏锋、走邪门、走捷径的。一个是约，"约为胶"。如契约、约定、结婚证书等，这些社会的契约像胶水一样把我们粘住，要求我们互相帮助。还有很多所谓的责任，责任本来是很好的，但是很多契约只要求别人负责，自己不想负责任，所以"约"往往是约束别人。一个是德，"德为接"。这个"德"是指外在的道德，以此来处事接物。一个是商，"工为商"。"工"是指工艺技巧，"商"就是买卖。在当今社会中，各种技术都可以做生意。这是我们当今社会的四种东西。

在庄子看来，这四种东西使我们不能自由、逍遥，使我们的心不能清静，还破坏了我们的德，真正有德的人要超越这四种东西。所以下面他说："圣人不谋，恶用知？"圣人对任何事情都没有计划和谋略，他就不需要用"知"，因为"知者，争之器也"，人只要每天过好应该过的生活即可。"不斫，焉用胶？"圣人顺从和发挥自然的天性，就不需要外在契约来黏合，而一般人，先把诚信破坏了，再讲契约，现在的人甚至还要到法院去证明，但还是没有用。砍掉了人情，砍掉了诚信，砍掉了人与人之间真正的情爱，再用胶水去黏合它也没用了。"无丧，恶用德？"没有什么可失去的，要德有何用呢？老子说"失道而后德"（《老子》第三十八章），失道以后才讲德，失德而后才讲仁义礼。如果大家都回到道的境界，就不需要讲道德。这一段话就是说我们要保持德的完好，不要有谋略、计划，不要去伤害它，要保持它的完整，不要让外界影响我们内在的和谐。

原文

惠子谓庄子曰："人故无情乎？"庄子曰："然！"惠子曰："人而无情，何以谓之人？"庄子曰："道与之貌，天与之形，恶得不谓之人？"惠子曰："既谓之人，恶得无情？"庄子曰："是非吾所谓情也。吾所谓无情者，言人之不以好恶内伤其身，常因自然而不益生也。"惠子曰："不益生，何以有其身？"庄子曰："道与之貌，天与之形，无以好恶内伤其身。今子外乎子之神，劳乎子之精，倚树而吟，据槁梧而瞑。天选子之形，子以'坚白'鸣！"

语译

惠施对庄子说："人真能没有情吗？"庄子说："能。"惠施又说："人如果无情，又怎能称为人？"庄子回答："道给予人以相貌，天给予人以形体。怎能不称为人？"惠施又说："既然称为人，怎么能无情？"庄子回答："你所指的情，不是我所谓的情。我所谓无情的意思，乃是指人们不要因好恶之情而对内伤害他的身心。要能永远地因顺自然，而不求增益生命。"惠施说："不增益生命，怎能保存身体呢？"庄子回答说："道给予人以相貌，天给予人以形体，不要用好恶之情来伤害身心。现在你的心神向外追逐，劳扰你的精神。倚在树旁谈论得气喘不已，累了靠在梧桐树干上闭目休息。天选给你以人形，你却大唱离'坚白'等诡论，而伤神损性。"

解义

最后一段的主题很明确。惠子跟庄子说："人故无情乎？"庄子说："是的。"惠子说："人如果没有情，那还是人吗？"庄子说："你讲的情跟我讲的情不同，我说的无情是没有私欲，因为外在的私欲会伤害人自身。"庄子所说的"情"是情欲的"情"，而不是真情的"情"。这让我想起佛家对"情"字的理解。佛家都从负面来看，他们说有情众生，有情就有痛苦，菩萨就是"觉有情"，也就是觉悟众生。在印度佛教中，有情就是有欲，因为他们的"情"字已经跟"欲"字连在一起了，所以他们对"情"持负面看法。但我认为情有不同的层次，最下层是欲望，也叫作情欲，上面是朋友之情、夫妻之情、亲子之情，这都是正面的情，再高的就是所谓的"太上无情"。但最后这个无情我不是很赞成，王弼当时就讨论过，他认为太上不能无情，太上之所以无情是因为他的情用得恰到好处，该喜的时候喜，该怒的时候怒，该哀的时候哀，该乐的时候乐。而庄子所说的"无情"是没有情欲和情绪表现，是指没有私欲，告诉人们不要拿情来伤害自己。

中国哲学中无论是儒家、道家还是禅宗，都要讲一个"情"字，所以我们应该了解这个"情"和《德充符》之间有什么关系。德除了"和""安""平"，最后还要有"情"，德不是无情的东西，德是讲人性、人情的。所以《德充符》的最后一段用"情"作为结论，我认为这是庄子的深义。

以上是对《德充符》的简单分析，希望大家不只是知道"德充于内而符于外"，而要把这几个字作为个人修身的功夫，还要记得德的四层含义——和、安、平、情。

内篇第六　大宗师

"大宗师"，应该将它理解为"大宗之师"。"师"就是老师，至于"宗"字，《天下》篇里面谈到过"以天为宗"，也就是本原、宗主的意思，真人能够以天为宗、把握根本。因此这一篇讲庄子最高的理想：至人、真人和神人，另一方面也可以讲"道"是我们的宗师。

　　前面提到，庄子用至人、神人、天人等不同概念来强调他的最高标准、最高理想，但这一篇只讲"真人"，实际上把天人、神人等都包括进去了。真人的概念侧重于真知，有真知才是真人，所以他一开始就从"知"着眼。《齐物论》整篇都在讲知，《养生主》一开头也讲知，所以庄子对知的问题非常重视，知是我们人类最大的特色，也带来了最多的麻烦，比如《齐物论》中所说的是是非非，佛学里的"无明"也可以说是"无知"，可见庄子对知不是全然肯定的。

原文

知天之所为，知人之所为者，至矣。知天之所为者，天而生也；知人之所为者，以其知之所知，以养其知之所不知，终其天年而不中道夭者，是知之盛也。虽然，有患。夫知有所待而后当，其所待者特未定也。庸讵知吾所谓天之非人乎？所谓人之非天乎？

语译

知天道的自然流行，知人道的修养功夫，这样我们的知才能达到极境。知天道的流行，便能顺天道而生。知人道的功夫，就能尽我们所知的，去保养我们的知识所达不到的境地。这样，我们才能够享尽天所给予我们的年限，而不会中途夭折，这也可算我们恰尽人知的能事了。虽然如此，但还是有毛病的。因为我们的知必须有它所知的客体才能判断正确。可是我们所知的客体本身是不确定的。因此我们又如何能确认我们所谓的天道，不是一种人道，而我们所谓的人道，不是一种天道呢？

解义

我们现在看看第一段是如何讨论"知"的问题："知天之所为，知人之所为者，至矣。""知"发展到最高境界，可以知晓天的所为，也就是自然；至于"人之所为"，不是讲人欲，而是讲人怎样去发展他们的"知"，怎样去追求天道，这才是真正的"知"。人之所为是讲修养，天之所为是讲自然，知道如何去修养，从而达到自然的境界，这就是"至矣"，所以这里对"知人之所为"是肯定的。

接下来说，"知天之所为者，天而生也"，一切顺乎天，这也就是老子讲的"道者同于道"（《老子》第二十三章），真正修道的人一切都顺着道走。那什么叫作"知人之所为者"呢？"以其知之所知，以养其知之所不知"，意思是以我们所已知的、所能知的，来养我们知之所不知。这个"养"字很重要，我们现在认为"用已知的去求未知的"才是科学，这里强调的则是知之所"不知"，是"未知"。未知还是知，只是暂时不知而已，这个地方的"不知"已凸显了人类之知的局限：我们不可能知道最高的境界，比如前面讲的死生、祸福，以我们的知是没有办法了解它们变化的原因的。对于这种无法了解的问题，我们只能"养"，不要管它，只要好好生活、吃健康的食物就够了，心宽体胖，不要忧虑。

"养"字可以转成"德"，面对"知之所不知"，只能以德的方法来应对，这样才能"终其天年而不中道夭"，即活到应该活的年命，不会半途就夭折了。如果拼命追求长生不老，反而会因吃丹药暴毙，因此"知之盛也"，用知到极点，终究还是"有患"。无论做得怎样好，只要还在用"知"，就还是有所患的，因为所有的知都有一个客体，而客体是不可知的："夫知有所待而后当，其所待者特未定也。"白人把上帝想成白人，黑人把上帝想成黑人，所以我们怎么知道自己现在想的上帝不是人为臆想的呢？天道就在日常生活中，而一旦使用了"知"，也就把所想的当成了客体，按照西方哲学的说法，也就是把天与人二元化了。因此，尽管能"知天之所知"，但这个"知"仍是有局限的，我们怎么知道天不是人，或人不是天，也就是不能突破天人的界限，不是蔽于天便是囿于人。所以，不要只去使用这样有限的知，要懂得修心养神，由人而达于天。

原文

且有真人而后有真知。何谓真人？古之真人，不逆寡，不雄成，不谟士。若然者，过而弗悔，当而不自得也。若然者，登高不栗，入水不濡，入火不热。是知之能登假于道者也若此。古之真人，其寝不梦，其觉无忧，其食不甘，其息深深。真人之息以踵，众人之息以喉。屈服者，其嗌言若哇。其耆欲深者，其天机浅。古之真人，不知说生，不知恶死；其出不䜣，其入不距；翛然而往，翛然而来而已矣。不忘其所始，不求其所终；受而喜之，忘而复之，是之谓不以心捐道，不以人助天，是之谓真人。

若然者，其心志，其容寂，其颡頯；凄然似秋，暖然似春，喜怒通四时，与物有宜，而莫知其极。故圣人之用兵也，亡国而不失人心；利泽施乎万世，不为爱人。故乐通物，非圣人也；有亲，非仁也；天时，非贤也；利害不通，非君子也；行名失己，非士也；亡身不真，非役人也。若狐不偕、务光、伯夷、叔齐、箕子胥余、纪他、申徒狄，是役人之役，适人之适，而不自适其适者也。

古之真人，其状义而不朋，若不足而不承，与乎其觚而不坚也，张乎其虚而不华也；邴邴乎其似喜也！崔乎其不得已也！滀乎进我色也，与乎止我德也；厉乎其似世也！謷乎其未可制也；连乎其似好闭也，悗乎其忘言也。以刑为体，以礼为翼，以知为时，以德为循。以刑为体者，绰乎其杀也；以礼为翼者，所以行于世也；以知为时者，不得已于事也；以德为循者，言其与有足者至于丘也；而人真以为勤行者也。故其好之也一，其弗好之也一。其一也一，其不一也一。其一与天为徒，其不一与人为徒。天与人不相胜也，是之谓真人。

语译

其实，只有真人，才会有真知。什么是真人呢？古代的真人，不以寡少为不好，不以成功为了不起，不预谋任何事情。能够如此，他即使错过机会也不会后悔，即使达到目的也不自以为得。能够如此，他爬登高地，也不会恐惧；沉没水中，也不会沾湿身体；进入火里，也不感觉炙热。这是因为他的知已提升到道的境界，才能有如此的功夫。古代的真人，睡觉时没有做梦，醒来时没有忧虑。他的食物不求甘美，他的呼吸很深沉。真人呼吸的气息是发于脚跟，而一般人呼吸的气息只在咽喉之间。屈服于外境的人，他的气息阻而不顺，说话时如鲠在喉。这是因为他们贪欲太深，使得自然赋予的生机变得浅薄了。古代的真人，不知生命的令人悦乐，不知死亡的令人厌恶。来到这个世界，不感觉欣喜；离开这个世界，也不会有什么留恋。他一无牵挂地飘然而往、飘然而来。他不会忘记他的生命是源于自然之道，也不要求他生命的终点能延长。有了生命，就高高兴兴地生活。忘记了死亡的威胁，自由自在地回去，这种功夫就是不用他的心意去构建他自以为的道，不用他的人为努力去助长天道的自然。这就是所谓的真人。

能够如此，则心意凝聚，面容虚寂，额头开阔。他冷淡得好像秋天那样萧瑟，但又温暖得如春天般生意盎然。他喜怒的情感和四时相通，和万物相合，而使别人不能了解他的高深。不妨以圣人为喻，即使他们用兵灭亡了别人的国家，却还能赢得该国的民心。他们能使万代以后的人们都享其福泽，却不以为他们爱人。所以一味地想去和万物相通的人，并不是真正的圣人。强调亲恩的，不是真正的仁人；只知利用天时的，不是真正的贤人；不能打通利和害的差别的，不是真正的君子；为了求名而失去自己的，不是真正的学士；损身而不知事物真相的，不能称其为自主的人。像狐不偕、务光、伯夷、叔齐、箕子胥余、纪他、申徒狄等人，都是为别人所役使，以别人的意见为意见，而不能以自己的适意为适意。

古代的真人，他的容貌和万物随宜，但绝不和万物同流。他似乎有所不足，却不仰仗别人；他与世俗相处无碍，却又能保持独立的人格而不致标新立异。他的为人开放，表现了虚怀，却没有不实的毛病。他的态度很明朗，喜悦于心，而不喜形于色。他的行动，好像是被动的，却是发乎自然的。他的脸色，像湖水一样有含蓄的光泽，能吸引人去亲近他；他与人相处，以他内在的含敛之德使别人归于安静；他好像不修边幅如世俗之人，却又有傲骨，而能无拘无束；他和物相交接，好像没有一点儿隔阂；他对境无心，忘了任何的言语。他把自然的天刑看作他的身体，把世间的礼俗当作辅翼，以智慧为顺时，以德性为处世的途径。因为他把天刑看作身体，所以他应付死亡时从容不迫。把礼俗当作辅翼，所以他能通行于世间。以智慧为顺时，所以他做任何事都不由自己。以德性为处世的途径，所以处世就像有双足的人爬小丘一样容易。别人还以为他下了多大的功夫呢！总之，他对自己崇尚的，和它们打成一片。他对自己所不喜欢的，就忘掉它们而不存分别之心。本来是一体的，当然本来就是一体；本来不是一体的，也能以道相通而为一。本来是一体的，就像与天道自然相合；本来不是一体的，就像与人们相处，也能和谐相合。对于天道与人道不分谁高谁低，不比较胜负，这就是真人。

解义

这里讲的"真人"就不用知，他虽然有"真知"，但真知是超脱于我们所自以为知的小知的。然而如何才能得到真知？他说："且有真人而后有真知。"这里把"真人"放在前面，而不说"有真知而后有真人"，这是指只有当真正修养到真人后，所想的才是真知，真知没有预定的标准。

要达到庄子的这个境界，终归是要从修养来的，而不是由了解而得。这有点像我们写的现代诗，长长短短的句子谁都会写，但只有心中真的有所体验，写出来的东西才是真诗。有些人模仿禅宗公案去写故事，只是徒有形式而无精神，也是同样的道理。所以庄子第二段讲真人时立刻点出，只有先让修养达到真人的境界，自然而然地写出来、想出来的才是"知"。

接下来庄子便对真人下了好几个定义：

第一，"不逆寡，不雄成，不谟士"。这是从行为与修养上界定什么是真人。"寡"是少，"逆"就是心里不舒服，虽然占有很少，但他没感觉不舒服。"雄成"，是指有一点儿成就便自以为成功、自以为了不起。"不谟士"，这个"士"通"事"，不要整天去计划自己如何发展。人就是这样，前一天晚上写一个计划，到第二天晚上这个计划没有实现，然后就开始不停地后悔，所以不要计划什么事情，人算不如天算，顺其自然就好了。这样的人"过而弗悔，当而不自得"，"过"不是指做错了，而是指错过时机；因为没有计划，也就无所谓失去，自然不值得后悔。而当有所成时，也不要自得，因为同样没有要实现的计划，只是高高兴兴地自然得到而已。总而言之，知是有所待的，真人则不用知，因此无所待，具有顺其自然的精神，所以能"登高不栗，入水不濡"。这是庄子的文学描写，表明他能够发展至性，而至性是火也烧不着、水也灭不了的，不会像肉体那样灰飞烟灭。所以"知之能登假于道者也"，是指知的超脱，能够进入道的境界，也就是完全不用知了。这是庄子给真人的第一个定义，是无所待而顺其自然的人。

第二，"古之真人，其寝不梦，其觉无忧"。他睡觉不做梦，这点很难。一般人都是白天有所想、有所求、有所待而无法满足，晚上才会做梦。"其觉无忧"，他无所求，醒了以后遇到任何事情都能够接受，所以并不忧虑。"其食不甘"，认为什么东西都好吃。点出了这种境界之后，下面就是描述他的修养了："其息深深。"道家打坐的时候呼吸是在脚跟的，所谓"真人之息以踵"，而一般人的呼吸在喉咙，短浅而不深沉。"屈服者，其嗌言若哇"，屈服于欲望的人会大喊大叫地讲话。所以"其耆欲深者，其天机浅"，对欲望过于迷恋的人，就丧失了天机，即丧失了天赋予的生命。后来禅宗也用过这句话。这是庄子给真人下的第二个定义，讲的仍然是无待，也就是无欲：有求必苦，无求乃乐。

第三，"古之真人，不知说生，不知恶死"。前面讲，最高的知也是有局限的，所以现在讲不知。他不知道生之喜乐，也就是虽然享受着生命自身的喜悦，但不去知会它，自己陶醉在里面；也不讨厌死，觉得死没什么不好的。生死问题在佛教中具有核心地位，一般信佛教的人终归是怕死的。释迦牟尼年轻时就是因为怕死才会上山求仙，直到悟道后，才发明十二因缘的理论，要超脱生死的轮回。道家的处理方法是什么呢？真人不去面对死亡，"其出不䜣，其入不距"。"出"就是出生，他生到这个世界上，没有说自己是了不起的，是来救世的，他面对老死，也不多方设法逃避。"入"就是走入死亡，他面临死也不抗拒，十分洒脱，"翛然而往，翛然而来"，就像一阵风吹来吹去。

"不忘其所始，不求其所终"，有的人认为这里讲不通，把前半句改成了"不至其所始"。我是不赞成随便改字的，"所始"就是他的本原，也就是不要忘掉天道自然使我们有了生命；"不求其所终"，我也不追求多么好的归宿。"受而喜之"，有了生命就很开心。这与"不知说生"有没有冲突呢？没有。"说生"是指把生看得非常重，"受而喜之"只是说无论这个生命是什么样的，我都接受，穷苦也好，愚笨也罢，照样十分快乐。这与"不忘其所始"是对应的，因为使我有生命的是整个天道，我就开开心心地接受它。"忘而复之"，"复之"就是要回去，面临死亡时要把过去忘掉，不要再留恋，这样才能好好地走向死亡，否则就舍不得死了。"忘"实际上是超脱的意思，庄子用的"忘"就是超脱，超脱自己有生的一切，由此才能"复之"。

下面有一句很重要，"是之谓不以心捐道"。有的学者认为"捐"讲不通，就把"捐"改成"济"，但我认为"捐"字很好。它本来是捐献的意思，在这里就是说，道自然是道，不要再从心里面构建出一个道来，不要以人的观念来捐献一个人为的道，而是要以心顺道。如果从心里设想这是道、这是上帝，那就自以为是了。像儒家是以"仁"来讲心的，相信"天地之大德曰生"，说圣人把自以为的"生生之德"赋予了天，"为天地立心"。佛家不同意这个观点，他们觉得宇宙无心，一切都是无常的。当时熊十力和印顺就曾辩论过这个有心无心的问题。熊十力认为宇宙是一个本心，但这个本心实际上是儒家放上去的。这肯定会招致庄子的反对：儒家放上去的是儒家的心，佛家放上去的是佛家的无心，两者都不自然。庄子反对这种用"知"去构建的行为。真正的天道自然是清清楚楚的，我们用来求道的知识反而变成了障碍，各种学说成了一片乌云。只要一有知，就有客体，而这个客体多半还是从知里面变出来的，是主观建立的客体。所以我们建造的客体实际上是主观的客体，是超脱不掉的。如果将这个客体视为标准，拿来去框别人，就会造成知识的危机。下面一句话非常清楚，"不以人助天"，天道是自然如此，不要拿人为的力量去辅助，否则越帮越忙。自然就还它一个自然，天就还它一个天，人就还他一个人。今天传统的儒家就是在人性方面标准太高，忽略了人性固有的很多缺陷，所以不圆满。

第四个定义是讲真人的处世态度及其与万物的关系。"其心志"，"志"就是专注，不是儒家的"立志"，他的心专注而不乱，"其容寂"，外在的容貌很安详，"其颡頯"，额头平坦，即天庭饱满，安详平和。不皱眉头，一皱眉就表示有痛苦、有烦恼、有欲望。"凄然似秋，暖然似春"，他在冷静的时候像秋天，心动的时候像春天，配合着四时，即"喜怒通四时"，该喜的时候喜，该怒的时候怒，顺乎自然，与物有宜，同万物相交，一片和谐，而"莫知其极"，不知道出于什么原因，其实是因为他完全顺从了自然。

下面这段话在很多学者看来都应该删掉，认为这不是庄子的话，而是突然插入的一段对圣人的描述。在我看来，这里不只是讲圣人，也讲君子，都是为了谈修养而拿来举例罢了。"圣人之用兵也，亡国而不失人心"，让别人的国家灭亡，但亡国的人民还要感恩，认为自己得救了。也就是说，圣人用兵以时，"与物有宜"，是顺天应人的，即使开战也是为了消灭暴君，不失人心。他"利泽施乎万世，不为爱人"，永恒地、自然地利于万物，而并非出于一己的爱人，否则就会有爱人的标准，有所局限。所以在内篇里面，圣人的境界还是很高的，仅次于至人、真人，《天下》篇里面讲的"内圣外王"的圣人，也是"以天为宗"的。"故乐通物，非圣人也"，"乐通物"就是喜欢去了解物、打开物，存有这个"乐"的欲望就不是圣人，圣人是顺乎自然而无喜乐之心的。外篇里有个故事说，鸟笼里面关着鸟，有人因为爱它，整天给它吃好的，最后鸟死掉了。所以"乐通物"会导致"己所欲而施于人"，也就是树立了自己的标准，反而妨碍了物性。"有亲，非仁也"，这个"仁"指的是大仁。老子说"天地不仁，以万物为刍狗"（《老子》第五章），刻意地、有分别地亲近某些人反而会对大仁造成破坏。"天时，非贤也"，只有用兵、讲政治、讲手段的时候才会依赖天时，所以刻意地讲天时、利用天时，也是不行的。"利害不通，非君子也"，通利害就是超越利害，只有打通、超越利害才是真君子，否则有利就有弊，有弊就有利，陷在里面难以自拔。"行名失己，非士也"，"士"就是读书人，为了名而失掉自己、失掉自性，这不是真正的读书人。"亡身不真，非役人也"，"亡身"就是破坏自己的身体，"役人"就是做自己的主人。这是说，在野的那些隐士，他们本来想做自己的主人，不受名、利的干扰，想要超然独立，结果因为君主的一句话就要自杀，这就是爱清高之名太过，他想超脱名，反而成了名的奴隶。比如隐士许由听到尧帝说要把君王的位置让给他，就跑去清洗耳朵，感觉这话脏了自己的耳朵，甚至认为受到侮辱，要跳水自杀。这种人有很多。有些人昭告天下，说自己要隐居了，生怕人家不知道他的退隐，这就是"役人之役"，反而被人所役，"适人之适"，而不能自适其适。

第五个定义，是最后一段谈到真人的话，不太容易解释，也不太好理解。古代有的版本改了很多字，但我觉得不必改字，还是可以讲得通。前面讲无待，讲超脱生死，都是在讲现象，最后一段则谈功夫。"古之真人，其状义而不朋"，"义"者，宜也，与物为宜，对每个事物都能够"宜"才是义。正义不是某个人定义的，每个人都感到正义才是正义，有些国家侵略别人时都会说自己是正义的。"朋"者朋党，"不朋"即偏于一帮人。宜万物不只是适于某一帮人，而是要普遍地与万物相宜，所谓"义而不朋"。"若不足而不承"，总是谦虚地说自己不足、能力不够，但不奉承人家，不拍马屁。"其觚而不坚"，"觚"就是孤独，他的思想有独立性，很超然，但不固执于此。"张乎其虚而不华也"，他自己没有成见，能够开放，但不以此为"华"，表现出来去吸引人家。"邴邴乎其似喜也"，"邴邴"描写的是一种和悦的样子，他好像很高兴，任何事情都是一片和气。"崔乎其不得已"，"崔"就是推动，他做任何事情都仿佛是不由自主的，没有很强的目的性，只是他的自然使他如此。"滀乎进我色也"，"滀"是描述湖水的，这里指他表现出来的气色能够吸引人，能够包容万物。这句是说，靠近他就像靠近湖面，一片平静，感觉很舒服，这不一定要表现得很强烈，只是自然而然地令人安适。"与乎止我德也"，"与"就是遭遇，与人相遇时以德来感化别人，制止别人作恶。"厉乎其似世也"，"厉"本来是一种类似麻风的病，在这里就是指长得不好看。"其似世也",好像很俗气似的,他的日常生活表现得与世俗一样,看不出什么高明之处。"謷乎其未可制也",他虽不骄傲,但有他的尊严,没有东西能限制他心灵的发展。禅师有一句话,"不向如来行前行",即不模仿如来佛,这就是"謷"的地方,意思是我修我的道,不跟着你如来的步子走,这样就"未可制也",没有任何限制了。"连乎","连"是连接,与万物相连相交。"其似好闭","好闭"就是互相关切,关切别人而没有私心隔阂。"悗乎其忘言也","悗"就是免其心,也就是无心,他好像做什么事情都无心无意,顺其自然,有时候连语言都忘了。

下面这段话是结论,是对真人品性的总结。我认为这个地方是相当重要的,很多学者看到"以刑为体,以礼为翼",认为这是儒家或法家的观点,不是庄子的,就想要把这些话删掉,但我认为不仅删不得,而且非常重要。

"以刑为体",是指以刑为他的本体。"以礼为翼",是指以礼做他行事的翅膀。"以知为时",是指以知来把握时机。"以德为循",是指遵循德而行动。这四个字:刑、礼、知、德,在表面上看都是庄子所反对的,但庄子在下面做了解释,从而表明了它们的用意。"以刑为体者,绰乎其杀也",意思是把自己的身体看作天的刑罚,自然会有生就有死,对于身体的死也会感到游刃有余,不在乎了。俗语说置之死地而后生,如果把自己看成处于死地之中,那么对任何生理的自然损害或生命的消逝就都可以不在乎了。"以礼为翼者,所以行于世也",世俗讲礼,与世俗相处也要讲礼,所谓"逍遥游"不是飞在天上、山上,飞到没有人烟的地方,而是在世俗中生活,这才是功夫。庖丁解牛时,那些骨头、肉筋都不能够阻碍他,这也是"顺其礼",唯此才不受阻碍而能逍遥。像魏晋玄学家,他们故意反对礼,其实只是抓到庄子的皮毛拿来运用,并不是庄子真正的功夫。"以知为时者,不得已于事也",

有智慧的人用知当然是要把握时的，该做什么的时候就做什么，而他做任何事情都是不得已的、自然而然的，这个不得已就是"时"，就是把握时机。他的知，就是知时、顺时。"以德为循者，言其与有足者至于丘也"，"丘"就是山丘，"有足者"指有脚的人，每个有脚的人都可以走到山上去。这不是儒家树立的高高在上的德，就算用双脚双手也爬不上去。也就是说，德给予我们很多方便，让我们做大家都可以做的事情。这就是庄子讲的方便，就像佛家讲方便法门一样，"人真以为勤行者也"，人家还以为我们在用力，勤于修行呢！可是我们的德是简单易行的。

接下来的结论也是很精辟的"故其好之也一，其弗好之也一"，喜欢的就顺着它，和它一致；不喜欢的就忘掉它，各走各的路，也是各归各的一。所以"其一也一，其不一也一"，即是说，一致是一，各归各也是一。"其一"是本来就是一，至于万物虽然不一，但一旦忘了，也就没有了分别心，便是自然的齐一了。

庄子的意思是，只要忘掉自己的成见，忘掉对方的不好，就会自然齐一了。宇宙万物都有自性，每个东西的真体都是一，但每个东西也都有高有低，忘掉那个差别也就是一了，树有树的生命，草有草的生命，就生命来讲都是一。所以"其一与天为徒"，通过齐一而与天相合，"其不一与人为徒"，人与人相交就有差别，也就不一了。关键的修养在于最后这句话——"天与人不相胜"，这是真功夫，不去比较天与人哪一个好哪一个高，即使讲天人，也不要说天高、人不好。我们第一段就讲到了，"庸讵知吾所谓天之非人乎？所谓人之非天乎"，谁知道天是不是人，人是不是天呢？一旦有区分就定了标准，不区分时，天人根本是一个。天本是自然，如果不强调人与人之间的差别，那人也是自然。现在连天人间的差别都取消了，更何况万物的差别呢？能了解这个天人本一的一，也就是真人了。

原文

死生，命也，其有夜旦之常，天也。人之有所不得与，皆物之情也。彼特以天为父，而身犹爱之，而况其卓乎？人特以有君为愈乎己，而身犹死之，而况其真乎？泉涸，鱼相与处于陆，相呴以湿，相濡以沫，不如相忘于江湖。与其誉尧而非桀也，不如两忘而化其道。夫大块载我以形，劳我以生，佚我以老，息我以死。故善吾生者，乃所以善吾死也。

夫藏舟于壑，藏山于泽，谓之固矣。然而夜半有力者负之而走，昧者不知也。藏小大有宜，犹有所遁。若夫藏天下于天下而不得所遁，是恒物之大情也。特犯人之形而犹喜之。若人之形者，万化而未始有极也，其为乐可胜计邪？故圣人将游于物之所不得遁而皆存。善夭善老，善始善终，人犹效之，又况万物之所系，而一化之所待乎？

语译

人的死生是一种命，就像白昼和夜晚交替一样自然，是一种天道的自然，人无法干预这种自然的变化，这也是物理的真情。人特别把天看作父亲，全心全意地去爱它，更何况比天还尊贵的道呢？人特别把君主看得比自己高贵，也全心全意地为他而死，更何况比君主还真实的道呢？当泉水干涸的时候，鱼儿都躺在陆地上，互相以口呴吸水汽，互相吐口沫以濡湿。纵能苟活一时，总不如它们在江湖中忘掉彼此。因此，我们如果只一味赞美尧帝而谴责夏桀，还不如干脆忘掉两者，而化入于道体。大自然赋予我们以形躯，使我们有生存的劳累，也使我们年老时能够安逸，死亡时得到安息。所以我们如能好好地恪尽自己的生命，也就能好好地走向死亡。

假如我们把船藏在深壑中，把山藏到大泽里，以为这样便最安全了，岂料在不知不觉的夜半，有大力者把它们带走，我们却糊里糊涂，一点儿也不知情。照理说，藏小于大，应该是最合宜的，可是仍然会因藏不住而失掉。所以只有把天下藏在天下之中，才再也没有地方失掉了，这就是万物变化的真情啊。很偶然地，我们得到这个为人的形体，都会感觉很喜欢这个人的形体，万物的变化是没有一个最终点的，而这种快乐真是不可计量的。所以圣人就是要游于那个万物无所遁逃的境域，与万物共存共化。一个对寿命或短或长、生命或生或死都能泰然处之的人，人们都会效法他。又何况万物生命之所系，以及自然大化之所待的道呢？

解义

接下来就谈到怎么运用这个结论了。"死生，命也"，生死本来差别很大，而庄子用一个"命"字就打破了这种差别：自然之命，即天命。"命"字有两种意思，一种是命运，一种是天命，如果把死生看成命运，那就无差别了，命好或不好都无法改变；如果把它看成天命，那么大家都有天命，甚至是天刑，更是本一了，再有钱也逃不出天刑。

"其有夜旦之常，天也"，有昼有夜，有生有死，都是天命罢了。所以"人之有所不得与"，人的力量没有办法去参与和改变，这就是"物之情"，即万物的常情常理。我们把天看成和父亲一样，"而身犹爱之，而况其卓乎？"，何况是比天更高的道呢？我们都认为君很高，很多人都要效忠于君主，何况是比君主更高的道呢？

下面一段话讲得更清楚，也是我们常引用的，说泉水干涸了，鱼儿没有水了，所以鱼儿们就吐泡沫来维持生命，也就是"相濡以沫"。在庄子眼中，儒家的道德就是相濡以沫，如老子所说的"失道而后德，失德而后仁，失仁而后义，失义而后礼"（《老子》第三十八章），道、德、仁、义都是以口水互相维持生命而已，只是暂时的，还不如"相忘于江湖"。鱼在江湖里面根本不知道有水，等到没有水了，在陆地上，才知道水很重要。我们在没有的时候才知道重要，拥有的时候就忘了。所以现在我们与其赞美尧多么伟大，而批评夏桀多么不好，这都是属于道德的批评，还不如把这些都忘掉，忘掉夏桀，也忘掉尧舜。以天刑为体就要忘掉体，以礼为翼就要忘掉礼，如果不能忘就是运用得不好，所以"忘"是一种功夫。江湖就是世俗的生活，不如"两忘而化其道"，"两忘"就是忘掉是与非，由此才能把自己化入道的境界。

下面这一段话也很重要。"大块载我以形"，这是文学性描写，"大块"就是自然。说自然是一块，也就是说自然没有是非之分。自然赋我们以形体，然后"劳我以生"，我们在生命的过程当中，要不断操劳以维持生命。"佚我以老"，老了之后就退休了，过一种安静的生活。"息我以死"，死后就停了，这都是自然的规律。"故善吾生者，乃所以善吾死也"，所以把有生之年好好地过完，该劳的劳，该佚的佚，该死的死，这就是"善吾生者"，也是"善吾死"了。这话与孔子的"未知生，焉知死"相似，道家跟儒家有相同的看法：不必谈死后，如果把生过得有意思，死了又有什么关系呢？问题的关键在于生。既然有了生命，就要好好地过。如果在有生之年还到处抱怨，一直抱怨到死，那死也就不瞑目了。这是与佛家不同的地方，佛家要讲死后，讲业报，报到了来生。

下面一个比喻非常巧妙，可以体现庄子在文学方面的造诣之高。"藏舟于壑，藏山于泽"，把小舟藏在山谷里面，别人就看不到了；把山藏在泽水里面，就认为很稳固了，但"夜半有力者"，把山背了出来，结果沧海变桑田。这就是自然变化，冥冥中自然的转化。我们普通人不知道它的变化，自认为很坚固、藏得很好，结果藏不住。"藏小大有宜，犹有所遁"，把小的东西藏在大的东西里面，本以为很牢固，结果自然的变化把它拿了出来。我们拼命要把自己的生命藏起来，怕天刑，怕死亡，我们吃补药，炼金丹，但最终还是藏不住，逃不掉。怎么办呢？

"藏天下于天下而不得所遁"，这就是万物之大情、万物之常情，万物都是把自己藏在天下中，因此不管怎么转来转去也还在天下里面，无所藏，也无所遁。其实不藏，别人也偷不走，这在庄子的思想里是非常重要的。

接着庄子继续用比喻，说"特犯人之形"，"犯"就是冒犯，在这里指拥有、具备，这个形体突然产生，我们当然很高兴，因为自己有生命了。但这个肉体的形"万化而未始有极也"，在宇宙变化里面没有终点。我死了以后，又变成别的东西，变化没有限制，无穷无尽，这是很开心的事情，因为我永远都在宇宙里面，也许变成蝴蝶翩翩飞舞，也许变成小鸟会唱歌，这就是"藏天下于天下"。所以他说"圣人将游于物之所不得遁而皆存"，生命之游就在于逃不掉，藏不住，到哪里都是存在的。"善夭善老"，假定我夭折，我就好好地过这夭折的二十年；假如我活一百年，我就好好地过这较长的一百年。"善始善终"，有生，我就好好地生；有终，我就好好地终。这个"善"字就是指好好过自己应该有的生活。一个人能够如此的话，"人犹效之"，人家会认为你了不起，向你学习这个功夫。"又况万物之所系，而一化之所待乎"，万物一个个接连在一起，就是宇宙大化，宇宙大化是无所待的。庄子的"待"字就是禅宗佛学的"住"字，所以禅宗要无所住而生其心，因为住的话就执着了。"一化"，指宇宙是整体的一化，这一化是无所待的，也就是"道"了。《大宗师》全篇，前面是写真人，后面就是写这个无所待的道。

原文

　　夫道，有情有信，无为无形；可传而不可受，可得而不可见；自本自根，未有天地，自古以固存；神鬼神帝，生天生地；在太极之先而不为高，在六极之下而不为深，先天地生而不为久，长于上古而不为老。

狶韦氏得之，以挈天地；伏戏氏得之，以袭气母；维斗得之，终古不忒；日月得之，终古不息；勘坏得之，以袭昆仑；冯夷得之，以游大川；肩吾得之，以处大山；黄帝得之，以登云天；颛顼得之，以处玄宫；禺强得之，立乎北极；西王母得之，坐乎少广，莫知其始，莫知其终；彭祖得之，上及有虞，下及五伯；傅说得之，以相武丁，奄有天下，乘东维，骑箕尾，而比于列星。

语译

这个道是有实质，有信验的；是无所为，无有形体的。它可以相传，却没有一个形体可以授受。我们可以证得它，却看不见它。它是以自己为本体、以自己为根源的，自远古没有天地以前它就已存在。它能赋予鬼以神灵，赋予天帝以神性。它能创生天地。它在太极的前面，还不以为高；它在六极的下面，也不以为深。它在天地之先，也不以为久。它生存在上古，也不以为老。狶韦氏得到它，便能契合天地；伏羲氏得到它，便能顺承元气；维斗得到它，便能使天体有不变的轨道；日月得到它，就能使阴阳运转不息；勘坏得到它，可以入居昆仑；冯夷得到它，就能畅游大川；肩吾得到它，便能隐居大山；黄帝得到它，可以登云天而仙去；颛顼得到它，能够深处玄妙之宫；禺强得到它，便能卓立于北极；西王母得到它，可以端坐少广之宫，不知所始，也不知所终；彭祖得到它，他的寿命上及有虞氏，而下及五霸；傅说得到它，做武丁的宰相，而能一统天下。甚至登天乘东维之星，骑箕尾之星，和其他星宿并列。

解义

这一段庄子在描写这个道。它"有情有信，无为无形"，这个"情"是指实情，用这个"情"字，比较感性地描写生命：道也是有生命、有情的，实实在在有它的真信。"无为无形"，道是无为自然的，没有形体的。"可传而不可受"，这句话很重要。道可传，以心传心；不可受，因为它"不是东西"，没有形体，无法说可以接受道，像一个东西似的交给别人。但是道可以用心相传，用精神去体验。禅宗的教法也是一样，老师可以教我们，但不能把真理传给我们，只能让我们自己去体悟。"可得而不可见"，可以得到，但看不见道是什么东西。"自本自根"，道以它自己为本为根，所以没有什么东西创造道，否则道就变成了客体。"未有天地，自古以固存"，老子说道是"先天地生"的，天地是有形的，有形之物都来自道。"神鬼神帝"，这个"神"是动词，是指把这个"神"赋予鬼神，赋予上帝，鬼跟帝都是由道而具有力量的。换个角度说，鬼就是阴的作用，帝就是阳的作用，"神鬼神帝"就是将阴阳作用赋予万物。所以它能"生天生地；在太极之先而不为高，在六极之下而不为深"，这是描写"太极生两仪，两仪生四象"（《易经·系辞传》）的过程。《老子》里没有太极，只提过无极，《庄子》里提过太极，《易经·系辞传》里面也讲太极。"六极"是上下四方，"六极之下"就是宇宙之内，是指这个道在太极之先、六极之下，也就是无所不在。

下面都是后来人视作神话的描写，也有人认为是后代的注解。道"先天地生而不为久，长于上古而不为老"，所以狶韦氏得到就可以维系天地，伏羲得了道就可以"袭气母"，可以顺着宇宙之气而生万物等，这些都是神仙的名字，暂不赘述。很多民间的神都是从这里来的，比如王母娘娘、西王母，汉代的《山海经》也是由此发展而来的。那些迷信鬼神、鬼怪的都是汉代人的杰作，不过既然庄子列入这些内容，说明那时候就已经开始流传这些故事了，这都是通俗的东西。有的学者认为这一段是后人的注解混入其中，不像庄子的笔法，庄子也没有兴趣讲这些。其实把它当作庄子写的也无所谓，庄子只是拿这些通俗的东西来说明道而已，实际上庄子并不信鬼神，他觉得人死了就会在宇宙之间化成其他东西，人仍旧是万物之一。这才是庄子真正的思想。

原文

南伯子葵问乎女偊曰："子之年长矣，而色若孺子，何也？"曰："吾闻道矣。"南伯子葵曰："道可得学邪？"曰："恶！恶可！子非其人也。夫卜梁倚有圣人之才而无圣人之道，我有圣人之道而无圣人之才，吾欲以教之，庶几其果为圣人乎！不然，以圣人之道告圣人之才，亦易矣！吾犹守而告之，参日而后能外天下；已外天下矣，吾又守之，七日而后能外物；已外物矣，吾又守之，九日而后能外生；已从生矣，而后能朝彻；朝彻，而后能见独；见独，而后能无古今；无古今，而后能入于不死不生。杀生者不死，生生者不生。其为物，无不将也，无不迎也；无不毁也，无不成也。其名为撄宁。撄宁也者，撄而后成者也。"

南伯子葵曰："子独恶乎闻之？"曰："闻诸副墨之子，副墨之子闻诸洛诵之孙，洛诵之孙闻之瞻明，瞻明闻之聂许，聂许闻之需役，需役闻之于讴，于讴闻之玄冥，玄冥闻之参寥，参寥闻之疑始。"

语译

南伯子葵问女偊说："你的年纪已经很大了，容貌却好像小孩。为什么会这样呢？"女偊回答："这是因为我闻道的缘故。"南伯子葵又问："道可以学到吗？"女偊回答："怎么可以？你不是闻道的人。卜梁倚有圣人的才能，却没有圣人之道。我有圣人之道，而没有圣人的才能，我想教他，也许使他能够成为圣人。即使他成不了圣人，但以圣人之道来告诉有圣人才能的人，总是较容易理解的。于是我便告诉他圣人之道，然后静观其结果，三日之后，他便能把天下看开。看开了天下之后，我继续守着静观，七日之后，他便能把外物看开。看开外物之后，我还守着静观，九日之后，他便能把自己的生死看开。看开自己的生死之后，他的心灵便有如早晨清明在躬的觉悟境界。达到这个境界后，他便能见到与物为一的真我。见到了真我之后，便能超绝古今。超绝古今之后，便能达到不落于死生的境界，真正能不执着生的人，便无惧于死；真正能体证生生不已的人，也不会再执着自己的生。他是万物的一体，他在万物中变化，对于变成任何一物，他都高兴地顺应；对于任何一物变成他，他都无不欢迎。他任顺万物的各有所毁坏，也任顺万物的各有所成就。这种功夫就叫"撄宁"，撄是接物，宁是安宁，也就是接于万物而心保持安宁的意思。

南伯子葵又问："你是从哪里听到这些道理的呢？"女偊回答："我是从副墨（文字）的儿子那里听到的。副墨的儿子是从洛诵（乐曲）的孙子那里听到的。洛诵的孙子是从瞻明（明理）那里听到的，瞻明是从聂许（心应）那里听到的，聂许是从需役（心用）那里听到的。需役是从于讴（吟咏）那里听到的，于讴是从玄冥（心寂）那里听到的。玄冥是从参寥（心虚）那里听到的，参寥是从疑始（万物有始无始的混沌境界）那里听到的。"

解义

这段话是讲功夫的，对话的两个人有可能是庄子创造出来的角色，也有可能是隐士，庄子只是借名字来讲故事而已。"南伯子葵问乎女偊"，"女偊"是一个女性名字，实际上这个人不一定是女的，没准儿是个男的，但是活了那么大的年纪，他的皮肤仍然柔软，像女孩子一样漂亮。南伯问他是怎么做到的，女偊回答说："吾闻道矣。"南伯就问，道可以闻、可以学吗？回答说"恶可"，因为你不是学道的人。要讲道，先要具备"圣人之才"，也就是有这种"知"和"能"的资质才能学道，没有这个根基是学不了道的。

女偊举例说，有个人叫卜梁倚，他有圣人的才能，却无圣人之道，女偶自己"有圣人之道而无圣人之才",我以圣人之道来教有圣人之才的人,使他成为圣人。按理说,以圣人之道来教圣人之才,较为容易,但还要加以一段修养,实际上下面就是讲如何修养的。

他说"参日而后能外天下",不一定是整整三天,只是笼统说几天之后,他能够把天下放在一边,然后再过一段时间,"七日而后能外物"。"外天下"是第一层,"外物"是第二层,这个比较容易懂:天下太大了,与我无关,而物就是我生活中需要的东西,这个不容易忘。接下来还要继续修炼,到了"九天",也就是更多的日子之后,才能"外生",放下自己的肉体生命,这就更进一步了,因为物还是围绕自己的东西,现在是连自己的身体和生命都忘掉了,这就是由外而内,一层层地忘掉空间。

忘掉空间之后就是"朝彻","朝"就是早上,"彻"就是彻底看清楚,我们说精神在早上最清明,这时的念头也最纯粹。《孟子》里面有类似的说法,孟子说人在晚上都有欲望,叫作"夜气",晚上的气都是乌烟瘴气,到了早上就清明,所以这个"朝彻"就是彻底的清明,精神清明是因为忘掉一切物欲了。"朝彻"以后能够"见独","独"就是指真我,"独"的意思是不相对,那个相对的我就不是真我,我们的肉体之我与意识之我都是相对的。这个"独"在禅宗讲就是自性,"朝彻"是顿悟,"见独"是明心见性。《齐物论》讲"天地与我并生,万物与我为一",体现那个"我"就是"见独","并生"是打破时间,"为一"是打破空间,这两句话也就是超脱时间与空间。"见独,而后能无古今",见性、知道真我之后,就可以超脱古今。"无古今,而后能入于不死不生",生死也是时间。从这一段的修养来看,是先打破空间,然后再超脱时间,最终入于不死不生的境界,用佛家的话讲就是涅槃。

具体而言,"杀生者不死","杀"就是断掉,断掉对生的执着,这样的人就不会死。有时候从禅宗出发就很容易理解庄子,禅宗讲如果对生念念不忘，那么就生不了，而是一直在死，因为对死怀有畏惧。所以要不执着于生，不要念念不忘地求生，这样的人就不会有死，因为他一直不以生为生。"生生者不生"，道赋予我生命而不被生，道如果是被生的话，也就不能生了。按宗教的讲法，上帝创生万物而不被生，如果被生的话就不是上帝了。杀生也好，生生也好，二者一个死，一个生，都是在说不要执着于生，这样的人是不死也不生的。修到这种境界的人"其为物"，就像是宇宙万物的变化，"无不将也，无不迎也"，没有什么不将就，也没有什么不欢迎，死后变成任何东西都能接受。万物在他眼中"无不毁也，无不成也"，什么东西都无所谓毁，也无所谓成。"无毁无成"，这种功夫就叫"撄宁"，"撄"是获得，"宁"是安宁，这是指与万物相交时内心始终保持安宁，心灵就会完备、保全，不受影响。

南伯子葵听到这话之后就问："这话很高明，你是从哪里听来的？"对方莫名其妙地讲了下面这段话："闻诸副墨之子。""墨"是墨水，"副墨"是文字，大意是我从文字的儿子那里听到的，但是他又是从洛诵之孙那里听到的，"洛诵"就是记载诗歌的那些东西，诗歌比文字又进一步；然后说洛诵之孙又"闻之瞻明"，"瞻明"就是指心的明，心的明又"闻之聂许"，"聂许"应该是指心的感应，一层比一层微妙。"聂许"又"闻之需役"，"役"就是形，需役"闻之于讴"，"讴"就是诗歌，代表心里的快乐之歌，然后"闻之玄冥"，玄冥就是黑暗、深幽。玄冥"闻之参寥"，"参寥"就是无，参寥"闻之疑始"，"疑始"就是似有似无。

这里从文字开始，一层一层地追溯到最后的似有似无，意思在表明道不可闻，也不可学，因为道不能靠知识去理解，而是要从修养出发。修养功夫就是两个字，一个是"外"，一个是"无"，"外"就是跳脱空间，"无"是无古今，无生死，也就是超脱时间。这里说的"闻道"也就是"无闻而闻"，语言文字终究是有限的。

原文

子祀、子舆、子犁、子来四人相与语，曰："孰能以无为首，以生为脊，以死为尻，孰知死生存亡之一体者，吾与之友矣。"四人相视而笑，莫逆于心，遂相与为友。

俄而子舆有病，子祀往问之，曰："伟哉，夫造物者，将以予为此拘拘也！"曲偻发背，上有五管，颐隐于齐，肩高于顶，句赘指天。阴阳之气有沴，其心闲而无事，跰𨇤而鉴于井，曰："嗟乎！夫造物者又将以予为此拘拘也！"

子祀曰："女恶之乎？"曰："亡，予何恶！浸假而化予之左臂以为鸡，予因以求时夜；浸假而化予之右臂以为弹，予因以求鸮炙；浸假而化予之尻以为轮，以神为马，予因而乘之，岂更驾哉！且夫得者，时也。失者，顺也。安时而处顺，哀乐不能入也。此古之所谓县解也，而不能自解者，物有结之。且夫物不胜天久矣，吾又何恶焉！"

俄而子来有病，喘喘然将死，其妻子环而泣之。子犁往问之，曰："叱！避！无怛化！"倚其户与之语曰："伟哉造化！又将奚以汝为？将奚以汝适？以汝为鼠肝乎？以汝为虫臂乎？"子来曰："父母于子，东西南北，唯命之从。阴阳于人，不翅于父母。彼近吾死而我不听，我则悍矣，彼何罪焉！夫大块载我以形，劳我以生，佚我以老，息我以死。故善吾生者，乃所以善吾死也。今大冶铸金，金踊跃曰'我且必为镆铘'，大冶必以为不祥之金。今一犯人之形，而曰'人耳，人耳'，夫造化者必以为不祥之人。今一以天地为大炉，以造化为大冶，恶乎往而不可哉！"成然寐，蘧然觉。

语译

子祀、子舆、子犁和子来四人在聊天时说："谁能够以无当作他的头，以生当作他的脊梁，以死当作他的尾骨。也就是说，谁能把生死存亡看成自己的身体,我就和他做朋友。"四人相视而笑,他们心心相印,彼此都是好朋友。

不久,子舆生病,子祀去探病,子舆说:"了不起啊,造物的大自然,把你的身体变成这副弯弯曲曲的样子啊!"这时,子舆的身体,背脊弯曲,五脏六腑的血管都朝上,他的脸颊低贴在肚脐上,两肩高过头顶,发髻指向天。这时,他身内的阴阳之气失调,他的心情却闲散,若无其事,他双足相并斜着走到了井口,顾影而说:"啊!造物者又要把我变成这副弯曲的身体啊!"

子祀问道:"你不高兴吗?"子舆回答:"没有,我有什么不高兴的呢!大自然的变化,把我的左臂变为鸡,我就像公鸡一样司晨;或把我的右臂变为弹弓,我就用它射鸟来烤着吃。或把我的脊尾骨变为车轮,我就以我的精神为马,来乘这驾马车,就不需要再去找别的车驾了。其实,我得到这个身体,是时间的迁流变化使然的,我失去身体,也是顺着时间的迁流变化而然的,如果能安心于时间的变化,顺着变化而处,一切的悲哀或快乐便不能进入我的心中,这就是古代所谓的解除倒悬之苦了。我们之所以不能解除这种倒悬,是由于我们的心执着于形体之物而成了难解之结。其实自古以来物累不能胜过天道自然。今天我变成这样子又有什么不高兴的呢?"

不久,子来也病了,气息急促,快要死了,他的妻子和孩子都围绕着他而哭泣。子犁去探望,他说:"去!走开一点儿!你们不要惊动了他正在经历的变化。"接着,他靠在窗口和子来说:"了不起啊,不知造物的大自然又要把你变成什么?又要把你变到哪里去?是把你变成老鼠的肝呢,还是把你变成昆虫的臂呢?"子来回答说:"以父母与子女为喻,父母命子女往东、南、西、北,子女都唯命是从。以阴阳与人为譬,阴阳的重要性不亚于父母,阴阳要我死,我却不听从,这是我的强悍无知,又哪里是阴阳的错误呢!大自然给我形体,使我有生的劳累，也使我老时能安逸，死时能安息。所以能好好善尽我的生，也就能善尽我的死。现在有一个大铁匠正在铸造金属器物，炉中的金属却跳跃而大叫：'一定要把我铸成镆铘宝剑！'大铁匠听了一定以为是不祥的金属。今天我们一旦进了人的躯体，而说'我就是人，就是人'，自然造化也一定以为是不祥之人。今天，我以天地为铸冶的大炉，以自然造化为大铁匠，把我变成个什么都无不可！"说了之后，子来便心有所得地安然闭上眼睛，接着又很自在地醒过来。

解义

接下来的一段，讲述了子祀、子舆、子犁、子来四人的故事。这四个人是好朋友，因为他们都能够超脱生死存亡，"以无为首，以生为脊，以死为尻"，即把生死视作一体。

有一次，子来生病快要死了，但是他能够超脱生死。在这一段话的后面有几句说："夫大块载我以形，劳我以生，佚我以老，息我以死。故善吾生者，乃所以善吾死也。"类似的话我们在前面也见过，在《庄子》的内七篇里面重复了两次，足以说明庄子对这个问题的重视。那么，就庄子的观点来看，人有了生命就有了形体，也就有了形体的拖累，这是必然的，有"生"就有"劳"，这是避免不了的。"佚我以老，息我以死"，"死"是安息，这也是自然现象。重点在于"故善吾生者，乃所以善吾死也"，"善吾生者"就是善于对待、处理我们的生，同时也能够处理我们的死。其实这是庄子把死放在生里面来讲，只讲生的问题，也就是谈论生命，死后的事情我们没有办法得知。庄子在这个地方引了一个比喻：造化就像是一个炼铁的陶炉，人就像铁一样置于炉中，我们不能要求炼铁的人一定要把我们炼成镆铘宝剑。同样，不能说我们要做人，等我们死了之后，可能会变成蚂蚁、蟋蟀，变成万物，这是自然的，是没有办法选择的。

这一段话的最后六个字是"成然寐，蘧然觉"，"成"就是感到满足，这里指出睡觉苏醒和生死本质上是一个问题，生死只是时间比较长，睡觉和苏醒只是时间短一些，睡觉也许是一天的时间，生死最多是一百年，一百年和一昼夜在某种层面上讲是差不多的。在我们看来，三四千年是很久的，但是从宇宙的视角来讲，人类的两三千年根本算不了什么。人类的一生，从整个宇宙来看，这个时间跨度就太小了，因此一昼夜跟一百年几乎是相等的。只是我们执着于自己短暂的生命，以此作为衡量标准，如果我们能够打破这种视角的局限性，就会使自己感受到那种超脱的美。所以庄子思想的真正精彩之处在于，把我们提升到一个更高的层面来看待生活中如影随形的小问题。有时候我们在小问题上无法解脱，甚至于自杀，这是在钻牛角尖，庄子就是把我们拉出牛角尖的那个人。

"成然寐"就是睡着了，接着庄子说"蘧然觉"，睡着了以后会醒来，这个"蘧"就是形开，我们的形体开了就觉了，觉了就逍遥了。这个"觉"字，就是禅宗所说的顿悟，庄子讲"觉"不讲悟，而佛家讲悟。我们晚上睡觉的时候当然不会害怕第二天早上眼睛睁不开了，所以即使死了也不要害怕，死了以后也许就到了另外一个世界。这并不是劝我们去死，而是劝我们不要害怕死，要领会"善吾生者，乃所以善吾死也"。现在我们摸摸自己的心，还在扑通扑通地跳着，生命还在我们的手上，就好好过吧！以上是庄子所讲生死的问题。

原文

子桑户、孟子反、子琴张三人相与友，曰："孰能相与于无相与，相为于无相为？孰能登天游雾，挠挑无极；相忘以生，无所终穷？"三人相视而笑，莫逆于心，遂相与为友。

莫然有间，而子桑户死，未葬。孔子闻之，使子贡往侍事焉。或编曲，或鼓琴，相和而歌曰："嗟来，桑户乎！嗟来，桑户乎！而已反其真，而我犹为人猗！"子贡趋而进曰："敢问临尸而歌，礼乎？"二人相视而笑曰："是恶知礼意！"

子贡反，以告孔子，曰："彼何人者邪？修行无有，而外其形骸，临尸而歌，颜色不变，无以命之。彼何人者邪？"孔子曰："彼，游方之外者也；而丘，游方之内者也。外内不相及，而丘使女往吊之，丘则陋矣。彼方且与造物者为人，而游乎天地之一气。彼以生为附赘县疣，以死为决疣溃痈，夫若然者，又恶知死生先后之所在！假于异物，托于同体；忘其肝胆，遗其耳目；反复终始，不知端倪，芒然彷徨乎尘垢之外，逍遥乎无为之业。彼又恶能愦愦然为世俗之礼，以观众人之耳目哉？"

子贡曰："然则夫子何方之依？"孔子曰："丘，天之戮民也。虽然，吾与汝共之。"子贡曰："敢问其方。"孔子曰："鱼相造乎水，人相造乎道。相造乎水者，穿池而养给；相造乎道者，无事而生定。故曰：鱼相忘乎江湖，人相忘乎道术。"子贡曰："敢问畸人。"曰："畸人者，畸于人而侔于天。故曰：天之小人，人之君子；人之君子，天之小人也。"

语译

子桑户、孟子反、子琴张三人一起聊天时说："谁能做到我们的相交好像没有心意相交似的，我们的相助好像没有形迹相助似的？谁能达到精神上升于天，腾云驾雾，活动于无穷无极的宇宙中，忘掉了彼此的形躯，而进入自然大化的生生不已，永无止境？"三人都相顾而笑，心心相印，成了好朋友。

他们这样淡泊地相对有一段时间了。后来，子桑户死了，还未下葬。孔子听说后，便遣子贡去帮忙处理丧事，看到他的两位朋友，一个编歌曲，一个弹琴，他们相和而唱说："嗟乎，桑户啊！嗟乎，桑户啊！

你已经返回你的真实生命中，而我们还在做人啊！"子贡便走上前去问："请问你们面对尸体而唱歌，这合乎礼制吗？"这两人相视而笑说："你哪里知道真正礼的意义呢？"

子贡回去后，把这件事告诉了孔子，接着问他："他们是怎么样的人啊！没有一点儿修养，放浪形骸，面对尸体而唱歌。临丧时的面容一点儿也没有悲哀之态，我不知怎么去称呼他们，请告诉我，他们究竟是什么样的人啊？"孔子回答说："他们是游于世间之外的人，而我是游于世间之内的人。世间内外的两种境界本是不相关的，而我派你去凭吊，这是我的浅陋无知啊！他们正是把造物者看成人一样去相交，而游于天地之间好像只是一气的转化。他们把肉体的生命看作身体上多余的肉瘤，把肉体的死亡看作肉瘤的破裂。像他们这样的人，又哪里在乎死生的差别，以及死生孰先孰后！他们是把不同的物体，看作自己的同体，忘了自己身内的肝胆，舍弃了自己对耳目的执着。死是返归，又回到生。生命有终，但有终也就有始。他们不知生死何处是开端，何处是边际。茫茫然，徘徊翱翔在世俗之外，逍遥于无为无事的境界。他们又哪里会将他们的心拘束在世俗的礼法上，而做给别人看呢？"

子贡接着问孔子："那么，夫子，你究竟是偏于方内，还是方外呢？"孔子回答："我啊，只不过是一个受了天刑而无法自拔的人罢了，尽管如此，我和你一同由方内而游向方外。"子贡又问："那么，我们的方法如何呢？"孔子回答："鱼儿托生于水，人类托生于道。托生于水，便必须穿土为池，蓄水为生存之所需。托生于道，则修养自己达到无为无事，心身静定的境界。所以说：鱼儿在江湖中互相忘却，人们在道术中也互相忘却。"子贡又追问说："请问那些奇异的人士究竟是什么样的人物呢？"孔子回答："那些奇异的人士，他们是不同于世俗的人，却符合自然的天道。所以说：在天道中都是小人物，在世俗中却有所谓君子。世俗上的君子，也只是天道中的小人物罢了！"

解义

这一段谈到了"而游乎天地之一气"。庄子的思想讲气化，称宇宙是一个气的循环，所以我们的精神、生命逍遥于天地之一气。以这样一个宏大的境界来看生死，生就像长了一块赘肉、一个肿瘤，死则像是赘肉消了，肿瘤破了，这种累赘反而没有了。如果这样去考虑人的生死问题的话，我们怎么会分得清楚死生先后的不同呢？我们常常讲生死，但庄子不讲生死，他讲死生，指死是先，生是后，我们死了以后有了生，那么现在有了生，当然会有死了，所以逻辑顺序是"死—生—死—生—死—生"。死生是同时存在的，那如何分清哪里是生，哪里是死呢？如果死生是循环的话，实际上就无所谓死生。因为我们讲死生或者生死都是以自己现有的形体的生命为依据，如果把这个生死拓展到一个连续的序列中的话，所谓的死生都只是一个转变，也就无所谓死生了。

所以庄子说"假于异物，托于同体"，是说人跟其他东西是一样的，我们寄托在不同的东西上，把这些不同的东西看作一体，而不要只看到现在的生命。人死了以后变成了蚂蚁，蚂蚁就是我们的生命，或者蚂蚁再变成别的东西，也是与我们一体的，也就是说，我们是借助各种不同的东西在转变。这其实就是《齐物论》所说的"天地与我并生，而万物与我为一"。如果有这样的领悟，就能够忘记肝胆，即忘掉自己现有的肉体，忘掉现有的耳目。在宇宙的循环里面"反复终始"，"终始"就是死生，死生就是交替反复，"不知端倪"，没有开始也没有结尾，这也是庄子对死生问题的看法。

原文

颜回问仲尼曰："孟孙才，其母死，哭泣无涕，中心不戚，居丧不哀。无是三者，以善处丧盖鲁国。固有无其实而得其名者乎？回壹怪之。"仲尼曰："夫孟孙氏尽之矣，进于知矣，唯简之而不得，夫已有所简矣。孟孙氏不知所以生，不知所以死；不知就先，不知就后；若化为物，以待其所不知之化已乎！且方将化，恶知不化哉？方将不化，恶知已化哉？吾特与汝，其梦未始觉者邪！且彼有骇形而无损心，有旦宅而无情死。孟孙氏特觉，人哭亦哭，是自其所以乃。且也相与吾之耳矣，庸讵知吾所谓吾之乎？且汝梦为鸟而厉乎天，梦为鱼而没于渊。不识今之言者，其觉者乎，其梦者乎？造适不及笑，献笑不及排，安排而去化，乃入于寥天一。"

语译

颜回问孔子说："孟孙才的母亲死时，他哭泣而没有流泪，内心没有忧戚，居丧期间没有悲哀。他不流泪，没有忧戚，没有悲哀，却以善于处丧礼而闻名于鲁国。难道他没有居丧的实际行为却能享有善于处丧的名声？我一直对这一点感到奇怪。"孔子回答："孟孙才把丧礼做得极为完美，已达到超越世俗丧礼知识的境界；但要做到简化世俗丧礼并不容易，孟孙才的做法已经做到了简化的境地。孟孙才不知道为什么有生，为什么有死，不知生和死哪个在先，哪个在后。他顺变化去变成他物，此刻他正等待去变成他也不知道的何物。当他正在顺物变化时，又哪里意识到有不化的主体呢？当他感觉自己尚没有变化时，又哪里意识到他的形体早已在变化之中呢？我和你都在梦中，尚未觉醒而不知大化。可是他虽然也惊骇形体的变化，但他的心并没有受损；虽然他的心住在形躯中只是一朝一夕，但他的真我不会消灭。孟孙才特别意识到别人哭丧自己也跟着一起哭，这也是自然的人情所不能免的，这也都是因为我们有一个'我'在那儿指使我们如此啊！可是谁又能知道我们所谓的'我'，其实并不是真的我？就如你做梦是一只鸟而翱翔于天上，或做梦变成一条鱼而潜游于深渊。我们不知此刻在讲话的我，是觉醒的呢还是在梦中的呢？我们有意去营造适合自己要求的境地，还不如此刻就开怀大笑。但如果我们有意去求笑，也还不如去听任自然的安排吧！听任自然安排而顺任大化的运行，这样才能与虚漠的天道合一啊！"

解义

这一段颜回和孔子的对话不是事实，是庄子编造的故事。颜回有一次问孔子说，有一个人叫孟孙才，他的母亲死了，他看上去没有流泪，似乎他心里并不是那么悲哀，但是别人认为他"以善处丧盖鲁国"。他没有做到三件事情：哭丧时没有流泪，内心没有忧戚，居丧不哀，这并不符合儒家礼制的要求。为什么人们还认为他懂得处丧呢？颜回对此表示不解。

庄子用孔子的口吻做出了答复，他说孟孙才"尽之矣，进于知矣"，说这是一种超于知而进入道的境界，也就是说，他不再是知的层面，而已经进入道的层面了。"孟孙氏不知所以生，不知所以死"，他已经超脱了生死，"不知就先，不知就后"，也不知道生与死哪一个是先，哪一个是后。"若化为物，以待其所不知之化已乎"，就像我们现在虽然有生命，但是我们在等待变成别的生命，因为变化是持续不断的，我们无法知道自己死后会变成什么东西，可能会变成那个我们都不知道的东西。实际上我们的生命一直都在变化，从细胞产生就开始代谢了。

"方将不化"，是指我们现在没有死，又怎么知道我们不是已经在死亡中变化了呢？所以我跟你，我们大家都在这个梦里面，还没有觉。

"且彼有骇形而无损心"，"骇"就是惊惧，"形"就是形体，我们惊悸于形体的死亡，但是我们的心不会因此而有所损伤。无论形体如何变化，我们的真心是不变的。"有旦宅"，"旦"就是一天，生命就像一个旅馆，住得久的到一百年，有的人住七八十年。"而无情死"，尽管是住几十年的旅馆，但我们的情是真的，我们的真心并不死。前面在《齐物论》里说过，如果我们的真心跟外在的万物和我们的身体共生灭，认为外在的死亡就是心死的话，这是最大的悲哀。而孟孙氏只把外在之物当作一个寄托，所以能够打通生死，在心中把生死置之度外，所以他才是真正懂得死亡的人。这一段话的结尾说"庸讵知吾所谓吾之乎？"，你怎么知道我所讲的"我"是什么？你讲的"我"是真的我吗？也许就像在梦中，你可以是天上飞的鸟，也可以是在水里游的鱼，我们不知道现在说的话是清醒的，还是在睡梦中的。

"造适不及笑"，"造"就是制造，"适"就是自在、自得，大家都在追求一种制造出来的闲适，还不如内在的会心一笑。举个例子，我们计划去旅游，认为旅游一定会很开心，这就是"造适"，虽然玩得很开心，但是结束之后一定会精疲力竭，甚至抱怨连天，还不如在这里会心地笑一笑。这就是内心没有快乐，要通过在外面制造一个情境得到快乐。"献笑不及排"，"献笑"就是展现这个会心的微笑，但这还不如"排"，也就是安于外在的一切，安于天命、自然的安排。"排"是外在的，能够安于命运的、天的安排，然后才能随着万物的变化而变化。为什么"排"比会心的笑更高一层呢？会心的微笑说明我们还是感觉到快乐，但是外在的事情并不是都让我们快乐的，也许有很多麻烦使我们不快乐，而我们还是能够安于它，也就是超脱于快乐，该笑的时候笑，该哭的时候哭，正如《中庸》中所言：喜怒哀乐"发而皆中节，谓之和"。这个时候，我们才能跟宇宙万物一起变化，我们才能进入"寥天一"，"寥"就是虚极、虚无，是辽阔无边的境界，"天一"就是能够跟天合一，"寥天一"就是化而入天、化而入道，达到天人合一的境界。达到这种境界之后，还有什么生死忧虑使我们烦心呢？

那么，庄子有喜怒哀乐吗？魏晋时期的何晏和王弼有过一个对谈，何晏这一派认为圣人没有喜怒哀乐，王弼认为圣人有喜怒哀乐，他是该喜的时候喜，该怒的时候怒，也就是《中庸》中所谓的"发而皆中节"。在这两个人的辩论中，大家认为王弼的观点更高明，圣人并不是没有喜怒哀乐，只是他的情绪恰到好处，喜怒哀乐不动于心。什么叫作不动于心？庄子说"至人之用心若镜"，注意，镜子反映的是外在的东西，外在之物有喜怒哀乐，镜子里面也就有喜怒哀乐；但是外在的东西消失了，镜子里面也就没有形象了，这是指不留痕迹。所以他动心而不留迹，但他表现的是该喜的时候喜，该怒的时候怒，反之就是怪异了。魏晋时期很多玄学家就表现得很怪异，该哭的时候不哭，该笑的时候不笑。比如阮籍在下棋的时候他母亲死了，他不动于心，还是继续下棋，看上去像是超脱了，下完棋之后，他回到家饮酒二斗，举声一号，吐血数升，可见他在前面是强忍着的。而庄子的妻子过世的时候，他是先哭了一阵子，然后鼓盆而歌，这证明他有哀乐的情感，但是他想通了，就会不留于心。

原文

意而子见许由。许由曰："尧何以资汝？"意而子曰："尧谓我：'汝必躬服仁义而明言是非。'"许由曰："而奚来为轵？夫尧既已黥汝以仁义，而劓汝以是非矣，汝将何以游夫遥荡恣睢转徙之涂乎？"意而子曰："虽然，吾愿游于其藩。"许由曰："不然，夫盲者无以与乎眉目颜色之好，瞽者无以与乎青黄黼黻之观。"意而子曰："夫无庄之失其美，据梁之失其力，黄帝之亡其知，皆在炉捶之间耳。庸讵知夫造物者之不息我黥而补我劓，使我乘成以随先生邪？"许由曰："噫！未可知也。我为汝言其大略。吾师乎！吾师乎！齑万物而不为义，泽及万世而不为仁，长于上古而不为老，覆载天地刻雕众形而不为巧。此所游已。"

颜回曰："回益矣。"仲尼曰："何谓也？"曰："回忘仁义矣。"曰："可矣，犹未也。"他日，复见，曰："回益矣。"曰："何谓也？"曰："回忘礼乐矣。"曰："可矣，犹未也。"他日，复见，曰："回益矣。"曰："何谓也？"曰："回坐忘矣。"仲尼蹴然曰："何谓坐忘？"颜回曰："堕肢体，黜聪明，离形去知，同于大通，此谓坐忘。"仲尼曰："同则无好也，化则无常也。而果其贤乎！丘也请从而后也。"

语译

意而子去拜见许由，许由问："尧帝给了你些什么？"意而子回答："尧告诉我：'你必须实践仁义之道，明辨是非之理。'"许由说："你为什么又要来这里呢？尧帝既然把仁义像黥刑一样刻在你的面额上，又用是非像劓刑一样割掉了你的鼻子，你又怎么可能自由自在地畅游于无拘无束、任情任性、变化无穷的自然大化之途呢？"意而子回答："虽然我不能游于其中，但我在藩篱外面游游也可以吧。"许由回答："不可能，一个盲人无法让他欣赏容颜的美色，也无法让他观看青黄黑白的颜色。"意而子说："以前美貌的无庄见道之后，便不自以为美。力大无穷的据梁见道之后，便不再强调自己有力。智慧的黄帝见道之后，也自知其无知。他们都是因修炼而有此境界的。你又怎么知道造物者不会帮我除去额上的刺字，修补我被割掉的鼻子，使我能乘着这个完整的形躯而跟随你做逍遥之游呢？"许由回答："啊！这也是不可知的啊！我为你只能说一点儿大要。大宗师啊！大宗师啊！他分别万物，使万物各尽其性，却不以为自己有义，他生养万物的恩泽通乎万代，却不自以为有仁。他从上古时就已存在，却永远长青而不老。他使天覆盖万物，使地载育万物，使万物各具美妙的形态，却不以为自己有技巧。我所游的就是这样的境界啊！"

颜回说："我有进步了。"孔子回答："你是指什么？"颜回说："我已忘掉了仁和义。"孔子说："好啊！但还是不够的。"隔了些时日，颜回又见孔子而说："我有进步了。"孔子问："你这次又是指什么？"颜回说："我已忘掉了礼和乐。"孔子回答："很好，但还是不够的。"再过了些时日，颜回再见孔子说："我又有进步了。"孔子问："这次又指什么？"颜回说："我已经坐忘了。"孔子惊异地问："什么叫作坐忘呢？"颜回说："抛掉自己的肢体，排除自己的聪明。离了形体，舍弃知解之后，我的精神便和万物相同，和大化相通，这叫作坐忘。"孔子说："和万物相同，便无好恶之心。能和大化相通，就不会固执于自己的形躯。你果然有贤德啊！我也要跟你学坐忘了。"

解义

这一段又是颜回和孔子的对话，凡是这种对话都是庄子的借托，不止是生命可以借托于不同的东西，思想也可以借托不同的人物和故事来说明。颜回有一次跟孔子说，我现在大有功力，我能忘掉仁义了，如果是真正的孔子一定会斥责他一顿，怎么可以忘掉仁义呢？但这里孔子肯定地说"可矣"，但这还不是最好的状态。过了几天，颜回又见到孔子，说自己又进步了，这次能够忘掉礼乐了。这里庄子的用字还是很小心的，为什么先要忘仁义，第二步才是忘礼乐呢？可见礼乐比较难以忘记，这是一步一步、由浅及深的。仁义是一个道德名词，礼乐是古代的日常生活习惯，生活上不能离开礼乐，所以是先忘掉一个道德概念，然后进一步忘掉日常生活的礼乐。孔子说"可矣"，但还不够。过了几天颜回说自己又有长进了，能够坐忘了。坐忘就是忘掉自己，一步步从外到内，最后到自己。

有人说仁义是内心的东西，这其实是孟子的观点。孟子说："仁，人心也；义，人路也。"但在道家的思想中，仁义被放在更外面的位置上，因为每天的生活不能离开礼乐，但是可以离开仁义。如果我们没有触碰到外面的世界，没有遇到什么困难，就没有仁义的必要，但只要生活就需要面对礼乐。生活上无法离开就叫作"近"，更近一步就是自己的身体。孔孟讲仁义是天生的，后来仁义变成了外在的道德观念，所以道家才对此提出批评。就礼乐来讲，道家对礼的批评还比较多，对乐的批评就比较少了。

"坐忘"是在此基础上更进一步，是忘掉自己。孔子还问颜回什么叫"坐忘"，颜回说"堕肢体"，去掉肉身的肢体，"黜聪明"，去掉自己的聪明，一个是肢体，一个是意识，不要自以为耳聪目明；"离形去知"，"形"就是肢体，"知"就是聪明，这好像是在描述打坐。如果只到此处就是禅宗说的"枯木禅"，像木头、石头一样，什么都忘掉了。但庄子在这个忘掉之后还要"同于大通"，"大通"就是大道的现象，"通"是指无所不通，大道也是无所不通的，一有阻碍就不是道了。那么"坐忘"就是忘掉自己之后，精神往上提升才能"同于大通"，和道合一。"同于大通"是一种精神的提升，是"天地与我并生，万物与我为一"的境界，通于天地，通于万物，这就叫"坐忘"。

孔子肯定了这种境界之高，说"同则无好也"，为什么"无好"呢？因为能够"通""同"就没有喜怒哀乐、好生恶死了，"大通"之后把自己的生命和宇宙万物的生命都打成一片了，就不会拘束在自己的生命里了。"化则无常也"，"化"就不会执着于现在的生命，庄子是讲无常的，但不同于佛教的无常。佛教是强调"诸行无常"，人生因无常而有悲哀、痛苦、烦恼，因为抓不住这个无常的我。庄子的思想是不要去抓，而是任其自然。"化"就是化于道，能够转化自己的生命。这里也说明庄子比较欣赏颜回，因为他素以德行著称，而庄子就是要讲内在之德。

原文

子舆与子桑友，而霖雨十日。子舆曰：“子桑殆病矣！”裹饭而往食之。至子桑之门，则若歌若哭，鼓琴曰：“父邪！母邪！天乎！人乎！”有不任其声而趋举其诗焉。子舆入曰：“子之歌诗，何故若是？”曰：“吾思夫使我至此极者而弗得也。父母岂欲吾贫哉？天无私覆，地无私载，天地岂私贫我哉？求其为之者而不得也。然而至此极者，命也夫！”

语译

子舆和子桑是朋友，有一次连着下了十天的雨，子舆心想：“子桑恐怕生病了。”他便包了饭去送给子桑，到了子桑家门前，听到子桑好像在歌吟，又好像在哭泣，一边又鼓着琴唱：“父亲啊！母亲啊！天啊！人啊！”子桑好像软弱无力，歌声短促。子舆便进门说：“你的诗歌为什么是这样的调子？”子桑回答：“我在想是什么使我变成这种境地却找不到原因。我的父母怎么会要我如此的贫困？天无私而覆盖万物，地无心而载育万物，天地又怎么会单独要我贫困如此？我想找出让我如此贫困的主使者，却找不到。因此我想使我变得如此贫困的，也许就是命吧！”

解义

这是《大宗师》的最后一段话，讲了一个人穷到没饭吃，他想知道自己为什么那么穷。难道是父母的原因吗？可是父母都不会希望子女陷于穷困。难道是天地的原因吗？可是天地没有偏心，让自己独穷。那为什么自己会那么穷呢？“命也夫”，这里提出了“命”的概念，很多学者就根据这一句话说庄子是宿命论。宿命论是说什么都是上天安排的，我们没有办法改变这一切——庄子确实是有半宿命论的色彩。

佛教也是半宿命论，认为现在的一切都是过去的业所造成的，现在的穷和苦都是上辈子造的业，是没有办法改变的——但这不是全宿命论，因为今生的人可以改变未来。我们现在种了好业，未来获得好果、业报。

庄子的半宿命论是对当前所遭受的一切而言的，生死、穷达、富贵种种的原因我们无法得知，只好安之若命，这是一半的命定。虽然安之若命，但我们的精神不受它们的限制，始终可以向上逍遥，所以另一半可以一飞冲天。这也就是说，我们要超脱于命运。对于"命"要修有两种功夫：首先是忘，对于这一切的安排我没有办法去改变，只好忘怀、超脱，忘了之后就能够化。所以庄子讲的"命"一方面是让你忘掉世俗的一切痛苦烦恼，一方面让你的精神往上提升，这个命可以通向天命。庄子的"命"有"天命"的含义，这是第二个用功夫的地方，是可以上通于天的。就这位苦命的隐士来说，在他说了"命也夫"之后，心便安然了。

就本文来说，最后点出一个"命"字，绝不是以感叹作结，这样《大宗师》一文，就虎头蛇尾，全无气力了。我们应该把这个"命"字和首段的"知"做一对照，我们既然不"知天之所为"，也就是说，子舆不知他为什么如此贫穷的原因，这是"命"；首段说"养其知之所不知"，这个"养"是涵养德性，在这里的意思就是安，即安命，安于天命，顺天道之自然。这里的"命也夫"，我们加些话，翻译成口语是："算了吧，这是我的天命，怪不得别人了，我就好好地过我的日子吧！真的，庄子不是比我也好不了多少吗？学学庄子吧！"

内篇第七　应帝王

《应帝王》篇幅较短，主要有两个要点。首先是探讨什么叫作"应帝王"，一般的解释是说"应"就是应该，意思是应该做帝王，即可配称帝王。那什么叫作配称帝王呢？庄子并没有讲怎么样做才配称帝王。"应"也可以理解为感应、因应，能够因应外在的变化而无心，所以"因应无心"就是帝王之德。所以"应帝王"不是讲帝王的政治、统治方法，也不是儒家所讲的尧、舜、禹、汤、文、武的治道，而是在探讨怎样才配称为帝王，是在讲德性修养。这个倒也不一定是写给国君看的，只是表达庄子自己的一个政治理想，实际上还是在讲心。

原文

啮缺问于王倪，四问而四不知。啮缺因跃而大喜，行以告蒲衣子。蒲衣子曰："而乃今知之乎？有虞氏不及泰氏。有虞氏其犹藏仁以要人，亦得人矣，而未始出于非人。泰氏其卧徐徐，其觉于于。一以己为马，一以己为牛。其知情信，其德甚真，而未始入于非人。"

语译

有一次，啮缺向王倪请教，问了四个问题，王倪都回答说："不知。"啮缺高兴得雀跃起来，跑去告诉蒲衣子。蒲衣子却说："现在你应该知道了，有虞氏比不上泰氏。有虞氏仍然是怀抱着仁的道德去要求别人行仁，虽然他的怀仁也能得到人心，但他的做法依然超脱不了是己非人的境界。至于泰氏，他睡的时候气息安泰，他醒的时候无拘无束。有时他把自己当作马，有时他把自己当作牛。他的智慧信而有实，他的德行真而无伪，他从来也不会进入是己非人的境域。"

解义

"啮缺问于王倪，四问而四不知"，这里的"四问"究竟是哪四个问题，因为不是重点，所以庄子没有讲。啮缺没有得到回答，反而很高兴，把情况告诉了蒲衣子，蒲衣子回答说"有虞氏不及泰氏"。"有虞氏"就是尧，我们现在都说尧是最早的圣王，他却说尧还不如泰氏。为什么尧、舜、禹、汤这些圣王不如泰氏呢？因为"其犹藏仁以要人"。在儒家看来，尧、舜、禹、汤都讲求仁道，是把仁当作标准来评判和要求别人，所以"亦得人矣"，这种做法也算是讲人道，"而未始出于非人"，这一句话不好解释。历代对"非人"的注解有很多，但讲不清楚。我认为这个"非"是动词，有批评的意思，说明他还是拿一个仁的标准来要求别人，如果不这样做的话就不对，所以他们存有仁的观念，存了仁的观念就会有是非，把仁当作标准，以此来批评别人。

在尧之前的泰氏则不然，他根本不讲仁道这些东西，他睡觉睡得很安稳，醒了以后很逍遥，他不是拿仁作为标准，而是把自己看成马或者牛，就像庄子在梦中化作翩翩然的蝴蝶，是很快乐的。"其知情信"，他真正的知识是实实在在的，"其德甚真，而未始入于非人"，他不会进入人我两分的境地，不会总是拿仁的标准来做彼此的区分。

这一段话就是描述真正的帝王能做到因应无心，而不是树立一个做人的理想、仁义道德的标准，这就是帝王之德。用仁的标准来要求他人，要求别人怎样去做事，就会进入一个"非人"的状态。

原文

肩吾见狂接舆。狂接舆曰："日中始何以语女？"肩吾曰："告我：君人者，以己出经式义度，人孰敢不听而化诸？"狂接舆曰："是欺德也，其于治天下也，犹涉海凿河，而使蚊负山也。夫圣人之治也，治外乎？正而后行，确乎能其事者而已矣！且鸟高飞以避矰弋之害，鼹鼠深穴乎神丘之下以避熏凿之患，而曾二虫之无知！"

肩吾遇见狂接舆。狂接舆问："日中始教你些什么？"肩吾回答："他告诉我，做君主的人，如能根据自己的意志去建立规矩法度，一般人哪有不听信你的话，而受你感化的？"狂接舆说："这是一种骗人的道德啊。对于治天下，这种方法就像徒步过海、徒手开河，就像蚊子要扛起一座山一样是不可能的啊！试问，圣人的治道，是着重在外表的吗？圣人之治是要先端正自己才去实行，是能真真实实地顺着事物的自然状态去行的。至于鸟儿也知道高飞以避弓箭的祸害，鼹鼠也知道藏身于神社的地下以躲避猎人们的熏香和凿洞来逼它出穴的大患。你连这两个无知的小虫都不如啊！"

解义

这段话是从负面的角度来论圣人之治，一般的圣人都以尧、舜、禹、汤为理想，尤其儒家更标准化了，都是"以己出经式义度，人孰敢不听而化诸"。庄子认为这是"欺德"，是"治外"，即树立标准，强迫人信服，是治于外面的政治，而不是内心的感化。

原文

天根游于殷阳，至蓼水之上，适遭无名人而问焉，曰："请问为天下。"无名人曰："去，汝鄙人也，何问之不豫也？予方将与造物者为人，厌，则又乘夫莽眇之鸟，以出六极之外，而游无何有之乡，以处圹埌之野。汝又何帛以治天下感予之心为？"又复问。无名人曰："汝游心于淡，合气于漠，顺物自然而无容私焉，而天下治矣。"

语译

天根漫游于殷山之北，直到蓼水的上游，正好遇到无名人，便问：

"请问如何治天下？"无名人回答："走开吧！你这个俗人，为什么问得这么不合时宜？我正要去和造物主相游，当我倦累时，又将乘无限轻盈的飞鸟，超拔于六极之外，畅游于没有任何物障的乡村，而处身于广漠无垠的原野。你为什么拿治天下之类的俗事来扰乱我的清净之心？"天根再问，无名人又回答："你的心如能游于淡泊，你的气息如能入于虚漠，一切顺物自然，而无一毫私心，这样天下就自然而治了。"

解义

这段故事比前一段更进一步，说明真正的圣人，是不以治天下为理想，他是把自己提升上去，与天地合一，如："汝游心于淡，合气于漠，顺物自然而无容私焉，而天下治焉。"就是说开放自己，像天地一样无私，不以治天下为念，天下自然就治了。这里已点出了心的开放无私。

原文

阳子居见老聃，曰："有人于此，向疾强梁，物彻疏明，学道不倦。如是者，可比明王乎？"老聃曰："是于圣人也，胥易技系，劳形怵心者也。且也虎豹之文来田，猨狙之便执斄之狗来藉。如是者，可比明王乎？"阳子居蹴然曰："敢问明王之治？"老聃曰："明王之治，功盖天下而似不自己，化贷万物而民弗恃。有莫举名，使物自喜。立乎不测，而游于无有者也。"

语译

阳子居拜见老聃而问："这里有个人，敏捷刚强，见事透彻，学道不倦。他是否可称为一位明王？"老聃回答说："就圣人来说吧！像他那样为劳役的事务所牵绊，为技能所拖累，使他的形体劳苦，心神忧虑。这就同虎豹身上的文采反而招致人们的田猎，猿猴的身手敏捷，以及会抓狸的狗儿，也因它们的技巧反而被人们所拴住。所以像他这样的人能比之于明王吗？"阳子居惭愧地说："那么，请问什么是明王之治呢？"老聃回答："明王之治，他的功劳满天下，却好像不是他做的。他化育万物，而人民都感觉是出于自然而不是依靠他。他做任何事都不提他的名义，使万物自由自在各得其乐。他超然独立于神化不测的境地，而游心于虚无玄妙的境界。"

解义

据说阳子居就是杨朱，他问老聃：有个君主，"向疾强梁，物彻疏明，学道不倦。如是者，可比明王乎？"是指这个人反应快，有刚强魄力，看事物清楚，而且好学不倦，是否可称明王？老子回答说："是于圣人也。胥易技系，劳形怵心者也。"这是说比起圣人来，他只是为事务所累，为技术所缚，劳累他的形体，困苦他的心思，他就像虎豹因它们的文采好看，反而被猎；猴子和猎犬因它们身手快捷，反而被抓，这都是因为它们的有用反而被利用。所以真正的明王之治是："功盖天下而似不自己，化贷万物而民弗恃。有莫举名，使物自喜。"就是说，他虽治天下，而天下感觉不到是他的治理；他化育万物，而人民不知是他的功劳；他没有一个明王的名义，人民以为一切都是自己做的。这些话完全和《老子》的思想相同。

原文

郑有神巫曰季咸，知人之死生存亡，祸福寿夭，期以岁月旬日，若神。郑人见之，皆弃而走。列子见之而心醉，归，以告壶子，曰："始吾以夫子之道为至矣，则又有至焉者矣。"壶子曰："吾与汝既其文，未既其实，而固得道与？众雌而无雄，而又奚卵焉？而以道与世亢，必信，夫故使人得而相汝。尝试与来，以予示之。"

明日，列子与之见壶子。出而谓列子曰："嘻！子之先生死矣！弗活矣！不以旬数矣！吾见怪焉，见湿灰焉。"列子入，泣涕沾襟以告壶子。壶子曰："乡吾示之以地文，萌乎不震不正。是殆见吾杜德机也。尝又与来。"

明日，又与之见壶子。出而谓列子曰："幸矣！子之先生遇我也！有瘳矣，全然有生矣！吾见其杜权矣。"列子入，以告壶子。壶子曰："乡吾示之以天壤，名实不入，而机发于踵。是殆见吾善者机也。尝又与来。"

明日，又与之见壶子。出而谓列子曰："子之先生不齐，吾无得而相焉。试齐，且复相之。"列子入，以告壶子。壶子曰："乡吾示之以太冲莫胜。是殆见吾衡气机也。鲵桓之潘为渊，止水之潘为渊，流水之审为渊。渊有九名，此处三焉。尝又与来。"

明日，又与之见壶子。立未定，自失而走。壶子曰："追之！"列子追之不及。反，以报壶子曰："已灭矣，已失矣，吾弗及已。"壶子曰："乡吾示之以未始出吾宗。吾与之虚而委蛇，不知其谁何，因以为弟靡，因以为波流，故逃也。"

然后列子自以为未始学而归，三年不出。为其妻爨，食豕如食人，于事无与亲，雕琢复朴，块然独以其形立。纷而封哉，一以是终。

语译

郑国有一位神通的巫士名叫季咸，据说他能算出别人的死生存亡之期、祸福寿夭之事，而且能够指出哪年哪月哪天，好像神一样灵验。郑国的人们生怕被他说中，看到他就逃跑了。列子遇到他，醉心于他的神通，便回去告诉他的老师壶子说："开始的时候，我以为老师教我的道是最高的，可是现在我发现还有更高明的。"壶子回答说："我和你所求的道，还只是表象，尚未触及实质，你却以为自己得道了。就像都是雌的，没有雄的，又怎能生卵？现在你自以为有道，和别人相较，要别人相信你，这样别人便会抓住这一点，而能看你的相，知道你的心念了。这样吧，不妨请他来，让我给他看看。"

次日，列子带季咸来见壶子。季咸出来后告诉列子："啊！你的老师将死，没有活的可能了。大约只能活十几天吧！我看到的是很怪异的相，只见到一团湿透的死灰，一点儿生气都没有。"列子入内见壶子，涕泪横流地把季咸的话告诉了壶子，壶子说："刚才我给他看的是地的表象，萌生于一种毫无动态，也毫无有意端正的现象。恐怕他所看到的就是我封闭了一切生机之德的境界。你不妨再请他来吧！"

次日，列子又带季咸去见壶子。季咸出来后告诉列子说："运气好啊！你的老师遇到了我，他有救了。绝对有生机了。我看出他在封闭中有变化产生了。"列子入内，把这话告诉了壶子。壶子说："刚才我给他看的是一种有天机的土壤。这时外在的名相物体不能进入我心中，有一股气息从我的脚跟发动。恐怕他看到的乃是我纯然至善的生机。你不妨再请他来吧！"

次日，列子又带季咸来见壶子，季咸出来后告诉列子说："你的老师心念动静不定，我无法看他的相。等他心念定了后，我再来看他。"列子入内告诉壶子，壶子说："刚才我显示给他看的是一种没有一点儿优劣分别的太虚冲和之气，恐怕他见到我的就是这种绝对平衡的气机。鲸鱼盘旋的水深处叫作渊，静水积聚的水深处也叫渊。流水相聚的水深处同样也叫渊。渊有九种不同的名称。我显示给他看的就是这三种渊。你不妨再带他来吧！"

次日，列子又带季咸来见壶子。季咸还没有站定，就如有所失地跑了。壶子说："去追他回来。"列子去追却没追上，回来告诉壶子说："已看不到他了，他已不知去向了，我再赶也追不上他。"壶子说："刚才我给他看的是我始终未曾离开我的本真。我以本真的自虚与他周旋，使他不知道我们谁是谁。他的心念变化，我跟着他一起变化；他的心念波动，我也跟着他一起波动。所以他吓得逃走了。"

听了这话之后，列子自知之前未曾学到真的道，便回家去，三年闭门不出。他替妻子掌厨烧饭也不在乎，他饲养猪像侍奉人一样没有分别心。对于任何事情都没有偏爱的感觉，修养自己归于纯真素朴。像毫无情感意识的木块一样，只有形体蠢立在那里。在纷纭的事物中，禁闭一切心念的蠢动。此后一直以这样的方法终其天年。

解义

郑国有一个会巫术的人叫季咸，他能够知道别人的祸福，可以占卜出别人在一个月内或是几天内有生死之患，算得很准，像神仙一样灵验。结果郑国人看到他就逃走了，因为怕他算得太准了。可是列御寇见到他以后非常崇拜，就告诉自己的老师壶子，说这个人的道行似乎很高。壶子就告诉他说："我以前只是跟你讲算命的道理，还没有告诉你算命的心理。"壶子指出，巫师为什么算得准，是因为"而以道与世亢，必信"，意思是你自己主动去找他算命，说明你的心里有所求，因此他就算得准，如果你心里无所求的话，他就没有办法推算了。壶子让列子把季咸找来，想要当面会会他。

第二天，列子就带季咸去见壶子，季咸出来以后告诉他："很糟糕，你的老师快死了，大概超不出十天。我看到一种怪现象，你的老师就像一片湿灰，还不是死灰，死灰还会吹动。"列子听到这些话就伤心地哭了，结果壶子说："不是这样的，我刚才显示给他的是地文。""文"就是表现，是指地的表现，就是"萌乎不震不正"，"震"就是动，六十四卦里面震卦是动，不止是心有意停于一处，壶子的心境是不动不正的。壶子认为季咸也许看到了自己的"杜德机"，"杜"就是堵住，"德"就是"天地之大德曰生"的生机，这可能是壶子完全把心沉下来，心如止水，一点儿念头、波动、欲望都没有，所以季咸看不出生机来，认为他将要死了。壶子让列子再把季咸找来看看。

第二天季咸来看了壶子之后，出去对列子说："很幸运啊，你的老师碰到我，有救了！"因为季咸看到壶子的生机了，"吾见其杜权矣"，"权"就是变，是指堵塞中有变动。前面说壶子的生机堵塞了，现在他看到里面的气已经有变动了。列子将这番话告诉了老师，壶子就告诉他刚才给季咸看的是"天壤"，是天的气进入土地里面变成了土壤，由此土壤能够产生万物。也就是说，天机入于土中，生机就存在于土壤之中。前面是灰，现在是壤，壤就有湿气、有生机了。"名实不入"，刚才给季咸展示的状态还是外面的名相，并没有进入我心，内心不会受到外面的影响，但是内里的"机发于踵"，生机从脚跟开始运作。名实不能使心动，但是气机在脚跟上却动了，季咸就可能看到了"善者机也"。

为什么说"善者机"？这个我是拿《易经·系辞传》来注解的。《易经》说"一阴一阳之谓道，继之者善也"，阴阳中和之后就有"善"，这个"善"就是生生，所以"善者机"就是"生者机"。因为前面的土是雌、是阴，缺乏阳，而"天壤"正是天的阳气进入了土壤而产生的阴阳相和，而生机自现。这是第二次看到的现象。于是壶子又让列子再找季咸来看第三次。

第二天季咸看完之后，就说列子的老师"不齐"，"齐"就是斋戒，认为壶子的心不诚、不纯，说让壶子斋戒几天，他再来看。列子又把季咸的话告诉了他的老师，壶子说："我刚才让他看的是'太冲莫胜'。"道教的注解直接把"冲"讲成虚、太虚，但是我不想直接这么解释，因为那是取自老子的"冲气以为和"（《老子》第四十二章）。其实"冲"就是用水冲茶，"太冲"就是太虚之气在那里冲击。"莫胜"是说他还不能辨别出阴阳之气哪一个好。这也就是说，壶子给季咸看的是阴阳冲击的状态，无法分辨出阴阳双方。壶子以为，恐怕他看到我的"衡气机"，"衡"是平衡，就是机、气在那里一直动，没有偏于一面，所以他看不出阴气和阳气之分。接着壶子还用一个比喻，他说就像大水泽，有的水可以养大鱼，有的是"止水"，有的是"流水"。"止水"就是指前面的湿灰，"流水"则指的是天壤，"鲵桓之潘"就是指大鱼在里面又动又停的，这是第三层"衡气机"。

过了两天季咸又来看壶子了，结果还没站定就跑掉了，因为他害怕了。这个算命术士知道有更高明的人，于是落荒而逃。壶子就和列子说："我刚才给他看的东西'未始出吾宗'。""未始"是未曾，这个"宗"可以解释为"以天为宗"，理解为真我、自性也可以。"吾与之虚而委蛇"，是说刚才并没有表现出真我，而是顺着他，"不知其谁何"，让他不知道，也搞不清楚谁是谁。所以"因以为弟靡，因以为波流，故逃也"，"因"就是顺，"弟靡"是退，"波流"是进，一退一进都跟着他，让他看到的"我"不是我，而是他自己，这样就把他吓跑了。壶子的第四层境界就是使自己和对方打成一片。这个季咸要看壶子的"我"，却看到了自己，所以吓跑了。

列子听完之后，才意识到自己的老师有多么伟大，才发现以前跟老师只是学到了皮毛，还没有学到真正的功夫。于是他回去以后三年不出门，为妻子烧火做饭，养猪像养人一样没有分别心。"于事无与亲"，对任何事情都没有亲疏的观念；"雕琢复朴"，把所有的外在雕琢都丢掉，恢复到原有的质朴；"块然独以其形立"，自身像木块一样，"纷而封哉"，面对外面纷纭复杂的事情，自己的心却封闭不动，"一以是终"，一辈子以此为最高理想。

这里要注意的是，列子所做的并不是最高的境界，他听了壶子这一番话以后，就修炼变成一个没有感情的人了。"一以是终"是庄子的批评而不是称赞，因为列子在庄子的书中御风而行，十五日而返，并不是最高的境界。就庄子来讲，真正的功夫还是由忘到化，要入化境，不能真的变成木块。

原文

无为名尸，无为谋府；无为事任，无为知主。体尽无穷，而游无朕；尽其所受乎天，而无见得，亦虚而已。至人之用心若镜，不将不迎，应而不藏，故能胜物而不伤。

语译

不要做虚名的傀儡，不要做谋略的大本营，不要被俗事加重自己的负担，不要被聪明才智所主使。自己的形体能化入于无穷，而心念畅游于无物拘束的世界。完全接受天之所禀所赋，而没有一点儿得失之心，这就是一个"虚"字。至人运用他的心就像一面镜子一样，对万物不有意去送或迎，因应万物的变化，而心中毫无私心私意。这样才能超越万物，而与万物两不相伤。

解义

接下来是本篇的结论，"无为名尸"，是说不要做名的"尸"。古代祭祀的时候会让一个小孩子坐在祭坛上面，代表死去的人接受跪拜，所以这个"尸"不是尸体，而是指坐在祭坛上面的那个小孩，也就是傀儡。"无为名尸"，即不要做名的傀儡。"无为谋府"是指不要成为一切计算、权谋的府库，即司令部。"无为事任"，即不要把任何事情都揽在自己身上，自以为很了不起，现在的很多政治人物就是如此，自以为担当了天下的大任。"无为知主"，即不要做智谋的主宰，整天用知和人相争。去除了这四种东西的限制，我们的身体才能和宇宙的无穷打成一片，逍遥而游，没有任何障碍；无所执着，才能够尽情享受上天赋予我们的一切，而没有什么成败得失的考虑。这才是庄子讲的真正的"虚"，这个"虚"就是因应无心，这才是真正的帝王之德。所以"至人之用心若镜"，他的心思像镜子一样，镜子就摆在那里，"不将不迎"，既不迁就也不欢迎，物来了就照，物去了以后也不留痕迹；"应而不藏"，他可以应合万物而不隐藏。这样才能"胜物而不伤"，"胜物"是超脱于物而不是打败万物，由此才能不为物所誉，也不为物所害。

原文

南海之帝为儵，北海之帝为忽，中央之帝为浑沌。儵与忽时相与遇于浑沌之地，浑沌待之甚善。儵与忽谋报浑沌之德，曰："人皆有七窍以视听食息，此独无有，尝试凿之。"日凿一窍，七日而浑沌死。

语译

南海的帝王名叫儵，北海的帝王名叫忽，中央大地的帝王名叫浑沌。儵与忽经常在浑沌的土地上碰面，浑沌待他们很好。儵与忽为了报答浑沌相待的恩德，便说："人都有七窍可以看、听、吃和呼吸，浑沌却没有。我们不妨替他开凿七窍。"于是他们每天替浑沌凿开一窍，等到七日后，七窍开而浑沌却死了。

解义

最后一段的故事经常被引用，讲的是北海、南海两帝为了报答中央之帝——浑沌，每天帮他凿开一个孔窍，开了七窍以后，浑沌就死掉了。人有七窍，七窍各有追求，结果把真正的精神流失了，最后浑沌就死了。但我们是人，又不能把七窍丢掉，所以我们只能用修养功夫使它们虚。有了七窍以后，关键问题在于如何对付七窍。

佛教有寂灭的方法：五蕴皆空，七窍皆空；儒家有修养的方法：眼思明，耳思聪，貌思恭，这是用道德来训练我们的七窍，使它们守礼。佛教和儒家都提出了对付七窍的方法，儒家是正面的发挥，佛家是负面的破灭，我认为道家应该是正负两方面都可以参用的。就负面来讲，当然是不要执着于七窍，不要顺从七窍的欲望；正面就是把七窍视作自然，不要让七窍伤到了心。

前面我们讲过庄子和惠施二人讨论"无情"，庄子说无情就是不要让外在的情欲伤害我们的身体，但我们无法避免不使用七窍，所以在用的时候注意不要上瘾，不要过火，眼睛还是看，耳朵还是听，但不要执着于物欲，"以其心得其常心"。有七窍也就是有心的作用，透过这些作用要能"得其常心"，也就是要得到能够支配七窍的真心，如果我们能够得到真心、得到真我的话，那七窍就会像镜子一样映射出外面的东西，但是外在之物不会来伤害我们的心。我们要用七窍来应付，但是要用无心来因应，这就是"应帝王"的中心主旨。

附

录

外篇·秋水：用文学技巧表达哲学思想的杰作

《秋水》篇常被选入大学的语文课本中，因为这一篇文采很好，文学价值很高。有人说《秋水》是《逍遥游》《齐物论》的一个衍生，因为这一篇对前面的思想有进一步发展。

原文

秋水时至，百川灌河；泾流之大，两涘渚崖之间不辩牛马。于是焉河伯欣然自喜，以天下之美为尽在己。顺流而东行，至于北海，东面而视，不见水端。于是焉河伯始旋其面目，望洋向若而叹曰："野语有之曰：'闻道百，以为莫己若者。'我之谓也。且夫我尝闻少仲尼之闻而轻伯夷之义者，始吾弗信；今我睹子之难穷也，吾非至于子之门，则殆矣，吾长见笑于大方之家。"

北海若曰："井蛙不可以语于海者，拘于虚也；夏虫不可以语于冰者，笃于时也；曲士不可以语于道者，束于教也。今尔出于崖涘，观于大海，乃知尔丑，尔将可与语大理矣。天下之水，莫大于海。万川归之，不知何时止而不盈；尾闾泄之，不知何时已而不虚；春秋不变，水旱不知。此其过江河之流，不可为量数。而吾未尝以此自多者，自以比形于天地而受气于阴阳，吾在天地之间，犹小石小木之在大山也。方存乎见少，又奚以自多！计四海之在天地之间也，不似礨空之在大泽乎？计中国之在海内，不似稊米之在大仓乎？号物之数谓之万，人处一焉；人卒九州，谷食之所生，舟车之所通，人处一焉。此其比万物也，不似毫末之在于马体乎？五帝之所连，三王之所争，仁人之所忧，任士之所劳，尽此矣！伯夷辞之以为名，仲尼语之以为博。此其自多也，不似尔向之自多于水乎？"

解义

本篇一开始就是一个寓言，描写秋天的水暴涨了，这些水遮掩了两岸的河堤，秋水的水神河伯就认为自己很了不起，觉得自己的水很伟大，河两边的土地都被冲击了，"以天下之美为尽在己"。这其实是在描写普通人的心理，总是认为自己很了不起。秋水一路流到东海，等看到了无涯的大海，才感觉到自己的渺小，于是就有了下面的几次对话，至少有四段主要的对话。

第一段对话中，河伯"望洋向若"，"向若"就是海神，他对着海神感叹说："野语有之曰：'闻道百，以为莫己若者。'我之谓也。"是说，自己只听了一点儿道就自以为了不起。"少仲尼之闻"，"少"就是看轻，认为孔子的见闻也算不了什么，"轻伯夷之义"，也看轻伯夷的义行。他以前不相信这些说法，现在相信了。然后北海若做出了回应，说"井蛙不可以语于海者"，没有办法和水井里面的青蛙谈论海洋，因为它们一辈子在井中，"拘于虚也"，即受到空间的局限；"夏虫不可以语于冰者"，没有办法和夏天的虫儿谈论冬天的冰，因为它们活不过秋天就死掉了，"笃于时也"，就是受制于时间。"曲士不可以语于道者"，"曲士"就是一曲之士，没有办法和他们谈论大道，因为"束于教也"，就是他们所受教育的影响。今天的学者都是研究某一领域，研究儒家的人认为儒家最伟大，研究道家的人认为道家最高明，研究佛家的人认为佛家最究竟，都是一面之词，没有办法谈论大道。人的格局和眼界太小，庄子的思想就是要超越时空限制来看待宇宙全体。各门各派的学者其实也不足以论大道，互相"是其所非，而非其所是"。就像河伯从自己的小水出来，看到大海才知道自己的渺小。有这种认识，才可以讲大道。人在整个宇宙里面只是一个很小很小的部分，就像马身上的一根毫毛。"五帝之所连，三王之所争，仁人之所忧，任士之所劳"，这些人和他们所讲的东西在宇宙里面就像一根毫毛，只是他们自以为了不起。

这一大段对话就是在讲，我们现在都是以小为大，而不知道真正的大，都是局限在一方面，就自以为了不起；或者以人为本位，认为人是天地之秀，万物之灵。这不也和河伯一开始自以为水势了不起一样吗？

原文

河伯曰："然则吾大天地而小毫末，可乎？"北海若曰："否。夫物，量无穷，时无止，分无常，终始无故。是故大知观于远近，故小而不寡，大而不多，知量无穷；证向今故，故遥而不闷，掇而不跂，知时无止；察乎盈虚，故得而不喜，失而不忧，知分之无常也；明乎坦涂，故生而不说，死而不祸，知终始之不可故也。计人之所知，不若其所不知；其生之时，不若未生之时；以其至小求穷其至大之域，是故迷乱而不能自得也。由此观之，又何以知毫末之足以定至细之倪！又何以知天地之足以穷至大之域！"

解义

第二段对话中河伯说："然则吾大天地而小毫末，可乎？"现在知道了说小不好，那么是否可以推崇天地的伟大而看轻毫毛，看轻人世间，认为这些都是小的，轻视它们呢？北海若说，不可以！什么叫小？什么叫大？"夫物，量无穷，时无止"，宇宙万物的数量是无穷的，时间也是无始无终的；"分无常"，"分"就是部分，每一个东西在宇宙万物中都占据一部分，它所在的这一部分是变化无常的；"终始无故"，"终始"就是讲生死，"故"就是原因，是说生死没有源头，因为生死是个连环，没有固定，不是单方面的原因。所以真正的大知是能看到远也能看到近，不会只重远处而轻视近处的事物，所以"小而不寡，大而不多"，打破小大的分别。小的，不要轻视；大的，也不要自认为了不起。因为"知量无穷""证向今故"，"知量无穷"是指知的数量是无穷的，"证向"就是证明，证明今有今的存在，古有古的存在，今也好、古也好，要把这些都打通，不要是古而非今，也不要强调今而轻视古。所以虽然远，但是心里不因为远而不快乐，"掇而不跂"，"掇"就是近，"跂"就是求，指近我们就可以随便携拿，但是也不因远就去拼命追求。"知时无止""察乎盈虚"，是指时间是无穷的，宇宙万物充满了变化、盈虚，所以得到了也不快乐，失掉了也不忧愁，"知分之无常也"，知道我们在宇宙间所占据的这一部分是无常的，不是永恒的。了解宇宙的大道坦途，生也不是了不起，死也不要悲哀，"知终始之不可故也"，"不可故"就是不可以固定，不能认为这是永久的，而是始终处于变化之中的。

计算一下就会知道，我们所知的东西都是有限的，"不若其所不知"，知道的还不如我们所不知道的东西。"其生之时"最多几十年，"不若未生之时"，未生之时是无限的，死了之后更是无限的。去计算他有生之年活了多久，也就是几十年，但是死了以后时间是无穷的。比如孔子的有生之年只是七十二岁，但是我们今天算起来孔子活了两千多年，所以说"其生之时，不若未生之时"。我们现在如果以至小的人之生命来"求穷其至大之域"，就会产生迷惑。我们不能拿现有的生之年来看待宇宙，因为我们根本分不清小大。

我们"何以知毫末之足以定至细之倪？又何以知天地之足以穷至大之域"？我们如何知道毫末是最小的，又何以知道天地是至大的，这就是说，要打破我们所认为的小大的区别。前一段对话是说，不要自以为大而不知天地之大，这段话是说不要限定于自己所认为的大小之分。

原文

河伯曰："世之议者皆曰：'至精无形，至大不可围。'是信情乎？"北海若曰："夫自细视大者不尽，自大视细者不明。夫精，小之微也；垺，大之殷也。故异便。此势之有也。夫精粗者，期于有形者也；无形者，数之所不能分也；不可围者，数之所不能穷也。可以言论者，物之粗也；可以意致者，物之精也；言之所不能论，意之所不能察致者，不期精粗焉。是故大人之行：不出乎害人，不多仁恩；动不为利，不贱门隶；货财弗争，不多辞让；事焉不借人，不多食乎力，不贱贪污；行殊乎俗，不多辟异；为在从众，不贱佞谄；世之爵禄不足以为劝，戮耻不足以为辱；知是非之不可为分，细大之不可为倪。闻曰：'道人不闻，至德不得，大人无己。'约分之至也。"

解义

第三段对话中河伯又问："世俗中的人总说：'至精无形，至大不可围。'精细到没有形体了就是最精细了，大到外面再没有东西了就叫至大，这是真实的情况吗？"北海若回答"夫自细视大者不尽，自大视细者不明"，是指从小的角度来看大的东西是看不全的，从大的角度来看小的细节也是看不清楚的。"精"是"小之微"，小之又小，是最为精微的；"垺"是"大之殷也"，就是宇宙空间了，无边无际的空间是最大的。但这些都是"故异便"，大小都是不同的立场，各有各的方便。

我们今天讲精粗，就是拿有形之物来讲，无形之物不能被任何大小的数字限定。"不可围者，数之所不能穷也"，没有范围的东西，数字是不能够限定的。所以凡是可以言论者，都是物之粗；只有可以意致者，可以用心意传达的，言语不能谈论的，才是物之精。"意之所不能察致者"，就超出了精粗的讨论范围。

所以北海若接着说"故大人之行：不出乎害人，不多仁恩"，是指大人没有害人之心，也不赞美仁恩，"天地不仁，以万物为刍狗"（《老子》第五章）。"动不为利"，不要因为利害的观念而动，"不贱门隶"，也不看轻替人家做奴工的人；"货财弗争"，不争货财；"不多辞让"，也不赞美辞让等礼节；"事焉不借人"，任何事情不要依靠别人；"不多食乎力"，"食"是吃，这里用作重视和强调，就是不赞同只以权力解决问题；"不贱贪污"，"不贱"就是不要看轻，"贪污"在这里不是犯法的贪污，而是世俗人的贪心，是说不要因为世俗中人的有所贪而自以为清高去看轻别人，"污"就是脏的地方，也不要去轻视。我们知道老子讲"上善若水"，水流向最低、最脏的地方。"不贱贪污"就是说，不要看轻别人，不要老是说别人贪、别人污。

"行殊乎俗"，我们的行为虽然跟世俗不同，不与世俗同流合污，但是"不多辟异"，不要动辄称赞自己标新立异。"为在从众"，虽然我们的行为随波逐流，看上去跟世俗一致，但是"不贱佞谄"，也不要看轻别人，认为别人都说话阿谀，每个人都有自己的不得已之处。"世之爵禄不足以为劝"，世俗的爵禄不能够激励自己；"戮耻不足以为辱"，外在的批评和嘲笑也不足以让自己感到耻辱。这样的人"知是非之不可为分"，即是非不能作为分别的标准，不要老是以此去批评别人，彼此的观念是不同的；"细大之不可为倪"，小和大不可以作为一种区分。所以说"道人不闻"，得道之人不追求闻达于世，"至德不得"，品德高尚的人不会计较得失；"大人无己"，即以前讲的"至人无己"。"约分之至也"，"约"就是约束，"分"就是自己拥有的天分，约束自己而不要超过自己的分际。

前面我们说不要以自己的小大来区分形体，也不要执着于自己以为的是非，所以这一段话是从形的大小推导到道德是非观念上，不要自以为高贵去贬低别人，以为别人都是低贱的。

原文

河伯曰："若物之外，若物之内，恶至而倪贵贱？恶至而倪小大？"北海若曰："以道观之，物无贵贱；以物观之，自贵而相贱；以俗观之，贵贱不在己。以差观之，因其所大而大之，则万物莫不大；因其所小而小之，则万物莫不小。知天地之为稊米也，知毫末之为丘山也，则差数睹矣。以功观之，因其所有而有之，则万物莫不有；因其所无而无之，则万物莫不无。知东西之相反而不可以相无，则功分定矣。以趣观之，因其所然而然之，则万物莫不然；因其所非而非之，则万物莫不非。知尧、桀之自然而相非，则趣操睹矣。昔者尧、舜让而帝，之、哙让而绝；汤、武争而王，白公争而灭。由此观之，争让之礼，尧、桀之行，贵贱有时，未可以为常也。梁丽可以冲城而不可以窒穴，言殊器也；骐骥骅骝一日而驰千里，捕鼠不如狸狌，言殊技也；鸱鸺夜撮蚤，察毫末，昼出瞋目而不见丘山，言殊性也。故曰：盖师是而无非，师治而无乱乎？是未明天地之理，万物之情者也。是犹师天而无地，师阴而无阳，其不可行明矣！然且语而不舍，非愚则诬也！帝王殊禅，三代殊继。差其时，逆其俗者，谓之篡夫；当其时，顺其俗者，谓之义之徒。默默乎河伯，女恶知贵贱之门，小大之家！"

解义

第四段对话中河伯提问说：如何对待万物？以什么标准来区分哪一

个好，哪一个坏？刚才在讲取消分别，但万物究竟有没有标准？贵贱小大的标准是什么？北海若的回答是"以道观之，物无贵贱"，以道来观的话，没有贵贱、好坏、是非、生死的分别；"以物观之，自贵而相贱"，以物来观的话，就有贵己而贱物的差别了；"以俗观之，贵贱不在己"，以世俗来观的话，贵贱不由己，而是根据别人的评判而区分的。别人认为贵的我们认为贵，别人认为贱的我们也认为贱，都是根据别人的观点来评论，这是世俗的看法。"以差观之，因其所大而大之，则万物莫不大；因其所小而小之，则万物莫不小。"从万物之间的差别着眼，我们说它大它就大，说它小它就小。"知天地之为稊米也，知毫末之为丘山也"，天地就像一粒米一样，因为天地之外还有无穷的宇宙；毫末虽然小，但比起更小的东西来说，毫末也就是丘山了，这就是以差别来观。"以功观之"，"功"就是功效，即从结果来看，"因其所有而有之"，我们说有就有，说没有就没有。我们说这个人建功于万世，他就是伟人，但他死了以后什么都没有了，秦皇、汉武今何在？我们也就感叹他们的不能长存。所以这种有无取决于世俗的标准，关键是看我们怎么去评判了。世俗观念认为人是有贵贱之分的，大家赞美贵而不喜贱，我们个人就去迎合这种评价，这就是老子讲的"宠辱有惊"，其实宠辱是外在的。从功来讲，东西是相反的而不可以相无。"以趣观之"，"趣"就是我们追求的目的、趣向，"因其所然而然之"，是指我们认为对的就没有不对了，认为不对的就没有对的了，这是以我们个人的喜好来评论。所以尧与桀"自然而相非"，有的人说尧是对的，有的人说桀是对的。以此来看的话，古代尧、舜禅让而称帝，并被称为圣王；燕王哙让位给宰相子之，结果国家灭亡了。所以说禅让并没有好坏的标准，革命也是一样，成者为王，败者为寇，并没有规定的评判标准。

由此看来，"争让之礼，尧、桀之行，贵贱有时"，"时"是指因时间而有不同，"未可以为常"，没有一个常理，就像大的木头打仗时可以用来攻城，但是不能用于堵塞小洞，因为器不同。"骐骥骅骝"，都是良马，一日可以行千里，但如果让它抓老鼠还不如狐狸，这是说才不同。大材不能小用，牛刀不能杀鸡。"鸱鸺"是猫头鹰，它们晚上眼明，可以抓跳蚤，可是白天连大山都看不出来，这是性能不同。所以说"师是而无非"，我们如果真的认为此为是的话，它就没有非；"师治而无乱"，我们真的认为这是治的话，它就没有乱，每个事物都有不同的标准。"师是"是说，你以这个为是，只谈论是，认为没有非，这里就是要打破这种看法。有是就有非，是非是一定相生的，没有永远的是。"师是而无非"，强调是而否定非，"师治而无乱"，强调如何治理好，而忽略了非和乱。这种标准是有问题的。

"是未明天地之理，万物之情者也"，所以不了解天地之理是所谓是非相生、治乱相成的，没有永远的是，也没有永远的治，这是万物的常情。如果偏重于一面，只以一个标准来评判的话，就会"师天而无地，师阴而无阳"。即只重天而忽略了地，只重阴而忽略了阳。这是不行的，就成了"语而不舍，非愚则诬也"，不知变通，便是愚妄之人。"帝王殊禅"，古代帝王的禅让是不同的，尧、舜传给贤人、圣人，"三代殊继"，到了夏商周时期则传位给儿女、兄弟，夏代是传给儿子，商代则是兄终弟继，没有弟弟才传给儿子。所以每个朝代的继位都不同，没有一定的标准。"差其时，逆其俗者，谓之篡夫"，如果时间不对，不合规矩，这就是篡位，所以要"当其时，顺其俗"，这样才是有义之人。

北海若对河伯说："默默乎河伯，女恶知贵贱之门，小大之家！"意思是，河伯啊，你不要说了，你还是局限于世俗的是非之见，怎么会知道贵贱之门、小大之家呢？

原文

河伯曰："然则我何为乎？何不为乎？吾辞受趣舍，吾终奈何？"
北海若曰："以道观之，何贵何贱，是谓反衍；无拘而志，与道大蹇。何
少何多，是谓谢施；无一而行，与道参差。严严乎若国之有君，其无私
德；繇繇乎若祭之有社，其无私福；泛泛乎若四方之无穷，其无所畛域。
兼怀万物，其孰承翼？是谓无方。万物一齐，孰短孰长？道无终始，物
有死生，不恃其成。一虚一满，不位乎其形。年不可举，时不可止；消
息盈虚，终则有始。是所以语大义之方，论万物之理也。物之生也，若
骤若驰，无动而不变，无时而不移。何为乎，何不为乎？夫固将自化。"

解义

河伯仍然问："这样，我怎么知道什么该做，什么不该做呢？"北
海若说"以道观之，何贵何贱"，这是第二次讲了，以道来说，是没有
贵贱的。"是谓反衍"，"反"就是反复，"衍"就是衍变，意指贵贱是
没有标准的，只有反复的变化。"无拘而志"，不要拿贵贱来拘束你的
志向、志趣，"与道大蹇"，这样就与道相反了。什么少，什么多，什
么好，什么坏，"是谓谢施"，"谢"就是凋谢，"施"就是作用，意思
是说，生死就是代谢作用，所以不要看轻死而重视生。

"无一而行，与道参差"，这个"一"是一定，是说不要执着于一
个标准而行，这样你才能跟道保持一致。所以你要严肃得像国家的君
主，没有私人的看法，是以人民的立场来看待事物，就像老子说的："圣
人无常心，以百姓心为心。"（《老子》第四十九章）"繇繇乎若祭之有
社"，祭祀天地，有社之礼，"其无私福"，祭天时要祈祷国泰民安，为
众人祈福，不要有个人的私福。"泛泛乎若四方之无穷"，没有区别和
畛域，"兼怀万物"，你的胸襟要能够包容万物；"其孰承翼"，"承"就
是继承，"翼"就是翅膀支撑，意思是哪里有特定的支持？宇宙万物融

为一体就叫作"无方","无方"就是不偏于一面和一方，这才是万物一齐，是真正使万物合为一体的道理。"道无终始"，道没有所谓的终与始，也没有所谓的生和灭。"物有死生"，万物有死生而道没有死生。如果和物相比的话，肉体的生命就有死生，所以不要强调自己的功。万物"一虚一满"，不要"位乎其形"，执着于自己的形体。"年不可举"，不要强调我们可以活多久，追求长生不老；"时不可止"，了解时间是永远在发展中而不能停止的；"消息盈虚，终则有始"，这样才是"大义之方"。"物之生也"，物的生命是有限的，"若骤若驰"，所有时间都处于变动之中，所以什么是为，什么是不为，不要去想这些，"夫固将自化"，因顺万物自己的变化即可。

原文

河伯曰："然则何贵于道邪？"北海若曰："知道者必达于理，达于理者必明于权，明于权者不以物害己。至德者，火弗能热，水弗能溺，寒暑弗能害，禽兽弗能贼。非谓其薄也，言察乎安危，宁于祸福，谨于去就，莫之能害也。故曰：'天在内，人在外，德在乎天。'知天人之行，本乎天，位乎得，蹢躅而屈伸，反要而语极。"

曰："何谓天？何谓人？"北海若曰："牛马四足，是谓天；落马首，穿牛鼻，是谓人。故曰：'无以人灭天，无以故灭命，无以得殉名。谨守而勿失，是谓反其真。'"

解义

河伯觉得既然什么都没有分别，那还用道做什么？北海若没有直接回答这个"道"，而说："知道者必达于理，达于理者必明于权，明于权者不以物害己。"因为"道"无形无象，无法言说，所以北海若把它落实到"理"上来谈，而这个"理"仍有它的准则，运用起来就要靠"权","权"是权变。权变也有它的运用准则，就是"不以物害己"。道的运用就是帮我们不因外物的变化而伤害自己。这里就出现了两个概念：一是道，一是物。道是天，物是人，北海若接着说："故曰：'天在内，人在外，德在乎天。'知天人之行，本乎天，位乎得。"就是说，这个道是天，是自然，是内在于己，而这个物，是人，是人欲、人为，是外在的。我们的德是通乎理、达于天，是使我们自然有所得的。

最后河伯又发问了，讲了半天人的生死、天的自然，现在他要问：什么是天？什么是人？北海若回答说："牛马四足，是谓天。"牛和马都有四只脚，这是天，也是自然。现在"落马首，穿牛鼻"，就是给马头装上一个东西，给牛鼻子穿上绳索，这就叫作人。所以他说"无以人灭天"，不要以人为的观念灭掉天道的自然，"无以故灭命"，"故"，人事也，"命"，天理也，不要用人的想法来灭掉天道自然之理；"无以得殉名"，不要为贪求有得而破坏了真正的本性，不为虚名而死。"谨守而勿失，是谓反其真"，这才是回到了"真"，"真"也就是天道的自然。

这一篇文章属于外篇，外篇是内篇的延伸和发展。一般说，这一篇实际上就是推衍了《齐物论》的思想。《齐物论》就像是我们爬山，从小知、大知、生死各种观念出发，最后到达"天地与我并生，万物与我为一"的最高境界。《秋水》则从不同的现象出发，先讲不要对观念有所执着，然后说明所有的执着都是片面之见，都是拘于时空、拘于一偏的后果，最后说要打破这些看法，回到天道自然。

庄子哲学就是想办法破除小，从而进入大的境界，大小是相对的。所以庄子说，以差别来观、以功用来观、以趣向目的来观，这些都是现象界的差别，只有以道来观，才没有贵贱，没有大小。

在讲完了相对的观念之后，庄子讲了几个故事。

原文

夔怜蚿，蚿怜蛇，蛇怜风，风怜目，目怜心。夔谓蚿曰："吾以一足踸踔而行，予无如矣。今子之使万足，独奈何？"蚿曰："不然。子不见夫唾者乎？喷则大者如珠，小者如雾，杂而下者不可胜数也。今予动吾天机，而不知其所以然。"

蚿谓蛇曰："吾以众足行，而不及子之无足，何也？"蛇曰："夫天机之所动，何可易邪？吾安用足哉！"

蛇谓风曰："予动吾脊胁而行，则有似也。今子蓬蓬然起于北海，蓬蓬然入于南海，而似无有，何也？"风曰："然，予蓬蓬然起于北海而入于南海也，然而指我则胜我，鰌我亦胜我。虽然，夫折大木，蜚大屋者，唯我能也，故以众小不胜为大胜也。为大胜者，唯圣人能之。"

解义

第一个故事讲"夔怜蚿，蚿怜蛇，蛇怜风"，这个"怜"就是怜爱，"夔"是一只脚的动物，它自己跳起来不方便，于是就喜欢多脚的蚿，因为脚多了走路就快；但是多脚的蚿喜欢蛇，因为它还要用脚，而蛇根本不用脚；蛇却说风更好，蛇还有一个身体，风根本连身体都没有；而风喜欢眼睛；眼睛喜欢心。

夔问蚿说：我是用一只脚不停地跳动，你是如何同时操纵上万只脚的呢？蚿回答说：就像打喷嚏一样，一个喷嚏喷射出的水量很多，却是自然的，并没有事先限定。我一动，上万只脚都动了，不知其所以然，这是天机之动。

蚿跟蛇说：我所有的脚都动，却还不如你，你连脚都不用。蛇说：虽然我只是通过扭动脊椎骨来行走，但还是像有脚一样。而风"蓬蓬然起于北海，蓬蓬然入于南海"，风一吹过，从根本上是无，没有脚也没有形体。

风却说：我虽然有这个功夫，但是我赢不过手指，因为手指可以指我，戳我。不过我的风可以折断大木，可以把整个房子都吹倒。但我还只是小胜，不是大胜，真正能大胜的，只有圣人了。

《庄子》只写到这里，没有讲目和心。有的学者认为他讲到这里就够了，目跟心都是人身上的，所以他就省略了。但是有的学者认为，这怎么可以省略呢？前面明明说了"风怜目，目怜心"，为什么没有讲呢？

这可能是有漏文，也许我们可以把它补上去。为什么风爱目呢？因为风还是有所待的，风待于气，就像列子御风，十五日而返，所以风要依靠气的变化；而眼睛无处待，一睁眼就可以看了。那么眼睛为什么喜欢心呢？因为眼睛要待神、意识，而心就是神。那么这个故事就是在描写心神之大，无所待之大。

原文

孔子游于匡，宋人围之数匝，而弦歌不辍。子路入见，曰："何夫子之娱也？"孔子曰："来，吾语女。我讳穷久矣，而不免，命也；求通久矣，而不得，时也。当尧、舜而天下无穷人，非知得也；当桀、纣而天下无通人，非知失也：时势适然。夫水行不避蛟龙者，渔父之勇也；陆行不避兕虎者，猎夫之勇也；白刃交于前，视死若生者，烈士之勇也；知穷之有命，知通之有时，临大难而不惧者，圣人之勇也。由，处矣！吾命有所制矣！"无几何，将甲者进，辞曰："以为阳虎也，故围之。今非也，请辞而退。"

解义

这里讲的是孔子在匡地被误认为是阳虎的故事。当时孔子被宋人团团围住，他还在那里弹琴，子路就不高兴了，问道："君子亦有穷乎？"孔子回答说："君子固穷，小人穷斯滥矣。"这是《论语·卫灵公》

里的故事，庄子也拿这个故事来讲道理。他借孔子之口说："我讳穷久矣。""穷"有两种含义：一种是没有钱，一种是不通达。"讳"就是逃避，意思是，我想逃避穷，但还是穷，"命也"，这就是命；我想求得通达，但是一辈子也得不到，"时也"。一个命，一个时，都是没有办法去改变的。尧、舜在位的时候天下太平，没有一个穷人，并不是说每一个人都知道"得"，而是因为尧、舜治理得好；桀、纣的时代"天下无通人"，因为大家都遭殃了，但这也不是他们都知"失"；"时势适然"，人其实是在宇宙的变化里面的，只是他不知道，穷也好，通也好，是命也，是时也。

接下去讲到"勇"，"夫水行不避蛟龙者，渔父之勇也"，在水里行走不避蛟龙，这是渔夫之勇；"陆行不避兕虎者，猎夫之勇也"，在陆上行走不躲避野牛和老虎，这是猎人之勇；"白刃交于前，视死若生者，烈士之勇也"，把刀放在面前而能视死如归，这是烈士之勇；能够"知穷之有命，知通之有时，临大难而不惧者"，这是"圣人之勇也"。可以看出，这一段话在讲知天命，"大勇"能知天命之大，遇到任何的穷达祸福都不在乎了。

原文

公孙龙问于魏牟曰："龙少学先王之道，长而明仁义之行；合同异，离坚白；然不然，可不可；困百家之知，穷众口之辩：吾自以为至达已。今吾闻庄子之言，茫然异之。不知论之不及与？知之弗若与？今吾无所开吾喙，敢问其方。"

公子牟隐机大息，仰天而笑曰："子独不闻夫埳井之蛙乎？谓东海之鳖曰：'吾乐与！出跳梁乎井干之上，入休乎缺甃之崖。赴水则接腋持颐，蹶泥则没足灭跗。还虷蟹与科斗，莫吾能若也。且夫擅一壑之水，而跨跱埳井之乐，此亦至矣。夫子奚不时来入观乎？'东海之鳖左足未入，而右膝已絷矣。于是逡巡而却，告之海曰：'夫千里之远，不足以举其大；千仞之高，不足以极其深。禹之时，十年九潦，而水弗为加益；汤之时，八年七旱，而崖不为加损。夫不为顷久推移，不以多少进退者，此亦东海之大乐也。'于是埳井之蛙闻之，适适然惊，规规然自失也。且夫知不知是非之竟，而犹欲观于庄子之言，是犹使蚊负山，商蚷驰河也，必不胜任矣。且夫知不知论极妙之言，而自适一时之利者，是非埳井之蛙与？且彼方跐黄泉而登大皇，无南无北，奭然四解，沦于不测；无东无西，始于玄冥，反于大通。子乃规规然而求之以察，索之以辩，是直用管窥天，用锥指地也，不亦小乎？子往矣！且子独不闻夫寿陵余子之学行于邯郸与？未得国能，又失其故行矣，直匍匐而归耳。今子不去，将忘子之故，失子之业。"

公孙龙口呿而不合，舌举而不下，乃逸而走。

解义

这个故事比较长，是公孙龙和魏牟的一段对话，其中魏牟说："且夫知不知是非之竟，而犹欲观于庄子之言，是犹使蚊负山，商蚷驰河也"。他批评公孙龙不知道"是非之竟"，"竟"就是最高的境界。那么是非的最高境界是什么呢？从庄子的《齐物论》来讲就是超是非，我们的智慧不能够超脱是非，就无法知道庄子的境界之高。

下面说"且夫知不知论极妙之言"，不知道最高的境界，而追求一时的利害，这就像水井里面的青蛙不知道外面世界之大。这种境界也就是《齐物论》所讲的道的境界。"无南无北，奭然四解，沦于不测"，即四通八达，不受拘束，进入阴阳不测之境；"无东无西，始于玄冥，反于大通"。这是本段的重点，"玄冥"就是道的境界，进入道的境界，然后在现象界无所不通、不受阻碍。实际上，这一段话就是在讲大通无所不通、超越是非，核心也是在讲一个"大"字。

原文

庄子钓于濮水。楚王使大夫二人往先焉，曰："愿以境内累矣！"
庄子持竿不顾，曰："吾闻楚有神龟，死已三千岁矣。王以巾笥而藏之
庙堂之上。此龟者，宁其死为留骨而贵乎？宁其生而曳尾于涂中乎？"
二大夫曰："宁生而曳尾涂中。"庄子曰："往矣！吾将曳尾于涂中。"

解义

再接下来这个故事常常被引用，讲的是庄子在濮水边钓鱼。濮水
是从河南流到山东的，庄子的活动范围刚开始是黄河南边，安徽这一
带，可能到过江苏或浙江，他没有到过北方，主要在南方活动，所以
这里可能是指河南。

庄子在钓鱼，楚王派了两个大夫去请他做宰相，庄子说："楚国有
神龟已死了三千年，但是楚王用非常好的锦布将它包起来，并且供奉
它，就因为是神龟。"他说："你是要我做这个死掉但被供奉的神龟，还
是在泥土里爬的活乌龟呢？"所以庄子回绝了这两位大使，他宁愿做
有生命的乌龟。因为如果成为一个政治人物，就要听命于君上，精神
就失去了自由，不能自主。这一段话讲的是生命之大，人死了再尊贵
也没有用了，所以要知道生命之可贵。

原文

惠子相梁，庄子往见之。或谓惠子曰："庄子来，欲代子相。"于是
惠子恐，搜于国中三日三夜。庄子往见之，曰："南方有鸟，其名为鹓
鶵，子知之乎？夫鹓鶵发于南海而飞于北海，非梧桐不止，非练实不食，
非醴泉不饮。于是鸱得腐鼠，鹓鶵过之，仰而视之曰：'吓！'今子欲
以子之梁国而吓我邪？"

解义

这个故事也很有名。惠施做了梁国的宰相，梁国也就是卫国，当时也位于河南。庄子去找他，他以为庄子要抢他的位置，就派人去搜寻庄子，与庄子私下会商，说："你不要来了。"庄子就说，南方有一只鸟名字叫作"鹓鶵"，就是凤凰之类的鸟，这只鸟从南海飞到北海，它要休息就停在梧桐树上，饿了就吃竹子的果实，渴了只饮甘泉。有只猫头鹰正衔了一只死老鼠，它以为鹓鶵要抢它的食物，"吓"地叫了一声。现在你怕我来抢你的宰相之位，也想用你的梁国之相来怒吓我吗？庄子这是在讲他的境界之大。很多人境界很小，当了个小官就自以为了不起，生怕别人抢他的位置。

原文

庄子与惠子游于濠梁之上。庄子曰："儵鱼出游从容，是鱼之乐也。"惠子曰："子非鱼，安知鱼之乐？"庄子曰："子非我，安知我不知鱼之乐？"惠子曰："我非子，固不知子矣；子固非鱼也，子之不知鱼之乐，全矣！"庄子曰："请循其本。子曰'汝安知鱼乐'云者，既已知吾知之而问我，我知之濠上也。"

解义

最后一段话是我们常常引用的濠梁之游，意思更深一层。"庄子与惠子游于濠梁之上"，"濠梁"，据说在今天的安徽凤阳县。庄、惠二人在桥上游览，庄子看到下面的游鱼很从容、很舒服，他就感叹这些鱼真快乐。惠施就问："你不是鱼，你怎么知道鱼很快乐？"庄子说："你不是我，你怎么知道我不知道鱼的快乐？"惠施是一位名家，他完全是从逻辑分析来看事物的，总是把人和物分开，不能相知。庄子说："请循其本。"从根本上来看，你说我怎么知道鱼快乐，可见你已经知道我知道鱼的快乐了，你已经知道了，你还问我做什么？最后一句话是重点，"我知之濠上也"，因为我在桥上游览得很快乐，所以我看到鱼在桥下跟我一样在游，我们具有同样的快乐。

从这一段话来看，惠施一开始就着眼于差别性，这就是逻辑派、分析派，重视差别、分别的观念，就没有办法打通人、我和物的相隔。今天的科学也是一样，从逻辑、数学来着眼，构建出各种系统，每个系统都在它的范围内，但这些系统之间很难沟通。而庄子是道家的代表人物，他从道上"请循其本"，从道来看万物，如果你进入道的境界，就能自然相通。庄子在桥上游，是游于道的境界，所以他可以体悟出鱼在水里面也是一样的悠游，鱼是否真正快乐并不重要，重要的是庄子在桥上游得很快乐，这是一种无拘无束、不受外界影响、从心而游的境界。

这里，庄子把鱼提到了一个形而上的境界中，与外界的实际环境无关。就像前面讲的庄周梦蝶，庄子是把蝴蝶提高到神化之境而相游。由此也可以看出道家跟名家的不同，名家强调分析，始终没有办法打破彼此之间的隔阂，而道家可以打通。

这是在讲性体之大，万物都有自性、真性。这一篇的四个故事都是在讲"大"，第一大段话是讲小大，然后讲了心神之大、天命之大、大通之大、境界之大和性体之大，这样我们就把后面几个故事跟前面连接在一起了。有的学者认为这几个故事是后人加的，好像和庄子前面的话没有关系，主张把它删掉。千万删不得，庄子在前面讲的是理论，后面讲的是人生实际的故事，庄子的思想岂能只有空洞的理论，而没有人生的事实呢？

杂篇·天下：中国哲学史上第一篇对诸子各派思想的评论

为什么讲《天下》篇？

第一，《天下》篇和内七篇的层次是一致的，内容和立意都是非常好的，内在境界与内七篇一样，所以我们必须要特别关注这一篇。第二，外、杂篇谈到了各家思想，《天下》篇是中国哲学史上第一篇将各家的思想、人物归类并进行评论的文章；庄子之后，就是荀子的《非十二子》，"非"就是"是非"的"非"，表示批评；以后就是汉代司马谈的《论六家要旨》，这三篇文章都是在评论各家思想。所以一般学者认为，《天下》篇是庄子的后序，也就是主体写完之后的一个结语。从其对各家思想的批评中，我们可以了解到他最后把庄子放在什么位置，因为他连庄子的思想也加以评论了。

原文

天下之治方术者多矣，皆以其有为不可加矣。古之所谓道术者，果恶乎在？曰："无乎不在。"曰："神何由降？明何由出？""圣有所生，王有所成，皆原于一。"

不离于宗，谓之天人；不离于精，谓之神人；不离于真，谓之至人。以天为宗，以德为本，以道为门，兆于变化，谓之圣人。以仁为恩，以义为理，以礼为行，以乐为和，薰然慈仁，谓之君子。以法为分，以名为表，以参为验，以稽为决，其数一二三四是也，百官以此相齿，以事为常，以衣食为主，蕃息畜藏，老弱孤寡为意，皆有以养，民之理也。

古之人其备乎！配神明，醇天地，育万物，和天下，泽及百姓，明于本数，系于末度，六通四辟，小大精粗，其运无乎不在。其明而在数度者，旧法世传之史，尚多有之。其在于《诗》《书》《礼》《乐》者，邹鲁之士、缙绅先生，多能明之。《诗》以道志，《书》以道事，《礼》以道行，《乐》以道和，《易》以道阴阳，《春秋》以道名分。其数散于天下而设于中国者，百家之学时或称而道之。

解义

第一句话是"天下之治方术者多矣"，这里提出了"方术"的概念。有人把"方术"和"道术"混淆了，二者实际上是不一样的。什么是"方术"？"方"代表一方、一隅，也就是一个角落、一个方向，《庄子》中讲到"方"字时多有批评的意思。"方"不是整体，不是大全，是"一偏"，所以我们才有术语叫作"方士"，就是说，他们的研究是局部的、一偏的。今天我们讲"方士"之流，多半是指算命的、看风水的人。"术"就是技术，像权术、术数也是"术"。所以庄子一提"方术"，那就是要提出批评了：天下搞这些怪里怪气的方法、技术的人很多，他们"皆以其有为不可加矣"，是指这些人都以为自己有为，认为自己很了不起，没有人能超过他们。用这种观念来研究哲学的人也是一样，不管是唯物论还是唯心论，都认为他们那一套理论是唯一的真理。在他们看来，方法论都是单一的，就是提出一个方法、一条路径。这一派用这个方法，那一派用那个方法，各自都认为自己了不起。这是不对的。

庄子在说完这一点后，立即转向了"古之所谓道术者"。他不去批评"方术"，认为这些东西不值得批评，而是回首"古之所谓道术者"。中国古代的学者都是因循"古之所为"，认为古代的都是好的。但是这个"古"不一定指的是逝去的、消亡的古代，同时还代表着一个理想的古代。把"道"字加进来就不同了，这种"术"是从"道"而来，而"方术"的"术"是从"方"而来。现代研究方术的人太多，那么古代理想的道术究竟在哪里？为什么今天会走到方术之路上？庄子的回答是"无乎不在"，就是无所不在，但无处不在的不是"术"，而是"道"。因为道无处不在，所以"道术"也无处不在，由此可以得出"道术"所谈论的东西是普遍的，不是单一的。"无所不在"，强调的是"道术"的开放。

庄子由道术"无乎不在"马上转到下一个问题："神何由降？明何由出？"这是第三个问题了，对写文章的人来说，这个逻辑跳得太快了，但我们读《庄子》不能拿小学生或者是大学生写文章的逻辑来评价。他的思维跳跃是有原因的——为什么这里要加一个"神"，而不接着讲"道"呢？因为道不好讲，道是外在的，于是他马上引入"神"这一概念，"神"比"道"具体了一些。

"神"是一个重要的字眼，从《庄子》和哲学传统来讲，它至少有两重含义：一是我们想象中宇宙的或者创造的神，一是我们自身所具有的人的精神。"神"字有这样的内在含义，所以庄子才提出"神何由降"的问题。"降"字有自上而下的意味，从儒家的思想来讲，就是"天命之谓性"，"天"是神，"性"是精神，这就把天和性统合在一起了，把道转向神和精神了。由"神何由降"进而提出"明何由出"，"明"是讲自己的内在，我们要了解自身的智慧是如何产生的。如果是说道无所不在的话，抛开宇宙万物，我们的精神从哪里来？"明"怎么产生？

我们现在讲"神明"主要是说神仙的神明，这是宗教意义上的普遍认知；但是就哲学来讲，神明是强调内在的，《易经·系辞传》说"神而明之"，也就是说"明"是内在而发的。庄子没有直接回答"神何由降？明何由出？"，而是跳到了"圣有所生，王有所成"，因为神明是抽象的，他将之与"圣""王"这些具体的概念联结到一起，把"神"与"圣"、"明"与"王"相结合，也就是我们经常说的"神圣""明王"。但此处的"神明"概念既是独立的，也是整体的。我们常说"内圣外王"，这里就是落实到"圣""王"上来讲。

最后说"皆原于一"，这就引出了重点。"一"是什么？很多注解说"一"就是"道"，是指都从道而来，这种解释不能算错。但庄子为什么不讲"道"而讲"一"呢？"一"就是统一，比"道"更容易理解。我们一说"内外合一"，就很容易理解为天人合一，没有人说天人合道。"一"是一个功夫字，"道生一"是指从"道"到"一"进入现象界了，"一"也就是"道"在现象界的开端。在"皆原于一"中，"一"就是本原。"一"字的具体可见之处很多，例如统一、整一、抱一、齐一、一致，还有"殊途而同归""百虑而一致"等，这些都是"一"。"元亨利贞"中"元"的概念与"一"相类似，但"一"作为本原，比"元"的范围更广。"一"在中国哲学里是一个重要的概念，经常被作为一个抽象的整体来看。下面我们从功夫修养的层面为"一"的意蕴做一个梳理。

第一，返本。因为我们现在的处事方式都是外向的，没有返本归元，这个"元"就是"一"。禅宗的《五灯会元》一书是指五派会归于禅的本原。这个"元"在心中，就是强调要从修养上回到本原，返归于道，这也是"一"的表现。

第二，超越相对。有了相对就会产生彼我之间的分别，"一"是超越相对。像凝神、心斋中的"若一志"就是"一"，还有纯一、纯粹、守一等。纯朴也是"一"，"朴"是指树木没有被砍伐并做成各种器具，这与"一"也是一致的。在想到"一"的同时，我们会想到"无"，因为"一"既是开始，也是无欲。

以上这些解读其实都是从修养的层面来谈的，因为"一"不只是一个观念。《庄子》中每一处用"一"都是有特殊意义的，都有其不同的着眼点。可以说，"一"是本体，但比较偏重于作用，而"道"更容易让人想到本体，因此要从"一"回归于"道"的本体。

下面接着说："不离于宗，谓之天人；不离于精，谓之神人；不离于真，谓之至人。"这里列举了三种人，这三种人的分类是从不同侧面描写了同一种境界，即《庄子》中所塑造的最高的、理想的境界。其中，"不离"就是合一，即原本无分别的状态。"宗"是本原，如果我们从与"精"相对的角度来理解，"宗"就应该是指性，"天"则代表自然天性，所以我们说"不离于宗"就是不离于我们的自然天性，这就叫作"天人"。一切都合乎天，所以说"不离"于天。

接着是"至精"。"精"有两种含义：一种是精神，一种是精义。道教中，"精"才会解作男性的精液和宝精。实际上，"宝精"还有另外一层意思，即保存精神，就是不离于自我的精神，我们也称为神人的"凝神"。

"不离于真"中的"真"可以说是真知、真情、真义，庄子讲"真人"的时候经常提及真知。但是这里庄子没有提到有真知的"真人"，他遗漏的原因我们无从得知。需要注意的是，这个"真"被英译为"真理"（truth），但庄子不谈真理，他讲的是内在的"真"，儒家也不谈真理。而西方哲学从一开始就在探讨真理、真实，一直在探索宇宙万物的真相，其实这些都是外在的。"真"字在《老子》中只出现过一次，但在《庄子》里面有很多处，因为庄子强调这是内在的"真"心、"真"性。

具体来讲，"宗"是性，"精"是精神，"真"就是真心、真知。庄子非常看重内在的真心，所以称具有这种真心的人为"至人"。这三种人达到了最高的境界，既不是在知识上追求，也不是去刻意提升修养，他本身就是如此。而"圣人"就不同了，"圣人"是第二个层次，他们以天为宗，以此为榜样加以修养，但这意味着天与人已经分开了。

有人问禅宗的马祖："怎么样才能与道合一？"马祖回答："早就不合一了，因为一想到合一就已经把道跟人分开了，道与人本来就是一体的，妄谈什么合一呢？"我们经常讲天人合一，说天人、神人跟至人的境界本来就是天人全然一体的。不仅是天人合一，还可以说天物合一，万物本来就是天，人也是万物中的一部分，所以天与人与物原本就是合一的。现在因为实际状态不合一了，所以想通过"以天为宗"来实现合一。也可以说，天是指天道自然，圣人要追求天道自然和天人合一的境界。

"以德为本"中的"德"不是儒家所倡导的仁义道德之德。《老子》中的"德"主要是指"少思寡欲而知足"，也是从具体处来讲的。庄子的"德"在《德充符》中讲到过，它是一种内在的德。"德者和也"，如果我们要用"和"来强调"德"字，也许是比较接近庄子原义的，也就是说，与万物和谐相处，以和为德，而不要将之变成一个德目，德目和仁义都是后来的。

"以道为门"中"门"就是方法，是向外敞开的，所以前文的天人、神人跟至人本身就是不离于道、与道合一的。

接着圣人是由"道"走出了这个"门"。要依靠外在，所以要"兆于变化"，"兆"指兆头，"兆于变化"就是指看出变化的"机"。比如《易经》就是"兆于变化"，即通过了体证"道"去了解宇宙万物的变化。这就叫作圣人，所以圣人是第二层的，是可以效法应用的，是比较偏向于道术和具体功用的。

圣人之下又是另一个层次了——"以仁为恩"，这看上去像是儒家的术语。所谓"恩"就是施惠、爱人。例如，那些有钱的财主去救济穷人，这就是施惠。施恩是偏重物质的，但"以仁为恩"不一样，"仁"是精神层面的，不仅限于物质。就像佛学讲到"三布施"，一个是财布施，一个是法布施，法布施比财布施境界要高，还有一个无畏布施，使人精神不惧。所以"以仁为恩"就是要帮助别人，把别人当成人来看待。很多人拿钱去救济别人的时候，是不把人当人看的。所以在救济别人的时候，要尊重对方的人格，这是"以仁为恩"的重点。

为什么"以义为理"？每个人都说自己有理，你有你的理，我有我的理。当谈论到"义"时，如公益、公正或正义，人们常常把自己的看法作为正义的标准，但"义"的真正含义是"义者，宜也"，是强调适宜的"宜"，也就是说适合每个人的才是义。"义"不是拿自己的看法去批判别人，而是自己的东西适合所有人，然后将其作为"礼"，"以礼为行"。儒家的礼制经常被视为我们心目中的规范。但是要注意，礼的真正精神在于"和"。

所以下面紧接着就是"以乐为和"，也就是讲"和"。《论语》中子夏称"礼"就是"以和为贵"，意思是，礼作为民众行为的规范，就是为了使我们有一个和谐的社会。换言之，人与人之间的和谐就是"礼"。用"乐"来配合"礼"，以增进其和。中国的音乐，其中的和音是最为重要的，没有和音就不能形成曲调。中国的音乐，不是听某个音，而是强调乐教。《尚书》里就讲，先教给孩子们音乐的道理，进而引导他们了解人生的道理。

讲了仁、义、礼、乐——它们都是儒家所提倡的价值观——并且讲出了它们内在的精神，然后说"薰然慈仁，谓之君子"。为什么？因为前面讲的四种价值是外在的，而君子自身要表现出"薰然慈仁"，也就是文质彬彬。所以这个地方讲君子，实际上是在讲儒家思想，君子是儒家修养思想的关键，其地位在儒家学说中非常重要，《论语》中"君子"讲得最多。因为"圣人"只是儒家的理想，而"君子"是每个人都可以做到的。

前面谈君子，好像是在讲儒家，接下来好像是在讲法家。我之所以说"好像"是有原因的，表明这不是断然的，因为这里只是讲"法"，未必成家。"以法为分"，"法"产生分别的作用。《荀子》中有言："礼者，法之大分，类之纲纪也。"意思是说，"礼"是"法"的大分别，"礼"分上下，也是在做区分，说"礼"有分别也就是在为"法"铺路。荀子把"礼"跟"法"合在一起，"法"以"礼"为根据，必须要根据社会的上上下下的"礼"而进行裁判。现在转而讲"法"，认为"法"有一个对是非善恶的区分。怎么去区分呢？"以名为表"。"名"就是名称、职位，所以法家讲名实，有名就有实。"制名"的"制"也就是"制定"的"制"，以"制名"来指实，也就是说，之所以制定名，就是为了指出实际上与之对应的东西来。

"以名为表"，以名来表达我们实际上做得对与不对，既然给予这个名分，就要看实际表现。所以说"以名为表，以参为验"。这个"参"字很奇怪，数字"三"也用这个字，"参照"的"参"也是这个字，它有两种含义。中国哲学讲"三五其数"，三、五都是数字。为什么讲三三五五之数呢？就是把数排列在那里，三三五五地去做比较。所以这个"参"是比较的意思，具体来说，就是对好坏的比较。法家非常重视比较，做了事情就要参照法律条文做比较，以比较为考验。"以稽为决"，"稽"是考察的意思。有的人把"参"和"稽"这两个字都翻译成考察，似乎有些重复。我认为"稽"就是法律上要参考以前的案例和证据，"稽察"也就是根据之前的案例、证据来做出判决。所以法家的判决很清楚，一就是一，二就是二。那么是谁以法来三五定稽呢？这个主体就是外王、明王，也就是前面讲到的内圣外王。

接下来该注意人民实际的情况了。"以事为常"，对于这句话的理解可深可浅，简单来讲就是人民生活中的事务，即民生问题。以民生事务为常，"为常"就是对他们而言最重要的事。从更深层次来讲，就是"有所事"，做任何事情包括治国，都要有所事，而不是无事。我之前讲过老子的"无为无事"，这两者是不同的。人民日常生活中的事务就是常道，我们讲"道可道，非常道"。所以常道是在变道里面的，离开变道就没有所谓的"常道"。因此要修行无为与无事，到了外王阶段，就要把人民生活中的实际事务当作常道，道就在这个日常事务中。

下面以人民的衣食民生问题为主。"蕃息畜藏"就是蕃养生息，储藏饲养家畜的谷物等，同时注意老人、弱者、孤儿寡母等，"为意"是指以此为重。"皆有以养"，意思是使所有人都能得到国家的供养。这是治民之道，所谓"民之理也"。

"古之人其备乎"，这里的"古之人"，我们知道不一定是指古代的人，而是指理想的人，也就是庄子理想中的所谓明君，即内圣外王的明王。他一方面能够配神明，另一方面要有很高的精神修养，由此才能符合神明，即所谓"醇天地"，醇，借为"准"。这就是《易经·系辞传》所谓的"易与天地准"，说易理就是准天地之道，即符合天地变化之道，神明和天地之道都是相通的。然后"育万物，和天下"，这就是治国平天下之道。"泽及百姓"，意思是指把恩泽施于百姓。"明于本数"中的"数"，既是理也是法，所以他非常清楚根本的法理，就是说他能把握住原则，然后"系于末度"。"末度"就是小问题，人生中有很多小问题，不是说我们要专门重视小问题，而是说只有抓住根本的问题，然后才能通达于小问题，这就是儒家所强调的有本有末。此处与前文相呼应，"明于本数"就是前面讲的"配神明，醇天地"，"系于末度"中的"末度"就是指"育万物，和天下"，所以"六通四辟，小大精粗，其运无乎不在"。什么叫"六通"？关于"六通"有两个说法，其中一个是指上下四方。那么"四辟"是什么呢？"辟"就是"开"，像一扇门，有开放的含义；还有人说"四辟"是四时。这两种理解分别是从空间和时间两个向度着眼的，都讲得通。此外，还有一个说法我觉得也许更好一点："六通"就是六气之通。《庄子·逍遥游》中讲过"六气"，就是阴阳、风雨、晦明，"六通"应该是阴阳、晦明、昼夜，也就是六种变化，"通"就是阴阳变化、宇宙相通、六气之辩，这在《逍遥游》中也有提及。我认为这种理解也许是比较好的，因为它协调了阴阳、风雨、昼夜。那么"四辟"就是指四方，因为"辟"有开阔的意思，即四通八达。"精"是属于精神层面的，"粗"是属于物质层面的，所以这个道理无所不达，无论是小事情还是大问题都能够照顾到，即"其运无乎不在"。"其明而在数度者"中的"数度"就是法度、制度，从制度上来清楚地说明、宣扬、记载这个道理。"旧法世传之史，尚多有之"，是指以前的旧法和史官都有记载这种法度、制度。

接下来，庄子说这种道理记载在《诗》《书》《礼》《乐》等经书中，此外还有《易经》与《春秋》。"邹鲁之士、缙绅先生，多能明之"，这里有一个问题："邹"指什么？钱穆认为，这个"邹"指的是孟子，因为孟子出生的地方叫"邹"。跟钱穆持同样观点的一些考据学家就认为，这一篇可能不是庄子本人写的，因为庄子并不在孟子之后。那么如何确定"邹"是指孟子呢？这就要靠考据学家们的考证了，但是这种考证也是有问题的，因为"邹"是在孔子死后被鲁穆公改设为国的，称作邹国。鲁穆公在位的时候是战国初期，所以这个时期已经有邹国了。邹、鲁都在山东，所以"邹鲁之士"指的就是在山东这一带的儒家门徒，不一定特指孟子。如果"邹"代表孟子、"鲁"代表孔子的话，应该称为"鲁邹"，而不应该把孟子放在前面吧？总之，"邹鲁之士"是指山东这一带的儒家之士。"缙绅先生"则是指君子，"缙"也写作"搢"，插的意思，"缙绅"原意为插笏于带。"笏"是古代朝会时官员们手持的手板，有事就写在上面，以免忘记了。将这个手板插到束在衣服外面的大带子中，就是"缙绅"，后来引申为做官的人。这些人"多能明之"，意思是他们大多了解《诗》《书》《礼》《乐》的道理。

下面就具体讲这些经书所蕴含的道理。儒家讲六经时，都指《诗》以言志，这里的"道"通"导"，即"导志"，"导"也就是导演的导，意思是用《诗》来宣发我们的志向。《书》则用来宣讲所有的政事，《礼》宣导我们的行为，《乐》宣导我们内心的和谐，《易》宣导阴阳，使我们达到阴阳和谐的境界，《春秋》则宣导名分、名实。这里已经出现了"六经"。但是考据学家，如钱穆，就认为，"六经"的"经"是汉代人用的，所以他认为这种说法是后起的。其实《庄子》外篇和杂篇提到过"六经"，所以这种考证我们暂且搁置不谈。不过"六经"显然是指儒家的思想。说儒家"其数散于天下"，"数"就是他们讲的法、理，这些学说影响了天下。而他们的制度"设于中国者"，这个地方的"中国"实际上是指周天子、中央。"百家之学"就是诸子百家。

庄子在这一篇中提到了好几个学派。这里讲"百家之学"常常会提到《诗》《书》《礼》《乐》的问题，不只是儒家对此持正面态度，即使以庄子为代表的道家，对此虽有批评，但也是在这一基础上再进行提升的，无论是褒扬还是批评都会提及这方面的思想。由此可见，儒家的确是正统思想。庄子在书中批评墨家、名家的思想，也批评儒家，他们都认为儒家是正统才会加以批评。所以无论墨家也好，道家也好，还是其他各家也好，都会牵涉儒家的这一套思想。可见，这一套思想在中国传统中是很重要的。以上一段都是围绕这个观点展开的。

原文

天下大乱，贤圣不明，道德不一。天下多得一察焉以自好。譬如耳目鼻口，皆有所明，不能相通。犹百家众技也，皆有所长，时有所用。虽然，不该不遍，一曲之士也。判天地之美，析万物之理，察古人之全。寡能备于天地之美，称神明之容。是故内圣外王之道，暗而不明，郁而不发，天下之人各为其所欲焉以自为方。悲夫！百家往而不反，必不合矣！后世之学者，不幸不见天地之纯，古人之大体，道术将为天下裂。

解义

我认为这一段在庄子的思想中是比较重要的。"天下大乱，圣贤不明"，现在讲"天下"都是讲当下的事，不讲"古之人"，现在的"天下"就是目前的实际情形。现在的天下大乱，为什么大乱呢？第一，"圣贤不明"。大家忘掉了什么是圣贤，他们的价值观里面没有圣贤。什么是圣人？圣人有什么价值？贤人更不用说了。这就是"圣贤不明"。

第二，这句话比较重要："道德不一。"对此有两种解释：

一种是把"道德"看成一个词，和现在的用法一样：道德是什么？理解不一。你讲你的道德，他讲他的道德，所以道德变成了一个相对论，没有一个固定的标准，每个人都有自己的道德观，都称自己是道德的，这就是一般意义上的"道德不一"。

第二种解释，我要深入来讲。本文说道与德"不一"，"不一"的原因何在？这个从《道德经》去谈。老子的《道德经》虽然将"道"与"德"并列，但"道"其实倾向于表示普遍性的天道，而"德"则是个体性的、个人实践的。道与德不一，是指我们所谓的"德"不能与天道相合，也是指"德"不能还原于"一"，由前面我们所讲的"原于一"的境界，转变为与"道"相分离。"德"一旦离开"道"，也就变成了每个人自己的观念意识。老子所谓的"道德"与今天的"道德"（morality）不同。在老子那里，"道"是天道，"德"是人的内在之德，"德"是"唯道是从"的。可见，这里的"道德不一"，则是指"德"的离"道"而去。

道与德为什么是"不一"的？首先来谈谈"德"。我们的品德中最重要的一项是什么？无论是哪一种宗教，给出的答案一定都是善，善是所有品德里面最基本的品质，所有宗教都以善为目的。但善有没有标准呢？老子说天下"皆知善之为善，斯不善已"（《老子》第二章）。每个人都说自己是善良的，有时候我们认为自己对别人善，结果对方认为这是不善；我们认为自己是好意，别人却不接受。所以善良很难有标准。还有一点也是在所有"德"中很重要的，即社会层面上的公平和正义。但这里仍然存在着标准问题。西方哲学中柏拉图的书从一开始就在讨论"何为正义"，可见这一问题非常重要，但是正义的标准何在？这个讲正义的"德"并没有标准。

至于儒家所谓的"己所不欲，勿施于人"，这句话能否当成一个标准来看呢？它实际上是一种方法，提醒我们做事情的时候这样去反思，而非一个标准。"德"是没有标准的，所以一定要配合"道"。那么，二者要如何配合呢？这不是在字面上直接解释成"德"要与"道"合一就可以了。我们读中国哲学的书，读庄子的书，在生活中要怎样去应用？我们的"德"要怎么与"道"合一？如果这样想，就会觉得"道"是无处可寻的。"道德合一"讲起来很简单，甚至很容易直接用白话去翻译。但是一旦要去实行，要去反思怎样合一，就变得很困难了。一言以蔽之，如果道与德能够合一，最重要的是因为道是"无"（其实是虚）。如果道是"有"的话，就无法合一——道是道，德是德，要合一很困难。道是无为、是虚无，所以"道德"里面有个"虚无"存在，才容易合一。

讲到这里，大家会很自然地想到佛家。佛家的布施是不是德呢？当然是。救济别人，无论是财施、法施还是无畏施，都算是一种德。但是在《金刚经》《华严经》《维摩诘经》等经典中，都讲到了"无相布施"，也就是说，虽然布施，但没有形相。就是只有布施本身，而不要认为是"我"在布施，即不要执着于布施之相。我们对别人善，但不要认为是"我"对你善。我们从这个地方再来思索"道"与"德"如何合一的问题。如果道在德里面，这个德也就变成了老子所说的"上德"——"上德不德，是以有德"。所以这个"德"根本上是"无"，而不是说有一个客观的"德"在那里。我们在任何时间点上实践此德，都不应执定"德"之相，这就是道德合一：不是把两个东西合在一起，而是"德"里面自然有"道"。如此一来，"德"就不会出现标准不一的情况了。做任何善事都不要去执着，在这个层面来讲，无论是天主教、基督教还是佛教，都是一样的。佛教讲无相布施，天主教讲大爱，它并不要求被爱者有所回报，而是宣扬无条件的爱，由此也就实现了道与德的合一。

那么，我们可以认为德是一种内修功夫，而将道看作由此所达的境界吗？答案是肯定的。德修到某个程度便达到了道的境界，道是无为，真正的德就是无为的德性。老子说："为学日益，为道日损。损之又损，以至于无为。"（《老子》第四十八章）为道也就是为德——我要行道，我要追求道，这也就是为德了。老子要我们每天去减损自己的欲望，以至于无为，达到无所执着的境界。所以我认为，如果我们对"道德不一"这四个字做深层的研究与发挥，便会从中体会到很深刻的道理。

但是一般人则不然，本文中的"天下"就是指一般人。天下人都"得一察焉以自好"，他们只看到一隅，即只看到一个方面，就自以为了不起，就以为自己有德。此处所谓的"一察"就像是我们的耳朵、眼睛和鼻子。各个器官都有所"明"，眼睛"明"是看得见，耳朵"明"是听得见，嘴巴"明"是尝得出味道，鼻子"明"是闻得到气味，每个感官都能运转良好。但问题在于，它们彼此是不能相通的，眼睛只能看色而不能闻香，鼻子只能闻香而不能听声，所以终归只是一隅、一偏。诸子百家的各种理论和方法也是如此：它们都有所明，但这些"明"都是片面的，所以只能说各有各的长处。

"时有所用"的"时"字用得很好：不是说某物没有用，而是说某物的用限于它的"时"——它在某个时候具备某种功用，但这不是全面的。这就是下文所批评的墨家，墨子就是典型的"时有所用"者。因为当时的社会很混乱，战乱连年，所以墨子在当时主张非战、节用、非乐。但这些理论不是永远有效的，他没有抓住永恒的精神，只是针对当时社会的一些现象而立论。就此而言，科学同样也是"时有所用"的。旧的科学一直在被淘汰，它根本没有一个固定的模式，永远都在发展。西方的医药也是一样，我们现在说这个药很好，但如果过一段时间它出现了问题，便又要将它丢掉了。医药不仅是"时有所用"，还有所"偏"，就是每种药都有它的特有用途，不能随便代用。

眼睛、耳朵、鼻子，皆有所明，但是眼睛尝不出某物是否好吃。由此可见，还有一种无法为眼睛所替代的东西存在，那是一种"大明"，与之相对应，眼睛的看就是"小明"。"小明"只能看到一面，还有一个精神性的"大明"令其旁通。这个"大明"也就是一开始讲的"神何由降，明何由出"。在西方人那里就没有这个区别，他们的文字分析认为，明就是明，"大明"和"小明"都是同样的明。但我们要区分清楚，这两种"明"是不同的，就像我们每个人所见到的"明"都不尽相同。

虽然各种细分的"德"也有所长，也有所用，但终究是局部的，所以"不该不遍"。"该"就是包括，"不该"也就是说不能包括所有，不能遍及所有。这是"一曲之士也"，"曲"就是一个角落，不是大全。

儒、道、法、阴阳等各家思想都是"一曲"，这种一曲之士"判天地之美，析万物之理，察古人之全"。这个地方有三个字："判""析""察"，对做学问而言是很重要的。"判"就是能够分别、判别，做学问从一开始就要判别真假、是非、好坏，等等；"析"就是分析，现代的各种分析学派，比如心理分析与逻辑分析就讲这一套；"察"，观察、考察，科学的方法就是进行观察与考察。这三个字乃是一般的学问，它包括了现在做学问的最重要的方法。但是庄子说"判天地之美"，"天地之美"是不能去判别而要去体验的，因为它是自然的。任何判断都有一个标准，一旦去进行分析，也就失去了"理"，因为"理"是道理，是通过道而显现的。比如一条鱼，把它放在水中，我们才能够欣赏它生命的活泼；倘若把鱼放在案板上，然后用刀子去解剖鱼，它的生命也就丧失了。至于"察古人之全"，可以看看老子所讲的"其政察察，其民缺缺"（《老子》第五十八章），做政治的人认为自己考察得很清楚，人民却会逃避你的考察，反而会导致各种欠缺。因为"一曲之士"都是在用自己的方法去考察。西方哲学发展到近代后偏重于认识论，而认识论就是知识论，特别重视方法论。任何方法都是片面的，都只是单一的路径，不能看到宇宙生命的大全。

譬如中国哲学所讲的天道，以及各种方法、各种学派。我以前也和研究心理学的学生讲过，中国哲学是"头脑"，而心理学是"脚"，今天我们希望哲学能通过心理学这只"脚"进入社会，因为只讲哲学不一定能够影响一般人，而心理学跟现实人生的关联性较多，所以哲学要通过这只"脚"走出去。后来就有一些学生因此而偏重于心理学，试图以心理学的观点去对哲学中可用的部分进行选择。这种方法实际上只能看到天道的某一部分。

哲学可以通过心理学去应用，但除了心理学之外，哲学还有很广阔的天地。就中国哲学而言，它还有政治学、伦理学等层面，如果只用心理学来看中国的哲学，就会忽略它的其他层面，这就相当于坐井观天了。所以我跟心理学专业的学生说，研究哲学时不要以"中国哲学对心理学有用"这个观念为主，研究哲学就是因为喜欢哲学，不要想到"用"。因为要"用"而去看某派经典的时候，就已经有所偏颇了。所以哲学，尤其庄子思想，最重要的特性是讲无用，就像这里说的道与德一样，道就是无，德配合道，也就是配合它的"无"。我们不从这个"无"字出发认识道，而是拿着我们的方法去看道，就会看偏，所得的必然是一面之"道"。像为人处事也是哲学的一个层面，但有多少人是由于学为人处事才去学哲学的呢？我猜不多。大家还是觉得哲学蛮有趣味的，于是去学习。所以，哲学是个很奇怪的东西，我们是出于兴趣而研究它，将其有用与否置于脑后。这很重要，当我们在使用各种科学的时候，哲学始终作为一个无用的东西居于幕后，这就是我们精神的修养。

有一次，我在一个中医学社做有关《易经》的演讲时，说《易经》对中医是无用的。所有的中医都说中医跟《易经》有关，所以学中医的人在听《易经》的时候就希望《易经》对自己有用，这是一种有所求的心态。于是我就说："《易经》对中医一点儿用处都没有，不要先想着有用处，而是要学一点儿没有用处的东西。因为真正没有用处的东西，对中医的人格、精神是很重要的。"现在做中医的人常常有很多心理问题，因为他们只讲技术，而不注重精神的修养。因此，以某一面来"察古人之全"，就像以某一面去"察"哲学之全，去"察"天道之全一样，是看不到全貌的。

庄子的文章在用字上都非常考究，这一个"析"一个"判"一个"察"就可以看出一二。像墨子就是典型的"察"，文中说他们"寡能备于天地之美"，即很少能够看到天地之美。美是能够分析的吗？比如我们说一位女性整体上是美的，这很难简单拆解成哪一只眼睛美或是鼻子的什么地方美，美是需要整体协调配合的，所以墨子他们很少能够完备天地之美。他们也很少能够"称神明之容"，即配合神明之容。这个"容"有两个意思：一是容貌，二是容纳、包容、开阔，能容则大。所以"神明之容"除了指神明的外在表现，也是在说神明的开阔与伟大。

"故内圣外王之道，暗而不明，郁而不发"，这里提到了中国哲学最重要的两个特点：一个是内圣外王，一个是天人合一。研究中国哲学的大家们都承认这两点，冯友兰的《中国哲学史》也认为这两点是中国哲学的特色。《天下》篇前面讲"以天为宗"，这就是说天人合一，现在又谈内圣外王，一篇文章中同时涉及了两个重点，真是难得。这也是"内圣外王"一词在中国哲学史上的首次亮相。一般而言，谈到这个词时我们会想到《大学》，想到"格物、致知、诚意、正心"是"内圣"，"齐家、治国、平天下"是"外王"，会理所当然地认为"内圣外王"是儒家的思想。想不到这个词的首次出现居然是在《庄子》中。我们需要注意两点：一是"内圣外王之道"中的"道"字，二是"内圣外王"这四个字是一个词，不要把它分开。也就是说，内圣必须外王，内圣要通过外王显现，而外王也必须要做到内圣。

我们也不要把这两个词死板地放在一起。前面讲到天人、至人、真人，然后讲圣人，这都是内圣，如果天人、至人、真人没有下文所讲的外王层面，那么他们活着还有什么意思呢？我认为没有什么意义。天人也好，至人也好，真人也好，最多只是一个隐士，天人再伟大也无法超过天。所以，如果没有外王，这些神人、真人、至人也不过是理想化的空谈而已。因此，我认为至人、真人必须要通过外王才会发挥作用，产生意义。前面讲"道术"，如果只有"道"没有"术"，"道"也没有用；讲"道德"，如果只有"道"没有"德"，"道"也只是虚悬在那里的，所以说"道"要通过"德"来表现，"道"的"无"要居于"德"之中，否则那也不过只是"无"罢了。所以内圣外王之道"暗而不明，郁而不发"，"郁"是指被遮蔽，不能宣扬明白，也就是不能发展出来——这就是内圣和外王相分离的后果。如果这二者分开，内圣再高也没有什么意义，外王也会出现问题，没有内圣就会沦为法家——"以法为分，以名为表"。

"圣"字是什么意思呢？一般而言，我们所说的"圣人"就是指圣王，具体是指尧、舜、禹、汤、文、武，这些人兼备了内圣和外王两个方面。讲外王先讲内圣，内圣就是修养功夫，通过修养功夫才能达到内圣。如果只停留于个人修养，对别人一点儿影响都没有，这种内圣能算是很高的境界吗？这在中国哲学看来是没有什么意义的。譬如有一个僧人，在山洞里打坐了四十年，这是修养吗？是修养，那这种修养是不是内圣呢？他打坐打得再高明，也只是他自己的事，不能影响他人，而且这个高明到底达到了何种程度，我们也要质疑，因为他一点儿人生经验都没有。所以这样的"内圣"不是我们的内圣，这样的修养不是我们所要讲的。我们说要"独善其身，兼善天下"，独善其身只是个人的事情，但兼善天下就困难了。反过来讲，如果有时候不能兼善天下，那么独善其身也很困难。今天我们要在社会中独善其身就不容易，因为社会的影响是全方位的，想要独善其身也"独"不起来。

总而言之，我们的个人修养也会影响别人，这就是我们要讲的中国哲学。中国人的"修"，要在日常生活中修，要在人与人的交际中修，而不是躲到山洞里面去修，它是离不开人的。庄子对隐士也持批评态度。我们的修养一定会影响到朋友、家人等，不可能对他人毫无影响。

庄子的思想主要集中在内圣方面，他没有称王，这个"王"也不一定要有政治中君王的位置。由内圣而通向外王，这是一个自然的过程。如果失去内圣而想要去外王，也不能达到真正的外王。拿孔子来讲，他的政治生涯在五十四岁以后基本上是没有发展的，一直都在周游列国，但他做的同样是外王的事情，从这个层面来讲也可以说他实现了外王。外王不是故意去求，而是当达到内圣之后，自然地展现于外。那套思维本身就是着眼于大乘的，而不是着眼于小乘的，这就是外王。

那么，究竟达到什么样的标准才算是内圣外王？这虽然很难清楚说明，但庄子在前面说过，"以天为宗，以德为本，以道为门，兆于变化，谓之圣人"，这是指圣人会在"以天为宗"的同时去修"德"，并且知晓变化之道，能够顺任自然。他也有一种对政治的关切之心，就是要影响大家的人生，改善人们的生活，所以他又讲"以事为常，以衣食为主"等，这都是"民之理"——为生民立命，为万世开太平。如果能做到这一点，那就是走在内圣外王的路上了——"内圣外王之道"。我们不见得已是内圣，不见得已是外王，但可以一起往这条路上走。

按照这个标准，王阳明可以说已经达到了内圣外王的境界，最起码他也是在行内圣外王之道的。王阳明是中国的一位伟大哲学家，我在拙著《中国哲学史话》中最后一人写的就是他。不过我们不能以成败论英雄，要看他的人生历程。总而言之，说王阳明所走的是内圣外王之路，这是名副其实的。

但现在"天下之人各为其所欲焉以自为方"，这就不是内圣外王了，他们所根据的都是自己的欲望，是他们个人的、自私的想法。所以在政治上，如果掺杂了个人的欲望去行动，那就不是全面的了。"以自为方"，是指自己认为这是正确的方向，就如百家"往而不反"，诸子百家的各种学说，他们一条路一直往前走，越走越窄，而不能返回大道——这在庄子看来是很可怜的，就如同学生本来与老师走相同的路，但没有老师的功夫与气度，于是做的学问就越来越窄。所以这些门派发展到后来都是离道越来越远，最后甚至走入了反方向。

孔子以救世为主，他的理论是很平实、很开放的，可是到了宋明理学时期，大家就只会"平时袖手谈心性，临危一死报君王"了，而清代的儒家更是只会考证编书而已。有些人认为，王阳明是"平时袖手谈心性，临危一死报君王"的始作俑者，这个批评针对理学那一派来说应该比较恰当。陆象山和王阳明的心学一派不是这样的，他们不注重考证著书。所以明代心学在王阳明那里已经有了一些反宋儒的思想，他所谓的致良知、知行合一，都是强调"行"而不只讲"知"。到了清代，著书和考据就占了主流。因此，他们往而不反，就"必不合"，即不能合道，离道越来越远了。

庄子看到当时的这些学者，认为他们是不幸的——"后世之学者，不幸不见天地之纯"。"纯"是纯一，刚才讲了所谓"原于一"，"纯"可以当"一"讲，也可以当"朴"讲。"古人之大体"中的"大体"，在中国哲学里也是一个很重要的概念。我们在日常语境中会说"识大体"，孟子也这样讲，关注大体也就是关注整个精神，注重精神就是君子，而注重个别的事物和自我就会变成小人，正如孔子所说的：中国哲学就在讲一个"大"字。"道大，天大，地大，王亦大，域中有四大"，这是老子的讲法。所以如果要称得上外王，那么就要看大局面，而不是只看到小问题，否则便会造成"道术将为天下裂"的局面。

前文说的"天下之治方术者多矣"，指的就是这种学者。道与术一分开，术就会变成方术；一堕落成方术，天下也就乱了。《天下》的这一段话表明了庄子的整个理想，下面就开始对各家做批评了。现在有个学科叫"整体学"，这里"整体"也译作"整合"，我认为前者的译法更好：整合是拼起来的，是一种外在的"合"，不是自然的"合"。眼睛不能变耳朵，耳朵也不能变眼睛，但经过大脑的协调后，眼睛虽然还是发挥它自己的功能，却可以与其他官能相通。如果没有自然的协调而硬要贯通之，那是不可行的；硬要把研究哲学的人与研究心理学的人连在一起，也是不可能的。在今天的学术界，哲学学者常会批评心理学家肤浅，而心理学家也会批评哲学家无用。但是当哲学与心理学都学到最高境界时，其中的"道"是一样的，在道中，哲学和心理学本是一个整体。

原文

不侈于后世，不靡于万物，不晖于数度，以绳墨自矫，而备世之急。古之道术有在于是者，墨翟、禽滑厘闻其风而说之。为之大过，已之

大循。作为《非乐》，命之曰《节用》。生不歌，死无服。墨子泛爱兼利而非斗，其道不怒。又好学而博，不异，不与先王同，毁古之礼乐。

黄帝有《咸池》，尧有《大章》，舜有《大韶》，禹有《大夏》，汤有《大濩》，文王有《辟雍》之乐，武王、周公作《武》。古之丧礼，贵贱有仪，上下有等。天子棺椁七重，诸侯五重，大夫三重，士再重。今墨子独生不歌，死不服，桐棺三寸而无椁，以为法式。以此教人，恐不爱人；以此自行，固不爱己。未败墨子道。虽然，歌而非歌，哭而非哭，乐而非乐，是果类乎？其生也勤，其死也薄，其道大觳。使人忧，使人悲，其行难为也。恐其不可以为圣人之道，反天下之心，天下不堪。墨子虽独能任，奈天下何！离于天下，其去王也远矣！

墨子称道曰："昔禹之湮洪水，决江河而通四夷九州也。名山三百，支川三千，小者无数。禹亲自操橐耜而九杂天下之川。腓无胈，胫无毛，沐甚雨，栉疾风，置万国。禹，大圣也，而形劳天下也如此。"使后世之墨者，多以裘褐为衣，以跂蹻为服，日夜不休，以自苦为极，曰："不能如此，非禹之道也，不足谓墨。"

相里勤之弟子，五侯之徒，南方之墨者苦获、已齿、邓陵子之属，俱诵《墨经》，而倍谲不同，相谓别墨。以坚白同异之辩相訾，以奇偶不仵之辞相应，以巨子为圣人。皆愿为之尸，冀得为其后世，至今不决。

墨翟、禽滑厘之意则是，其行则非也。将使后世之墨者，必以自苦腓无胈、胫无毛，相进而已矣。乱之上也，治之下也。虽然，墨子真天下之好也，将求之不得也，虽枯槁不舍也，才士也夫！

解义

庄子对墨家的批评很激烈。孟子说："杨朱墨翟之言盈天下，天下之言不归杨则归墨。"（《孟子·滕文公下》）庄子的年代去墨子不远，应该正是墨家鼎盛之际，所以庄子先论墨家。庄子说"不侈于后世"，这个"侈"是侈谈，也是多言的意思。墨子为了救时之急，并不愿侈谈，即不愿多言影响后世，建万代之功。儒家常说"为万世开太平"（张载语），墨家认为替今世求太平已不易，不必侈言万世了。"不靡于万物"的"靡"就是乱用、浪费的意思——不要以为万物都能为我所用，我就可以滥用万物。"不晖于数度"，这里"晖"的意思是光辉、夸耀，"数度"就是礼制法度，说墨子不像儒家、法家那样夸耀礼制法度。"以绳墨自矫"，绳墨就是规矩，古代的绳墨就是工匠的测量工具，是指以制作的工具为标榜。"而备世之急"，由此来准备救世，这就是外王了。注意，到这里所讲的都是"道术"，墨子只是追随这样的思想，自己未必有这样的高度。因此说"墨翟、禽滑厘闻其风而说之"，两个墨家人物墨翟跟禽滑厘听到这种思想非常高兴。

下面讲墨子自己做了哪些事情，庄子的批评就是对此而发的。"为之大过，已之大循"，俭朴的行为是好的，但是墨子讲得太过分了。"已之大循"，"已"就是止，限制自己，太看重自己的看法。"作为《非乐》，命之曰《节用》"，比如在《非乐》中，墨子说君主唱歌就不理朝政，女人唱歌就不能做家事。敌人入侵，唱歌更没有用处，所以唱歌既不能治国也不能救国，不如将其禁止。这不就是"已之大循"吗？因为这样就无法了解人们的精神需要了。墨子提倡"节葬"，提倡人死后不要花那么多钱在葬礼上。"死无服"即葬礼没有丧服。丧服分为五等，从国君的丧服到父母亲的丧服、叔叔伯伯的丧服等，墨子觉得这些都太浪费了。

"其道不怒"，墨子之道讲非攻、兼爱，不好勇斗狠；"又好学而博"，墨子的知识面也很广，比如《墨经》里面讲到云梯的建造。"不异"，也就是不知分别。墨子的"兼爱"提出要视父母如路人，而儒家是讲分别的，认为对父母的爱与对路人的爱是不同的。所以孟子批评他说，墨子把外面的路人看成和自己的父母亲一样，这就没有分别了。所以墨子这一套东西"不与先王同"。尧、舜、禹、汤、文、武的这一套先王的制度讲礼、讲分别，周公制礼作乐，也讲分别。而墨子不知分别，把所有古代的礼乐都抛弃了。

"黄帝有《咸池》，尧有《大章》，舜有《大韶》，禹有《大夏》，汤有《大濩》"，这些乐曲今天都失传了。墨子"独生不歌，死不服，桐棺三寸而无椁"，即棺材外面没有椁，他以这个为范式来教导别人。庄子对此提出批评，说墨子"恐不爱人"——恐怕照他的意思去做，并不能做到真正的爱人。古代的丧礼，贵贱有分别，上下有层次，比如天子的棺材有七重，诸侯五重，大夫三重，士——读书人这个阶层有两重，棺材外面还有石椁。墨子不能真正了解别人，他自己可以做到，但要天下人都跟着做，却是做不到的。"以此自行，固不爱己"，对自己太苛刻了，所以对别人也严酷。这样一种思想无法成为外王之道。"未败墨子道"，墨子的道虽然还没有完全衰败，但"是果类乎"，是无法将理念与人性相统一的。

比如儒家的礼，在当时是适合的，后来时代变了，它就应该变通。现在如果只讲古代的礼而不做变通，那就要违反人性了。庄子的这个"类"很值得重视，现在的礼是不是类乎人情、人性呢？王者一定要通达人情、人性。而墨子"其生也勤"，是指有生命的时候就拼命地救世，不肯休息；"其死也薄"，死了以后，桐棺三寸，甚至连棺材也不要，待自己就太薄了。"其道大觳"，"觳"就是干枯，他的道干掉、枯掉了，没有了生机。不合人情的东西一定是僵硬的，道如此，礼也是一样。所以墨子的思想"使人忧，使人悲，其行难为也"，他的这种行为别人是做不到的，"恐其不可以为圣人之道"——这不是圣人之道，因为它"反天下之心"，即违反了天下人心，由此"天下不堪"，即天下人是做不到、受不了的。墨子"虽独能任"，他自己可以做到，但是天下人不见得能响应，所以不能以自己的行为加诸天下之人。墨子不讲儒家的恕道。"奈天下何！"又要怎么样才能让天下人都照着他去做呢？"其去王也远矣！"离内圣外王都很遥远。

墨子以大禹为圣人，所以庄子提到"昔禹之湮洪水"。大禹治洪水，"决江河而通四夷九州也。名山三百，支川三千，小者无数"，不止治了黄河的水，而且开凿了很多水坝，可以用于灌溉。禹亲自拿了锄头，拿了蔂耜，"而九杂天下之川"，"九"通"纠"字，就是聚集，把所有天下的河川聚集在一起；"腓无胈，胫无毛"，整天在外面奔走，小腿毛都走秃了，以至于摩顶放踵；"沐甚雨"，就像洗澡一样被大雨淋；"栉疾风"，大风就像梳子一样梳他的头发；"置万国"，想要安定万国。"禹，大圣也"，禹的确是大圣，他能够做得到，但是禹没有要求所有人都向他学习。他自己可以三过家门而不入，但没有要求大家都这么做，否则就不近人情了。

有些人认为墨子的表现跟道家很像，道家不也是讲"不歌不哭"吗？但道家认为该哭的时候是可以哭的。魏晋时期，何晏、王弼等人对"圣人有没有喜怒哀乐"的问题有所讨论。何晏说圣人没有喜怒哀乐，而王弼很聪明，他说圣人只是该怒的时候怒，该哀的时候哀，没有喜怒哀乐也就不是人了，只是不能因喜怒哀乐而伤及本性。父母亲死了却不哭，这就过分了，所以何晏他们是不通人情的。自己可以不哭，但不能要求别人不哭，就像庄子并没有要大家都在丧妻时鼓盆而歌。所以说，墨家说禹是大圣人，"形劳天下"，他的形体为天下而劳累；"后世之墨者，多以裘褐为衣"，穿普通的皮衣、粗布；"以跂蹻为服"，穿上草鞋；"日夜不休"，白天晚上都不停；"以自苦为极"，把折磨自己当作标准，这是不合人情的。中国哲学除了墨家之外都讲快乐，儒家讲快乐，道家也讲快乐。《论语》的前三句话："学而时习之，不亦说乎，有朋自远方来，不亦乐乎……"说的都是快乐。有时候自然要吃苦，但吃苦实际上是一种方法，告诉我们不能走向另一个极端，去宣扬那种纵欲的快乐。比如，佛教讲的快乐是"妙乐"，一种精神的快乐，而不是吃喝玩乐的快乐。儒家的快乐则是家庭和谐的快乐。而墨子一味谈苦，它最后的目标是"有利"，以所谓的"利"为"快乐"。但问题在于，吃过苦之后未必是有利的，庄子因此对其进行批评。

"不能如此，非禹之道也，不足谓墨"，做不到这一点就不足以称为墨家。所以当时"相里勤之弟子，五侯之徒，南方之墨者苦获、已齿、邓陵子之属"，他们同样"俱诵《墨经》"。有人说"五侯"是诸侯，有人说"五侯"是一个名字，是一个姓，这些都是考证，不用在意，他们都是墨子一派的人物。"墨经"有两种意思，一种是把墨子的书都称为"经"，另外一个理解则是把墨子的讲法分成两种，除了"兼爱""非攻"之外，《墨经》还讲一些科学制作的东西，比如制造机械的工艺技巧等，这是出于反战的需要。所以墨家多来自社会下层的工匠之流，擅长制作。这些信徒诵《墨经》而"倍谲不同"，"倍"就是背，"谲"就是怪，意思是各种不同学说互相违背。"相谓别墨"，一派批评另一派不是墨家。批评的结果是什么呢？这就与名家产生一定的关系了："以坚白同异之辩相訾"。"离坚白"是名家的核心论题，指眼睛看到的"白"是一种形相，手摸到的"坚"则是一种感受，要将此二者分开。当用眼睛看的时候，我们不知道石头是硬的；当用手摸的时候，又不知道石头颜色是白的，所以眼、耳、鼻、口不能相通。这种辩论是很有逻辑性的，到后来就归入名家了，人们以此来互相批评，"以奇偶不仵之辞"，"奇"就是单，"偶"就是双，彼此不相合。

"以巨子为圣人"，墨家称他们这一派的圣人为"巨子"，"皆愿为之尸"，大家都愿意把他当作一个宗教的神像，让他坐在那里接受别人的朝拜。所以墨家有宗教的一般意味，但没有宗教的真正精神，它有一种帮派的思维：当时的墨家有四五百个人，他们懂得制作技巧，哪里有战争就去哪里帮助被侵略的国家。这一套东西并没有要求君王去实践，只是个体自愿加入而已，所以不是内圣外王之道。这套思想毕竟是不近人情的，要想长久传承绝不可能。儒家、道家为什么能传之长久？因为它们有自己的一套理论，但墨家没有哲学，只凭热情。有像墨子这样伟大的领袖，当然能够把这四五百人聚在一起；如果其继承人没有墨子那样的组织能力，那最后只能变成乌合之众而解散了。

庄子因此批评道："墨翟、禽滑厘之意则是，其行则非也。"他们意图救世的理想没有错，但行为太过分了，不合人情。所以"将使后世之墨者，必以自苦腓无胈、胫无毛，相进而已矣"，"相进"即以这个为标准而拼命竞争，行为越来越夸张，这就是"乱之上也，治之下也"。"上"就是根本，在根本上乱了；"治之下"，虽然也可以有一点儿治理之功，但那不过是末节，属于下乘，所以不能成为治国的典范。虽然如此，但墨子本人"真天下之好也"。这种甘愿牺牲自己的人也是天下少有的，"将求之不得也"，世界上出不了几个。梁启超说墨子是小基督，耶稣是大基督。大基督讲大爱，墨子讲兼爱，有小基督精神。"虽枯槁不舍也"，虽然把自己搞得吃也吃不饱，但还是甘愿牺牲自己为天下，"才士也夫"，庄子称赞他也是一个能干之士。墨子不是天人、至人、圣人，只是一个"才士"——庄子对他的批评还是很公允的。至少他的牺牲精神是为救世，是一个了不起的有才干的人。有人会觉得从这个批评的立场看起来，墨家比起道家更接近儒家。事实上，现在我们读《庄子·天下》，最好先把道家、儒家的观念放在一边，不要先入为主地认为道家一定如何，儒家一定如何，实际上，无论哪一家都能够追求内圣外王的理想，儒家、道家、法家等派别的区分是后世学者为了便于研究而人为制定的。今天我们学中国哲学，不能把自己困在某一家里面——不要以为庄子是道家，就以我们所认定的道家观念来套。

《老子》第二章讲到，"天下皆知美之为美，斯恶已。皆知善之为善，斯不善已"。当一位君王把那个"皆知"的"知"变成了标准时，就会产生限制，而那个限制才是让所有人都不能顺着自己本心发展的最大障碍。道家的理论，其实是让每个人顺着自己的本性发展，并且符合天道生生不息的原则，这才是解决问题的究极办法，而不能只讲"知"。

对中国哲学来说，"内圣外王"是十分重要的概念。大家都知道"内圣"就是做圣人，"外王"就是治国平天下，由此多半会想到《大学》里面"格物，致知，诚意，正心，修身，齐家，治国，平天下"这一套内圣外王的系统。但这样讲还是不够具体。怎么格物？怎么致知？怎么诚意？怎么正心？简言之，"内圣外王"要如何去落实，这是很具体的层面。"内圣外王"这个词我们常常用，一般用的时候总会想到儒家，而很少想到它的第一次出现实际上是在《庄子·天下》里。

专门写文章讨论内圣外王的学者不多。最著名的是熊十力的《原儒》一书，专谈内圣外王。熊十力的境界很高，而且有许多看法很精要，但他的讲法是浑然一片的，想到哪儿讲到哪儿。他的"内圣"就是"以天地万物一体为宗"，而"外王"当然是讲儒家的礼、法。熊十力一开始是研究佛学的唯识论的，然后由唯识论转到儒家，《新唯识论》就是讲儒家的思想。转到儒家之后他就有点固执了，执着于儒家，批评佛家和道家，所以他对儒家思想非常偏爱，以至于说庄子"没有力气"。不过他所谓的"内圣则以天地万物一体为宗"，实际上就是庄子"不离于宗"的"天地与我并生，万物与我为一"，后面进一步讲"以己成物为用"时，才回到儒家。他说"外王"是"天下为公"，这当然也是儒家的，人力代替天功，以此为用。这是他对"内圣""外王"两词的定义。

我认为，"内圣外王"的含义可以具有许多层面：第一，内圣是向上提升的，是精神层面的；外王是向下落实的，是追求实用的。

第二，内圣是向内反省的，这是儒家所谓的内求诸己；外王则是向外安人，也即儒家的治国平天下。

第三，内圣讲"诚明"，所谓"自诚明谓之性"；外王则是"明诚"，是明诚的教化。自己修身以诚，这是内圣范畴；通过内在了解而以诚对待人民，这才是外王。

第四，对庄子而言内圣就是以天为宗，外王则是以礼法为用——儒家的"礼"和法家的"法"。

第五，内圣是儒家所谓"仁"：己立立人，己达达人。这是孔子对仁的讲法。这里注重的还是个人修养，只是在修己的同时也想到达人，实际上还是内圣。用孔子的话来讲，外王应当是"博施济众"，博施于民而能救济众人，就是拯救全人类，使人人能够安居乐业。

第六，用老子的讲法来说，"生而不有，为而不恃，长而不宰"。我在这里把他的句子拆开来。"不有"，不占有；"不恃"，不居功；"不宰，不控制别人。这是内圣。外王则是"生""为"与"长"，使万物能生能长。

第七，内圣是无，外王是有。老子说"虚其心"，"虚"也可以说是无——无之以为用，即用虚，这是内圣。那么外王就是实，实际的意思，是有——有之以为利，即利用厚生。

第八，"知命"或"知天命"是内圣，外王则是"活命"，也即"实其腹"（《老子》第三章）——这是我提出来的。老子的"实其腹"是使大家都有饭吃。

第九，如果拿《中庸》来讲，那么"致中和"就是内圣，内心保持中和；"万物育"，使万物生长，这是外王。"致中和，天地位焉，万物育焉"（《中庸》），就是由内圣而外王。

第十，再接下来就要讲现代了。从传统来讲，"内"好像是一个人在做内圣的修养，说的是我要如何修习来达到内圣的境界。就今天而言，内圣不只限于一个人的修养，而应当使得人民有德，那么外王就是使人民都能够生活，基本问题都能够解决。我们看今天的社会，所有的政治家都强调——只是强调，还做不到——使得人们生活富足安定，缩小贫富差距，减少失业，等等。他们连这个都做不到，更何况强调要通过教育使大家都能够有德？

曾经有个心理系的教授说，中国人讲内圣外王、治国平天下是错误的。他说心理学有一个理论：把一群人放在监狱里面，让一个人做典狱长，其余人做犯人，那做典狱长的就会变成典狱长的样子，做犯人的就会变成做犯人的样子。只要给他那个位置，他就会自动做出对应的行为，把这个位置给任何一个人都没有区别，他的私德与他的外在是没有关系的。但这里必须有个前提：整个制度要设计好，典狱长就要有典狱长的制度，所以建立一个好的制度是很重要的。但现在我们要谈的是现实，因此关键就在于内圣：不是个人的内圣，而是社会的内圣。所谓内圣就是一个和谐社会中的个人，而外王就是和谐社会，这里实际上是扩大了内圣的范围，是人人守法的社会。

如果只注重个人修养，就会导致内圣的分裂，就是只管自己而不能兼善天下，因此只有提升自身且兼善天下才是内圣外王之学。我们认为，纯粹的学术研究并非内圣外王之学，因为这是把注意力放到字句的考证和训诂方面去了，对国计民生没有大的影响。所以，如果我们有"内圣外王"的念头，那我们就不会关起门来只研究一家一派的思想了，而要思考怎样把这种思想的道理跟社会结合在一起。

以上所做的关于内圣外王的分析，都有一个由内到外的推进，都是具有应用性的，简单明了，而不是在学术方面钻牛角尖。如果把内圣外王用在我们的学术研究上，就要想到这种学说对现在的人有没有意义。内圣外王不只是一个君主应该去修习的东西，它对每个人都是很重要的。

接着，我要再发挥一下"知命"与"活命"的讲法。知天命实际上就是知道天交给我们的命。这个"知"是一种学问，真正要使自己"知"得清楚，把自己安排得好，它是一种修养，而不是一个念头。有些人在面对压力的时候，就说"我不是这块料"，等到没有压力的时候，就说"我是神",这种表现不是"知",只是情绪而已。谈到真正的知天命,就要说到张载的"为生民立命","生民"就是人民,要为所有的人民确立他们的命,使得所有人都能够了解他们的精神的生命,这就是内圣了。所以,我认为"知命"对个人来说,就是知晓自己的天命,这实际上是非常积极的——知道天交给我的责任。每个人、每样东西,都有天交给他们的任务。

责任会不会改变呢?比如我现在是学生,我的责任就是好好读书,等我毕业的时候,我才会知道我要做什么。这是普通意义上的责任。还有对某一件事情、某一个项目的责任,或者对某一个人的责任,这是相对性的。此外还有一个天命。天命就是大的整体的责任,要能够发挥我们的"尽性至命以知天",即尽我们的性,也就是完全发挥自己所具有的"性能",这要从尽到我们眼下的责任开始,小的责任累积起来也就是大的责任了。

以上是说"知命"。至于"活命"的"命",则指物质的生命。庄子讲"养民"讲得清清楚楚,这是"民之理也",也就是说,要注重人民的物质生活。对个人来说,君子固然是谋道不谋食,但他谋的道,也即天命,仍然是以使生民"活命"为首要目标的。

原文

不累于俗,不饰于物,不苟于人,不忮于众,愿天下之安宁以活民命,人我之养毕足而止,以此白心。古之道术有在于是者,宋钘、尹文闻其风而悦之。作为华山之冠以自表,接万物以别宥为始。语心之容,命之曰心之行,以聏合欢,以调海内,请欲置之以为主。见侮不辱,救民之斗,禁攻寝兵,救世之战。以此周行天下,上说下教,虽天下不取,强聒而不舍者也,故曰上下见厌而强见也。虽然,其为人太多,其自为太少,曰:"请欲固置五升之饭足矣。"先生恐不得饱,弟子虽饥，不忘天下。日夜不休，曰："我必得活哉！图傲乎救世之士哉！"曰："君子不为苛察，不以身假物。"以为无益于天下者，明之不如已也。以禁攻寝兵为外，以情欲寡浅为内。其小大精粗，其行适至是而止。

解义

"不累于俗"，也就是不受世俗的影响与拖累。需要注意的是，这里虽说不受世俗的影响，但并没有说要反对世俗。所谓"不饰于物"，中国文化中的"物"也包括了物欲、欲望在内。这里是说不拿外物修饰自己，但也没有说抛弃万物。"不苟于人"，"苟"就是求，不求于人，也可以说是不苟合于人，不趋炎附势。"不忮于众"，"忮"就是发脾气，"不忮"也就是不受别人的影响。佛教的《金刚经》说"无我相，无人相，无众生相"，"不忮于众"即没有"人"相。"愿天下之安宁"，就是希望全天下都太平，"以活民命"，即使人民都能够好好生活。"人我之养毕足而止"，人们所需要的供养，只求足够而不贪多。这几句话是对道术的说明。

下面这几位人物是追求这种道术的，他们"以此白心"，来表白自心。"古之道术有在于是者"，宋钘、尹文等人"闻其风而悦之"，他们要追求这种思想，以此为标榜。实际上，尹文后来被列为名家，《汉书·艺文志》著录《尹文子》一卷，可能是后人的作品，就把它放在名家一类。不过，这里所记载的尹文思想并没有明显的名家特点，由此也可看出，百家分派在当时并不那么清晰。这派学者做了一个帽子，给它起名字叫作"华山"，华山上面平坦，下面也平坦，于是就用这个"平"来表达此心的"均平"。"以别宥为始"，"别"就是去掉，"宥"跟"囿"是一样的，也就是拘束，限制在某一个范围里，所以"别宥"就是去掉限制，不要把自己局限在一个看法、一个门派中。荀子有一篇文章叫《解蔽》，其实"去宥"就是"解蔽"，去掉自己的看法所造成的遮盖，即去掉自己的意识、观念、执着。"以别宥为始"就是来对待外物的，指对待万物时要去掉自以为高明、自命不凡的态度，不要拿自己的主观想法去看万物，以此作为修养的开始。

"语心之容，命之曰心之行"，是他们对"心之容"的描绘。什么叫"容"呢？就是容纳、开放。心可以容万物，他们把"心之容"当作心的"行"，"行"就是心的作用。他们修心的作用就是使心得以开放、能够容纳万物。"解蔽"了，才能容纳万物。如果有蔽，就是被遮盖了。"以聏合欢"，"聏"是柔软，"欢"是和谐，用柔软的方法接待万物，使万物都能够和谐，柔能够和谐万物；"以调海内"，"调"就是调和，调和海内的一切派别。

下一句"请欲置之以为主"。清代有一些考据的学者，包括梁启超在内，他们在注解中把"请"字改成了"情"，把"欲"当作欲望，把"置"字改成"寡"，说"情欲寡之以为主"。这些注家很喜欢改动原文，改后的确讲通了，但他们的修改是他们主观的看法。实际上这一句话就算不改，意思也说得通。凡是意思可以讲通的，我认为就不要去乱改了，因为没有理由。什么叫"请欲置之以为主"？就是把"心之容"——心地宽大，"解蔽"，去掉执着——当作他们思想的主旨。

接下来说"见侮不辱"，我们的心能容纳，人家侮辱、批评我们，我们不会感到耻辱——批评是他们的看法，与我们何干？这就是前面所谓的"不累于俗"，不受世俗的拖累。现在人世间是是非非很多，没有人背后是不被人批评的，何必去知道它呢？要"见侮不辱"，这是内心的修养。

下面说"救民之斗"，这与墨子是相同的，要非战、非斗。要注意的是，墨家不讲"见侮不辱"，只强调外在方面怎样去非战，怎样去救世。这里则更深一层：人与人之间为什么斗？就是因为不能忍、不能容，这是由内到外的一个过程。他们的结论与墨家相同"禁攻寝兵"，就是不要战争。他们拿他们的这一套理论周行天下去游说，"上说下教"，说服上面的人，教育下面的人。"虽天下不取"，即使没有被人采纳，"强聒而不舍者也"，他们也继续讲个不停，结果便是"上下见厌而强见也"，人们讨厌他们，他们还要去强行拜访。

"其为人太多，其自为太少"，他们替人家想得太多了，为自己想得太少。他们"请欲固置五升之饭足矣"——这个地方又出现"请欲固置"，如果改了前面的，这里应该一起改。文中错一次也就罢了，可能两次都错吗？所以那种改法是不对的。这句话的意思是说，我不求多，只要给我五升之饭或五碗饭就满足了，这就叫作"自为太少"，牺牲太多。"先生恐不得饱，弟子虽饥，不忘天下。"这一派人自称：我虽然饥饿，但是不忘天下，所以日夜不休。"我必得活哉！图傲乎救世之士哉！"相信自己一定要活，一定能活，因为有任务在身。"傲乎救世之士"，认为自己是救世之士，为救世而牺牲。"图"就是求，求"傲"。"傲乎"就是要做到一般救世之士所能做的，还要做到最好。

"君子不为苛察"，为什么不为"苛察"呢？因为心能容，不会对别人太过分苛刻。所以"不以身假物"，这就是前面的"不饰于物"，不以物质名利来表现自己。他们以为那些名利和物质无益于天下，所以"明之不如已也"，不如把它们停止、去掉。"以禁攻寝兵为外"，从外面讲他们要停止打仗、解散军队。"以情欲寡浅为内"，为什么梁启超他们要把前面那两句话改掉呢？原因就在这里。这就是说，对内把自己的欲望降到最低，只要五碗饭就够了。"其小大精粗，其行适至是而止"，无论小或大、好或坏，统统算起来不过如此而已。而在庄子看来，这仍是不够的：他们自己可以做得到，别人却不一定做得到；他们有五碗饭吃就行了，别人还要菜，只有米饭是难以下咽的。归根结底还是他们的精神层次不够高，没有见到内圣外王之道，没有抓住战争之所以产生的根源，只是一味地呼吁不要打仗——打仗的原因不见得就是"见侮而觉辱"而已。

原文

公而不党，易而无私，决然无主，趣物而不两，不顾于虑，不谋于知，于物无择，与之俱往。古之道术有在于是者，彭蒙、田骈、慎到闻其风而悦之。齐万物以为首，曰："天能覆之而不能载之，地能载之而不能覆之，大道能包之而不能辩之。"知万物皆有所可，有所不可，故曰："选则不遍，教则不至，道则无遗者矣。"

是故慎到弃知去己，而缘不得已，泠汰于物，以为道理，曰："知不知，将薄知而后邻伤之者也。"謑髁无任，而笑天下之尚贤也；纵脱无行，而非天下之大圣。椎拍輐断，与物宛转；舍是与非，苟可以免。不师知虑，不知前后，魏然而已矣。推而后行，曳而后往，若飘风之还，若羽之旋，若磨石之隧，全而无非，动静无过，未尝有罪。是何故？夫无知之物，无建己之患；无用知之累，动静不离于理，是以终身无誉。故曰："至于若无知之物而已，无用贤圣，夫块不失道。"豪桀相与笑之曰："慎到之道，非生人之行而至死人之理，适得怪焉。"

田骈亦然，学于彭蒙，得不教焉。彭蒙之师曰："古之道人，至于莫之是莫之非而已矣。其风窢然，恶可而言？"常反人，不见观，而不免于魭断。其所谓道非道，而所言之韪不免于非。彭蒙、田骈、慎到不知道。虽然，概乎皆尝有闻者也。

解义

我们再看下面一派。"公而不党"，大公无私，不去结党营私、拉帮结派。"党"在中国传统语境中是个负面的词汇，繁体"黨"拆开来，就是尚黑。"易而无私","易"就是平易。如果修养平易，生活恬淡，就不会有好利、好私之心，所有私心都源于要求多，要求我比人家强，不肯平易。所谓"君子之交淡如水"，佛教说"直心是道场"，"直心"就是平易，这就是道。"决然无主"，"决"即必然，像水冲破河堤那样，没有一个主观的东西加以阻碍。其实这就是自然——自然而为，顺势而走，因为一旦有了主观的看法，也就有了"私"。"趣物而不两"，"趣"是"靠近""趋向"的意思，趋向于物而没有分别心，没有执着，以万物本身对待万物，而不掺杂自己的好恶。

"不顾于虑"，不要老是瞻前顾后、患得患失，这样念头就太多了。"不谋于知"，做任何事情不要图谋，不要有自私的目的。所以"于物无择"，对万物没有一个好或不好的选择标准。顺物而走，"与之俱往"，这实际上是道家的思想，符合庄子的观点。所以"古之道术"——这个"道术"本来是好的——"有在于是者，彭蒙、田骈、慎到闻其风而悦之"，他们很认同这些话，也想要依据它来做。彭蒙是齐国的隐士，田骈是彭蒙的学生。关于慎到，我们知道他是法家的一脉，但这里表述的几乎都是道家的思想。

这三个人的思想是怎么样的呢？他们"齐万物以为首"，这应当与庄子的"齐物"不同，当然目前还看不出来。不过庄子并不认为"齐万物"当"以为首"，他以"逍遥"为主，《逍遥游》是他的第一篇，而"齐物"只是一条路径，彭蒙他们则只讲"齐万物"而不讲"逍遥"。

接下来他们具体讲"道"："天能覆之而不能载之，地能载之而不能覆之，大道能包之而不能辩之。"先讲天地有所偏：天虽然伟大，能够覆盖万物，但还不能像地一样承载万物；地虽然广大，可以负载万物，却不能覆盖万物。大道虽然能包容万物，但是大道不能分辨万物，所以说"万物皆有所可，有所不可"。这个地方对天地的批评很容易理解，但是否对大道也有所批评呢？大道的确不求辩，它是自然，所以说"万物皆有所可，有所不可"，每个东西都有它的可与不可，不去分辨哪一个好，哪一个不好，这就是大道。所以，这里实际上还是在讲大道，用天地来做陪衬，说大道不能辩只是在说大道高明。

他们接着说"选则不遍"，有选择就只有一个标准，不能照顾全局。"教则不至"，"教"是无法真正教育别人的，因为"教"这种行为有些自以为是，如果有"教"别人的想法，就不能从别人的角度来思考了。所以孟子认为，人之大患在好为人师，因为大家都认为自己是对的，每个人的看法都是师心自用。作为老师，我从来没有想过用我的观念去改变学生，因为我的观念不见得全对，我只要求学生深入地研究中国哲学，希望他们能因为中国哲学而转变。"教则不至"，只是外在地教给他，很难真正达到改变的目的。所以只有道——"道则无遗者矣"，道不教、不选、不辩，真正相信道的人自然会因为道而转变。因此，慎到"弃知去己，而缘不得已"。这是不是我们所谓的先改变自己呢？

儒家教学也是如此，他们先教学生要诚要明，而不是让学生去做什么转变。孔子教学生，针对各种不同性格的人采取不同的方法，没有固定标准。比如对宰我，他就说"朽木不可雕也"，这是一种教法——骂学生。有一回一个年轻人去找孔子，孔子让学生告诉这个年轻人，孔子不在家。这人走了以后，孔子却故意弹琴让年轻人听到——表面上看孔子说了谎，实际上孔子是以不愿意见这个年轻人来刺激他。可见孔子也常用这种不是很直接的教法。孔子讲"毋意，毋必，毋固，毋我"，他并不会说自己就是对的，"有鄙夫问于我，空空如也"（《论语·子罕》），"弃知去己，而缘不得已"，去掉自知和自我而顺其势，这是慎到这一派人的方法要点。"泠汰于物"，"泠"就是不热情；"汰"本义是淘汰，"泠汰于物"就是冷漠于物，放任它们，不要拼命去教；"以为道理"，拿这个作为他们的道理。他们进一步说，"知不知，将薄知而后邻伤之者也"。"知不知"，这是老子的讲法："知不知，上；不知知，病"(《老子》第七十一章），没有知而自以为知是毛病；"薄知"即少有所知，不以为自己有知，"邻"即靠近，靠近就会有伤害。"将薄知而后邻伤之者也"，是指一点儿自以为有知的念头都不能有，一有就会害了自己。"諄髁无任"，"諄髁"就是歪歪倒倒，仿佛喝醉了一样。"无任"，好像没有任何责任，"而笑天下之尚贤也"，以这种放任无知的态度，来讽喻嘲笑儒家和墨家的尚贤思想。"纵脱无行"，"纵"是放纵，"脱"是解脱，从世俗的一些礼节中解脱出来，"无行"，好像一个没有好行为的人，"而非天下之大圣"，用这好像没有品德的行为，来批评那些儒家的圣人。"椎拍輐断，与物宛转"，这句话要特别注意。"椎"是像钉子一样，他跟万物相交，有时候还要像椎子一样拍打进去——这是"椎拍"；"輐"就是像圆一样，因为有棱角就有妨碍，所以要断去棱角，想尽方法来与万物相宛转。"舍是与非"，丢掉是与非的观念。"苟可以免"，"苟"就是只求，只求免掉麻烦，免掉是非。"不师知虑"，不以知虑为师，也"不知前后"，不分别前后与好坏。"巍然而已"，"巍"就是像一座山那样屹立不动，使之不受影响，因为已经弃知去己了。所以"推而后行，曳而后往"，推一下他就走一步，拉一把他就跟一步，好像没有自主性，就像"飘风之还"，像风的旋转，"若羽之旋"，像羽毛在风里飘上飘下。"全而无非，动静无过"，这样做是为了保全自己的性命，使任何行为都不会掉在是与非的陷阱里面，动也好，静也好，"未尝有罪"，不会有过错。因为无知的东西没有"建己之患"，不会因为表达自己或建立自己，使自己突出，而产生忧患。

他们因此"无用知之累"。一旦用了知，就有所想、有所算计，后面的一切麻烦就来了。所以"无知之物"动也好，静也好，都会顺它们的自然。"是以终身无誉"，"终身无誉"就是终身无咎，"咎"与"誉"是连在一起的，所谓"无咎无誉"（《易经》语）。所以说"至于若无知之物而已"，只求做到像无知的东西那样而已。"无用贤圣"，不要讲圣贤。"夫块不失道"，就像土块、石块一样无知，他们认为只有这样才不会失去道。"豪桀相与笑之曰"，英雄豪杰都会笑他们说，慎到讲的道"非生人之行而至死人之理"。这是庄子所批评的。可见在他那个时候，禅宗所谓"枯木禅"的问题就已经出现了。"枯木禅"就是指打坐时没有生机，如枯掉的树木。这在庄子看来，已经断绝了生机，进入了死地，不是真正的人的生命之道，只是学土块石头罢了。

我有个学生在佛学院教书，他说现在很多人学佛，都认为佛教是解决"死"的宗教，说今天佛教主要的问题就是面对死亡。今天很多研究佛学的人都只讲放下，我们看到那么多人在海啸中死掉，就说"放下吧，算了吧"。佛教还讲"共业"：因为上一辈子造的业，注定这些人要在此时此地死亡，所以就把人聚在一起。放下的确是佛教的一个方法，但是拿得起也很重要，佛学的功夫在于，什么时候该放下，什么时候再拿起。该放的不放，该拿的不拿，这就错用了佛学的道理。人与人相处也是这样：我没有那么多精力把所有都拿起，这里也同情，那里也慈悲；那么，对自己的烦恼要放得下，对别人要拿得起。君王所做的工作无非就是拿得起。面对事实，解决问题就是拿得起；把痛苦烦恼放在一边，就是放得下。真正懂得拿得起的人不会有痛苦烦恼。所谓"先天下之忧而忧"，那个"忧"不是指痛苦烦恼，它的目的是救世。慎到之道就是放得下，却拿不起，没有生人之行，只有死人之理。所以说"适得怪焉"，这实在太奇怪了，变成死人了。

不仅慎到，田骈也是如此。田骈学于彭蒙——彭蒙大概是一个道家隐士——"得不教焉"。彭蒙不教，这个有禅宗味道，"彭蒙之师"的身份则未知。他说"古之道人，至于莫之是莫之非而已矣"，即不要去求是，也不要去躲非。请注意，"是非两忘"是庄子的看法，这个话有点像"是非两忘"，但我们要注意两者的不同。关键在"而已矣"三个字，只是如此而已，这三个字就把庄子的高明点出来了，庄子的批评也就随之而来。如果没有"而已矣"，跟禅宗还有什么差别？禅宗六祖惠能的"不思善，不思恶"不也是这样吗？"而已矣"是指，只有如此的做法，而没有更高的境界了。庄子的是非"两忘而化其道"是有"化其道"为根本的；六祖的"不思善，不思恶"之后，是要问"哪个是明上座本来面目"的，可是慎到只是"莫之是莫之非"如此罢了，没有更高的境界了。"其风窢然"，他们的做法就像是刮风一样，刮得很快，没有留下任何痕迹。"恶可而言"，庄子说：这样快，实在是让我连批评都懒得批评了。他们"常反人"，不是圣人之行，因而其道理不合人情，什么都要追求与一般人不同。"不见观"，"见"就是"受"，不受人的拥戴，不为人所取法。就像魏晋时的竹林七贤一样，故意去违反礼教。竹林七贤还是活人，他们的行为根本就是死人。"而不免于魭断"，他们的做法正是要把自己的棱角磨平。所以他们讲的道"非道"，违反常理；"不免于非"，想要跳脱是非，结果仍然不对。"彭蒙、田骈、慎到不知道"，不知真正的道。即便如此，他们还是有一些名声，还有很多人去追随。就像禅宗的"枯木禅"，我们知道"枯木禅"不好，但是还有很多人修"枯木禅"。

这一部分的要点还是慎到的"弃知去己"。在庄子看来，要达到道，自然要先超脱知、超脱己，而慎到没有往上走，只是单纯地丢掉了自己，一片空白。第一，慎到没有搞清楚什么是自己；第二，慎到搞不清楚为什么要去掉自己。自己是 self，还是 ego 呢？这是首先要弄清楚的。我们本来有一念是"易而无私"的，而一旦有一念不平易，复杂而有私心了，就已经失去自己了。如果没有这一念的私心，自己有什么不好？根本不用去除。自己就是道，"不离于真""不离于天"，"不离"才是功夫。慎到他们"弃知去己"，就好像化疗一样，把好的细胞、坏的细胞一起抛弃掉了——坏的细胞当然要换掉，但好的细胞也要能保存住。他们到底没有抓住真正的终极原则，如果抓住了那个原则，其实以后要怎么行动都可以。

"己""意""性"这几个字都有两面意思，就像讲"心"，要去掉一部分贪欲的心，但有另外一个真心要保存。所以"去己"的同时，另一面就要"存己"。对于好坏也是一样，什么叫好人，什么叫坏人？老子讲过，不善之人也是"善人之资"。世界上就是有不善之人，要把不善的人全部去掉的话，也就无所谓好人善人了。所以说慎到他们"有偏"，虽然讲"选则不遍，教则不至"，但在说"弃知去己"的时候就已经在"选"，已经在盘算着要去"知"了。一旦动了"弃知去己"的念头，就已经有所欲求了。孔子讲"毋我"，并不是说"去己"，而是说不要以我的见解去评判，并未放弃"己"。庄子最多谈到的是"忘己"，把那个相对的自己放在一边，而不是"去己"。想要"去"的念头本身已经有分别了。于是，慎到的这些东西变成了方术，越来越"往而不返"了。

原文

以本为精，以物为粗，以有积为不足，澹然独与神明居。古之道术有在于是者，关尹、老聃闻其风而悦之。建之以常无有，主之以大一，以濡弱谦下为表，以空虚不毁万物为实。

关尹曰："在己无居，形物自著。其动若水，其静若镜，其应若响。芴乎若亡，寂乎若清。同焉者和，得焉者失。未尝先人而常随人。"

老聃曰："知其雄，守其雌，为天下谿；知其白，守其辱，为天下谷。"人皆取先，己独取后，曰受天下之垢。人皆取实，己独取虚，无藏也故有余。岿然而有余。其行身也，徐而不费，无为也而笑巧。人皆求福，己独曲全，曰苟免于咎。以深为根，以约为纪，曰坚则毁矣，锐则挫矣。常宽容于物，不削于人。虽未至于极，关尹老聃乎！古之博大真人哉！

解义

我们看看庄子是怎么评价老子的，虽然只用了一百多个字，但把老子的精神都抓住了。"以本为精"，老子要抓住根本。慎到就是没有抓住根本，这个根本就是道。"以本为精"就是以道为精。"以物为粗"，"物"就是物欲这一类相对的东西。"精""粗"就是好与坏。"以有积为不足"，有积就是有欲望了，想要越多越好，老子是讲少思寡欲的。"有积"是感觉不足导致的，如果感觉足的话也就不会去"积"了。"澹然独与神明居"，"澹"就是淡泊，"神明"就是精神、凝神。以上是描写道术的境界。

老子与关尹两人"闻其风而悦之"，是指他们两人体悟这个境界的高超，有意于实践。"建之以常无有"，有人把"常无有"解释为"无"，但我建议把三个字分开解释。在我对老子的理解中，"常"是老子思想的一个重点，几乎是道之本体，而"无""有"是发展的两个状态。"主之以大一"，"大一"也作"太一"。所谓"道生一，一生二"，这个"一"就是"大一"，也就是在宇宙发展的开端、万物开始时的道。

"以濡弱谦下为表"，"濡弱"是柔弱，"谦下"就是谦虚，"为表"就是作为思想的表达。注意，这里有一个"谦"字。其实，《老子》里面没有这个"谦"字，但《易经》有谦卦。老子思想很强调卑下，比如他重视柔弱，又喜欢拿低下的江海做比喻，这是贯穿他思想体系的一个概念，不能窄化为人与人之间的谦虚。

文中说"为表"，是指这不是根本，只是一个表面形态，仅仅涉及人与人之间的关系。如果表里都只讲"濡弱谦下"的话，庄子就要说"而已矣"了——不过如此。下面一句"以空虚不毁万物为实"，这才是它的根本。"空虚"即虚其心，虚其欲，"不毁万物"，不破坏万物，顺万物的自然。这是根本，一虚一实两方面都很重要。

关尹是老子出关时碰到的那位守关者，他请老子写些东西留下来，于是才有了《老子》一书。现在也有托名关尹的文章存世，但不是他写的。我们不知道关尹的思想到底如何，但他与老子的思想是一致的，可能是保留《老子》一书的人，也可看作老子的学生，所以他的话实际也是老子的。

他说"在己无居"，这不是说"去己"，而是说没有"居心"，不要让自己执着在某个地方。《金刚经》讲"无所住而生其心"，"无所住"就是无所居。"形物自著"，外在的东西由此都能够自己发展，山之高兮水之深，每样东西都各得其所。"其动若水"，动起来像水一样。我们可以加一句"若水之无体"，像水一样没有固定形体，因为水流起来会变成任何形状，流到圆的地方变成圆，流到方的地方变成方，流到小的地方就变小河，流到大的地方变大海，它本身无形无体。"其静若镜"，镜无心，给它什么样的东西就照出什么样的东西来，不会有所取舍。所以"其应若响"，就像山上的回音一样，叫出什么声音，它就回响什么。"芴乎若亡"，茫茫乎，好像没有，因为道就好像是无。"寂乎若清"，但是静的时候就很清，像水。"同焉者和"，跟人相同，因为无心、无己，同者无己才能够和。"得焉者失"，得者有己就有失，因为有一个"己"的观念才能得，不然是无所谓得失的。

"未尝先人而常随人"，《老子》第六十七章讲："我有三宝，持而保之，一曰慈，二曰俭，三曰不敢为天下先。"不要做别人的领袖，让别人跟着我们走，而是要常跟着别人走，顺其自然。关尹在此与老子是一致的。

对于老聃，在《老子》第二十八章中说"知其雄，守其雌"，知道雄的一面，把自己放在雌的那边。雌也就是随顺与柔弱。"为天下谿"，是指待在最低的地方。"知其白"，知道白是好的；"守其辱"，把自己放在辱的那边，"辱"就是不好，不是说做了坏事感到耻辱。把自己放在不好的、最低的地方，所谓"为天下谷"，是指空虚如深谷。"人皆取先"，人人都争先好斗，我偏偏要站在后面，不去跟人家斗。所以我要接受天下最脏的东西，像水一样流到最脏的地方。每个人都追求实，要占有，我偏偏强调虚，不求多藏，不把金银都藏给自己，不把知识都藏给自己，反而是有余的。"既以为人己愈有，既以与人己愈多"（《老子》第八十一章），这也是老子的话。"岿然而有余"，"岿然"就是像山一样在那里寂然自足。他的行为"徐而不费"，这个"徐"字是老子的重要思想，形容做任何事情要慢慢来，不能急。有了欲望，就想快点达到，就会心急。老子的功夫就在"徐"，要慢下来才不浪费精神与体力。"无为也而笑巧"，顺其自然而无为，笑那些好巧的人，弄巧成拙。老子批评那些玩弄技巧的人："人皆求福，己独曲全。"今天一般人过年都追求福寿、财神。"己独曲全"，"曲"是弯曲，反能成全。能够曲还能够全，这一点很重要。我不求福，而福自来。只求福是求不到的，因为没有"种福"，何来降福？佛家就是讲"种福田"，你种了福田才有福，如果不种那个田，却拼命跑到庙里面去求福，菩萨也没有办法。"苟免于咎"，意思是我不求福，只求没有祸。这就叫"曲全"，钱少一点儿也很快乐，有了钱，很多麻烦会接踵而至。"以深为根"，"深"就是本，就是德之深。中国人所谓的"高"和"深"可以放在一起讲"高深"，英文就翻译不出来，深是 deep，就不能高了。"以深为根"，那就是"上"；"上德不德，是以有德"，这才是"深"。"以深为根"是内圣的功夫。"以约为纪"，"约"就是简、朴，"纪"就是原则，以朴为原则处理万事。所以老子告诉我们，"坚则毁矣"，刚强就会被毁掉，而柔弱反能胜刚强。"锐则挫矣"，锐利的话就被挫掉，被压下去。"常宽容于物"，老子说"知常容，容乃公，公乃全，全乃天，天乃道"。"知常"才能"容"，"容"就是把心开放，接受万物。"不削于人"，不要苛求别人，不要尖刻地去对待别人，这就是老子讲的至德。"关尹老聃乎！古之博大真人哉！"庄子对于关尹、老聃是完全赞美的，前面用大段文字讲出他们的要点，最后以"古之博大真人"做总结，没有任何批评。

原文

芴漠无形，变化无常，死与？生与？天地并与？神明往与？芒乎何之？忽乎何适？万物毕罗，莫足以归。古之道术有在于是者，庄周闻其风而悦之。以谬悠之说，荒唐之言，无端崖之辞，时恣纵而不傥，不以觭见之也。以天下为沉浊，不可与庄语。以卮言为曼衍，以重言为真，以寓言为广。独与天地精神往来而不敖倪于万物，不谴是非，以与世俗处。其书虽瑰玮而连犿无伤也。其辞虽参差，而諔诡可观。彼其充实不可以已，上与造物者游，而下与外死生无终始者为友。其于本也，弘大而辟，深闳而肆；其于宗也，可谓稠适而上遂矣。虽然，其应于化而解于物也，其理不竭，其来不蜕，芒乎昧乎，未之尽者。

解义

我们来看庄子对自身的描写。"芴漠无形，变化无常"，"芴"就是惘然，"漠"就是非常广大，他形容自己的思想像天空一样广漠无形。庄子对自己思想的描述与老子不同，老子的描述是很精细的，而庄子一开始就抛出一个无限的境界，即广漠无形的宇宙、无限的空间，然后静观宇宙万物的变化无常，所以庄子强调无常。而老子讲"常"，如"道可道，非常道"（《老子》第一章），"建之以常无有"。在变化无常、广漠无穷的宇宙中，什么叫作死，什么叫作生？"死与？生与？天地并与？"意思是指，相对于天地的无穷来讲，死生都是一个很小的现象，所以就无所谓死生了。个人当然有死生，但把眼界、境界拓宽到整个天地的话，生生死死根本上是一个变化无常的循环。"神明往与"就是跟神明同往，与神明同在。"芒乎何之？忽乎何适？""之"就是去，要去什么地方，并没有目的地；也没有说标准是什么，要达到什么水平才合适。"万物毕罗"，万物都呈现在我们面前，"莫足以归"，没有什么地方能使我们归去，甚至也无所谓"归"，人死了以后可以变成任何东西，不一定非要做人。庄子提出了一种超脱死生、没有具体目标的无限的境界。

"古之道术有在于是者，庄周闻其风而悦之。"庄周的这种无穷的境界不好用文字来描述，所以他采用了"谬悠之说，荒唐之言"的表达方法。"谬"就是荒谬，与事实相反，"悠"是指悠远，"荒"是指超乎常情的广大。他这种"荒唐"的思想不是我们常人所能够了解的。"无端崖之辞"是形容他的文辞没有任何标准或限制。"时恣纵而不傥"，"时恣纵"是说有时他的言论很放肆，"纵"是放任，"不傥"是不正。换言之，这种言辞不是一板一眼的，这是由于他"不以觭见之也"。这个"觭"就是"一偏"，他不是以某一角度或某一观点来看待事物的，而是用无限的角度和观点。所以在庄子眼中，"以天下为沉浊"，"浊"就是混乱不堪，这个天下就是浑浊世俗的天下。我们在浑水、浊水中还自以为是，就像鱼缸里面的鱼。由于这个原因，庄子认为"不可与庄语"，没有办法跟我们谈论真正的道理。

庄子称自己表达文辞的方法有三种，我们读内七篇的时候，确实可以看出庄子是用这三种方法来构建他的思想体系的。

首先，"以卮言为曼衍"。"卮"就是漏斗，我们知道漏斗是从上面流进去，从下面漏出来，没有底，所以不会堵塞，这是形容他的话就像漏斗一样。"曼衍"就是无限的发展。所以庄子的很多话不能执着于其表面的意思，他经常话中有话，蕴含着无限的深意。在《逍遥游》里面他就经常用到"卮言"。

其次，"以重言为真"，"重"就是借助别人的话来表现他讲的话的真实性。凡是"重言"常常是引证圣人之言，比如引证了孔子的话。因为庄子认为他自己讲的话会被别人认为荒唐，所以就借用"孔子曰"

或是"某人曰"来表达。

第三，"以寓言为广"，是借托某些动物的故事来表达、推广他的想法，例如通过大鹏、麻雀、神龟、神木、海洋等故事来传达思想。

这三种言中，我觉得寓言所表达的意思并不完整，类似于禅宗的公案，不过禅宗公案是故意颠覆别人的思想，从而令他们反省，而寓言正好相反，是借此故事让别人更容易理解自己的观点。但是最容易误解的也是寓言，因为人们往往忽略了它背后的深意。《庄子》中讲述了很多寓言，很多人很喜欢这些小故事，但是常常抓不住故事背后的用意，所以要注意去了解寓言背后的深意。总而言之，庄子是以这三种言说方式来表达他的思想。

那么庄子自己的精神境界如何呢？他自称"独与天地精神往来而不敖倪于万物"，"独"是"慎独""见独"的"独"，这个"独"就是"真我"，形容庄子的本体、真我与天地精神相往来，这是提升上去与宇宙同化。他一方面向上，超越人世间与宇宙中无穷的时空共生；另一方面向下，"而不敖倪于万物"，这是很重要的一句话。他把万物都看作自己的同类，没有说哪一个好，哪一个坏，没有偏见，也不骄傲。经常有人把庄子比作尼采，庄子既能上也能下，但尼采则一味向上而下不来，他讲超人，批判基督教和女性。我们中国的哲学就是两面的，一方面向上一方面向下，因此能够遨游于宇宙和万物间。

庄子"其书虽瑰玮"，"瑰玮"就是奇特，他的文笔和写作方法很奇特，"而连犿无伤也"，"连"是连接，"犿"是与万物相交、相连，不会伤害和隔断万物。"其辞虽参差"，他的文辞虽然参差不齐，信笔写来，没有什么规则或者规律，"而諔诡可观"，"諔诡"是指滑稽，形容他的文辞幽默滑稽，值得回味。

讲完文辞之后，他马上又回到了内在"彼其充实不可以已"，他之所以能达到这种境界，是因为他内在非常充实，所以他任情、任性来写就势不可挡，一泻千里。所以我们说，在中国文学史上，散文写得最好的是庄子，历代很多人模仿庄子，但没有学得像的。如果说内七篇体现了庄子的文采的话，那么外杂篇中很多文辞就是在学庄子。我们推断，那些作品应是后人所写，但没有一个人学得像庄子，因为这种文采是充实于内而自然表达于外，不是学来的。我们现在写文章都是先安排好开头、结尾、中间写什么，古代人还要写八股文。而庄子的写作完全是任性而为。我拿写新诗举个例子，有的学生学新诗只学句子的长短，但只学这种外在的形式并不能写出真正的诗。要先成为诗人，才能写出好诗，简言之，要先有悲天悯人的情感，写出来才是真正的诗。

不论是诗人还是哲学家，首先都需要具备充实的内在，要有至情至性。充实于内才能够"上与造物者游"，这种"游"是自然之游。庄子并没有明确规定此处"造物主"的指称，可以是上帝也可以是神，把"造物主"当作"道"也可以。我们现代人把"造物主"当作神，是把它人格化了，但此处并不是这种用法。那么，"造物主"是什么呢？是天地。天产生万物，地形成万物，正如他在《齐物论》中所言："天地与我并生。"此外，庄子的精神向上与造物主同游，说明他也达到了造物主的境界。在庄子的眼中，每个东西都是造物主。假定我死了以后变成别的东西，那我不就是那个东西的造物主了吗？因此，从相对的观念来看，宇宙中每个东西都是其他东西的造物主。

他接着说，"而下与外死生无终始者为友。"这是超脱生死的境界，每个东西在宇宙中都是无终无始的，所以不要执着于有限的肉体。天地万物是一贯的，整体上是一气的循环。所以先要充实，才能领悟到这种境界。"其于本也，弘大而辟"，从根本上来说，他的思想无限开阔，没有限制或拘于一端。"深闳而肆"，深远而能够放纵。"其于宗也"，前面我们讲了以天为宗，所以这个"宗"实际上是指天。"可谓稠适而上遂矣"，"稠"就是调和万物，"上遂"则指向上提升。虽然庄子有这种境界，"其应于化而解于物也"，他能够顺应万物的变化，而从物累中解脱出来。他能不受世俗万物的拖累，是因为他与万物融为一体了。"其理不竭"，是说庄子讲的道理不会穷尽，因为他从一开始就是广漠无形的，不是局限于一隅之理。"其来不蜕"，什么叫"来"？庄子从一开始就说"神何由降？明何由出？"所以他的精神是由没有轨迹的蜕变而来。"芒乎昧乎"，庄子追求的境界是茫昧的，即广漠无限的。"未之尽者"，是指无穷无尽。庄子这个"未之尽"跟前面的"芴漠无形"用意相近，虽然他能够从外物中解脱出来，但是他又能游于无穷无尽的宇宙中。

原文

惠施多方，其书五车，其道舛驳，其言也不中。历物之意，曰："至大无外，谓之大一；至小无内，谓之小一。无厚，不可积也，其大千里。天与地卑，山与泽平。日方中方睨，物方生方死。大同而与小同异，此之谓小同异；万物毕同毕异，此之谓大同异。南方无穷而有穷，今日适越而昔来。连环可解也。我知天之中央，燕之北越之南是也。泛爱万物，天地一体也。"

惠施以此为大，观于天下而晓辩者，天下之辩者相与乐之。卵有毛；鸡有三足；郢有天下；犬可以为羊。马有卵；丁子有尾；火不热；山出口；轮不蹍地；目不见；指不至，至不绝；龟长于蛇；矩不方，规不可以为圆；凿不围枘；飞鸟之景未尝动也；镞矢之疾而有不行不止之时；狗非犬；黄马骊牛三；白狗黑；孤驹未尝有母；一尺之捶，日取其半，万世不竭。辩者以此与惠施相应，终身无穷。

桓团、公孙龙辩者之徒，饰人之心，易人之意，能胜人之口，不能服人之心，辩者之囿也。惠施日以其知与人之辩，特与天下之辩者为怪，此其柢也。

然惠施之口谈，自以为最贤，曰天地其壮乎！施存雄而无术。南方有倚人焉曰黄缭，问天地所以不坠不陷，风雨雷霆之故。惠施不辞而应，不虑而对，遍为万物说，说而不休，多而无已，犹以为寡，益之以怪，以反人为实，而欲以胜人为名，是以与众不适也。弱于德，强于物，其涂隩矣。由天地之道观惠施之能，其犹一蚊一虻之劳者也。其于物也何庸！夫充一尚可曰愈，贵道几矣！惠施不能以此自宁，散于万物而不厌，卒以善辩为名。惜乎！惠施之才，骀荡而不得，逐万物而不反，是穷响以声，形与影竞走也。悲夫！

解义

我们来看惠施，这是庄子学术上的对头。本文描写前面五派人物时都提到了他们的各种理想，然后说"道术有在于是""闻其风而悦之"。对于惠施的描写则不同，仔细分析起来是很有趣的。惠施的篇幅较长，因为他一辈子跟庄子辩论，二人是最要好的朋友，只是思想、看法不一样。

文中没有提"古之道术"，一开始就说"惠施多方"，别人是有"一方"，他是"多方"，"其书五车"，形容这个人读了很多书。但第三句就开始批评了，"其道舛驳"，"舛"就是违背，"驳"就是杂乱，形容违背人情，杂乱而不纯。"其言也不中"，他的话没有一句是讲得中肯的。"历物之意"，即观察万物的意义。接着，他列举了惠施的好几个论点。

"至大无外，谓之大一；至小无内，谓之小一。"现在只留下这个标题，没有惠施的具体分析，我们只能靠猜测去理解。惠施以"一"作为论题，大到没有外了，这就是最大；一个东西小到里面什么都没有，就是最小了。"大一""小一"都是"一"，"一"是至大的，也是至小的。整个宇宙是一个"大一"，原子、质子则是"小一"。

"无厚，不可积也"，是指平面是不可以累积的，但它是无限的，今天的解析几何就是这样说的。"天与地卑，山与泽平"，从无限的空间来看，天跟地一样平，从有限的空间来看，天高地低。山跟泽也是一样的，如果到最高的地方看，山跟泽一样平。这就是把眼界无限拓宽来看待万物。

"日方中方睨，物方生方死"，太阳升于天空正中的同时已经开始偏斜了，万物在生成的同时也在走向死亡，这是讲时空的相对性。接下来是讲同异："大同而与小同异，此之谓小同异。""大同"是指大致相同，当然"大同"里面必定有"小异"，我们常说"大同小异"。所以"大同"也好，"小异"也好，总是存有差异的，这个叫"小同异"。还有"万物毕同毕异"，全同全异，就叫"大同异"。这是讲同异。

接下来讲空间。"南方无穷而有穷"，我们现在指出一个"南方"，就是指明了方向。似乎南方就是一个地方，但是这个所谓的南方是永远没有穷尽的，南方之外还是南方。我们现在常常说某个空间有限，其实空间也是无限的。下面讲时间，"今日适越而昔来"，今天去了越国，等到了越国时又说是昨天来的，时间已经更改了。什么叫作今天、昨天？时间不是绝对的、固定的，空间也是无限的。所有的东西都是这样的，当我们看的时候，其实它已经改变了。"连环可解也"，我们都认为圆环连在一起是不可解的，但他说每个圆环都是贯在空中，并没有相结，所以是可以解开的。"我知天之中央，燕之北越之南是也。"天下的中心在哪里呢？是在燕的北边，也是在越的南边，换言之，每个地方都是天下的中央。这和我们现在说地球是圆的，任何一个点都是中心，是一个道理。

前面九条都是他的推论，最后"泛爱万物，天地一体也"是他的结论，他就拿这样一套理论跟庄子辩论。"惠施以此为大"，以为他很了不起，把这些理论作为他的思想主旨；"观于天下而晓辩者"，他周游天下与所有的辩者相辩论。"天下之辩者相与乐之"，大家都很高兴同他辩论，辩者们也创造了很多论题互相辩论。如："卵有毛"，鸡蛋有毛。大家都知道小鸡有羽毛，所以说鸡蛋里面已经有毛的因子了，不然它变成小鸡后怎么会有毛呢？"鸡有三足"，鸡明明只有两只脚，但他们说仅有两只脚是不会走路的，还要有精神的脚才会走路。"郢有天下"，这个赵国的都城拥有天下，跟"我知天下之中央，燕之北越之南是也"一样，地方虽小，但也可以算作是天下的中央。"犬可以为羊"，狗怎么可以当作羊呢？其实羊和狗都只是一个名称，最初确定名称的时候可以"指鹿为马"。但是荀子对此提出了批评，说要"约定俗成"，有了约定以后就不能乱来，大家都要去遵守规则，这是荀子对他们的批评。

"马有卵"是说马是由老马生出来的，"卵"代表生。"丁子有尾"，"丁子"就是蛤蟆，它在蝌蚪时是有尾的。"火不热"，火怎么可能不热呢？实际上火本身是不热的，热是我们主观的感觉。"山出口"，山虽大，但山这个字可以由我们的口中叫出来。"轮不蹍地"，车轮在滚动的时候只有一个部分碰地，而不是整个辗地的。"目不见"，这个比较容易理解，眼睛要通过其后的脑神经才能看见物体，只有眼睛是看不到的。"指不至"，用手指来指一个东西，但是并不能达到那个东西，只是遥指而已。"至不绝"，真正"至"的话就不会分开了。"龟长于蛇"，蛇长是基于形体来说的，龟长则是依据年龄来讲的，龟的年命比蛇长。"矩不方，规不可以为圆"，作为工具的矩本身不是方的，但画出的形状是方的，规也是一样的道理。也有种说法，画出的圆不是真正的圆，所有现象的圆都是不圆的，这是西方哲学中柏拉图的说法，即所有现象界的东西都不是完美的。"凿不围枘"，用凿子凿个洞，看上去是和洞契合的，但是仍存在空隙。"飞鸟之景未尝动也"，我们看飞鸟飞过，但是它投射的影子是不动的。"镞矢之疾而有不行不止之时"，疾飞的箭头也有不动或不停的时刻，因为箭射靶须经过一半的中点，而一半又有一半的中点，因此射箭出去必须经过一半，一半的一半的中点，结果是箭射不出去了。

"狗非犬"也是一样的道理，因为犬跟狗是两个不同的名词，可以互用。"黄马骊牛三"，这个命题和"白马非马"是一样的，黄马和骊牛明明是两个，为什么说是三呢？因为马和牛是二，加上了一个颜色是三。"白狗黑"，黑白只是颜色而已，白狗、黑狗并不是描述狗的本体，倘若一开始称黑色为白色，那它就变成白的了。"孤驹未尝有母"，丧母的小马从来没有母亲，为什么？因为它有母的话就不是孤驹了。"一尺之捶，日取其半，万世不竭"，这讨论的也是时间、空间问题，折取一半，一半的一半，这是折不完的，也是无穷尽的。这些论题都是辩者提出的，"以此与惠施相应"，进而展开终身无穷的辩论。这些辩者中，像桓团、公孙龙都属于名家之徒，"饰人之心，易人之意"，他们是要改变别人的信念，让人感到很有道理；"能胜人之口，不能服人之心"，辩得你没有话讲，但是你还是感觉无法信服，这是辩者的毛病，即"辩者之囿"也，"囿"就是限制在他们的圈子里面跳不出去。惠施每天用他的知识才智与人相辩论，"特与天下之辩者为怪"，这是庄子的批评。"此其柢也"，这是他们大概的情形。

"然惠施之口谈，自以为最贤"，惠施自以为了不起，他说天地也算得上是伟大了，自己却"存雄而无术"，意思是自己与天地相比还差一点儿，尚无解决办法。南方有个很奇怪的人名叫黄缭，他问惠施天地为什么不坠不陷，为什么会有风雨雷电。惠施很厉害，"不辞而应，不虑而对"，他不用言说很多，很快就回答了，我猜他一定懂得一些科学的原理。"遍为万物说"是引证万物来解释，"说而不休，多而无已"，一直讲而不知道停止，"犹以为寡，益之以怪"，他还以为自己说得太少，增加了许多怪诞的论说。所以庄子在书中批评他，说他讲到最后，精疲力竭地倒在树旁。"以反人为实"，惠施总是和别人想的不同，目的就是要胜人求名。所以他"与众不适"，和别人合不来。"弱于德，强于物"，他在修养方面很弱，讲物理现象方面却表现得很强，其实是外强中干。庄子批评惠施没有充实内在，只是辩论外在的思想，所以他的求道之途是闭塞的。

由天地之道来看惠施之能，就像牛身上的蚊虫那样是徒劳的，"其于物也何庸"，对万物来讲一点儿用处都没有。"夫充一尚可曰愈"，"充一"就是发挥一端、一面，这还算不错，"贵道几矣"，只有"贵道"才是真的，离开道就只是技术而已。"惠施不能以此自宁"，他虽然辩才很好，但内心不安，因为他弱于德。所以他"散于万物而不厌"，他追逐外面的东西而不满足，最后"以善辩为名"。可惜啊，惠施是个很有才气的人，"骀荡而不得"，放荡而内心无所得，"逐万物而不反"，追求万物而不能返回本心。这就像听到声响就拼命去追求，忘了本体，就像影子老是追逐形体一样，实在可悲可叹啊！

在中国哲学史上，《庄子·天下》可以说是第一篇有系统地把当时所有重要的哲学家分类并加以批评的文章。第二篇应该是《荀子·非十二子》，把十二子分成六派，清清楚楚地批评了十二位哲学家。当然，《孟子》里也有批评，把杨朱和墨翟放在一起批评，对陈仲子也有批评，但都是分散地、没有系统地、集中地进行评论。《荀子·非十二子》开篇就说："假今之世，饰邪说，文奸言，以枭乱天下。"从这一句话就可以看出荀子的批评与庄子不同。庄子一开始先讲天地之道，然后讲世风的流变，说现在的学者本来想追求道术，但由于他们只强调一端，结果越走越偏。他是从道统的层面进行分析和评价的。实际上，庄子的批评非常客观，好的、坏的都会提及，比如对惠施，既有批评也有正面的描述，从这一点可以看出庄子的气魄很不一样。

荀子一开始则批评邪说，像是法家判案一样，不是从天道的层面展开批评的。他的批评游走于两端，不是正就是邪，这是儒家的思维方式。而且荀子已经属于儒家的末流了，接着就是他的学生韩非、李斯，有这样的老师才会培养出这样的徒弟，变成了法家。

这一点对我们做学问也很重要：要从道的源头来做，而不是在细枝末节上去批评，更不能拿一个固有的标准去批评。很多人就是拿一个观点去批评另一个观点，即先树起一个标准，荀子就是这样做的。

一开始荀子就批评说："矞宇嵬琐"，"矞宇"是指诡异、诡诈，"嵬琐"是形容很琐细，强调细微末节，"使天下混然不知是非治乱之所存者"。庄子说"不谴是非，以与世俗处"，而荀子则以"是非治乱"为标准。

接着荀子批评六派。第一派是"纵情性，安恣睢"，即放纵他的情欲情性，安于自我的放任。这一派只讲情欲，因此"不足以合文通治"，意思是，以政治的标准来看，不合于文才，不通于治道。但是"其持之有故，其言之成理"，他们能讲出一个道理来，这些道理"足以欺惑愚众"。这一派的代表人物是它嚣、魏牟，它嚣可能是楚平王的孙子，魏牟是魏国的公子。现代也有这种人，强调欲望、情色。

第二派是庄子提到过的田骈等人，他们主张"忍情性"，即努力压制自己的情感欲望，"綦谿利跂"，"綦"就是深，形容为人很深沉。"跂"意为独立，利于独立的。"苟以分异人为高"，他们只求和别人不同，如我们常言的标新立异，所以这一种人也"不足以合大众、明大分"，但他们的理论也是"持之有故""言之成理，足以欺惑愚众"。这都是荀子的论断，是一种哲学政治化的运用，不同于庄子真正的哲学分析。尽管荀子还是儒家，不是法家，但这里已经埋下了"欺惑愚众"的种子。

第三派，荀子说，"不知壹天下、建国家之权称"，不知道要统一天下、建立国家如何去权衡。"上功用"，"上"就是崇尚，此处的"上"做动词，强调功用；"大俭约而僈差等"，强调节约，而看不清分别，因为儒家讲分别，如孟子就批评墨翟视路人如父母一样的兼爱，所以说"曾不足以容辨异"，不能够容纳、辨别出差异，"县君臣"，君臣没有区分，如墨子就想与民同耕。这种思想还是有些道理的，能够欺瞒民众。这是墨翟、宋钘之流。尽管庄子也批评墨子，但是也承认他的确是一个牺牲自我的、了不起的人，而荀子将墨子的这些优点一并抹杀了。

第四派，荀子说，"尚法而无法"，他们强调法，结果不懂法；"下修而好作"，"下修"是指拙劣的手段，而好作乱、作怪；"上则取听于上"，对上面的人一味顺从，"下则取从于俗"，对下面的人只会讨好。"终日言成文典"，整天说话引经据典，"反纠察之，则偶然无所归宿"，"纠"就是循，循着他们的看法去考察，结果没有一个目标，所以这种人"不可以经国定分"。但是他们"其持之有故，其言之成理，足以欺惑愚众"，这些人是慎到、田骈。慎到属于法家的一派，这说明荀子批评法家，认为他们不取法于先王。

第五派，荀子说，"不是礼义，而好治怪说"，天天喜欢玩弄那些稀奇古怪的说法，"甚察而不惠"，分析得很仔细，但是对人没有什么益处，"辩而无用，多事而寡功，不可以为治纲纪"，好争辩而没有实际功用，也不可以作为政治的纲纪。但是他们讲述的道理足以"欺惑愚众"，这些人是惠施、邓析等名家之流。

第六派，批评的是孟子和子思，"略法先王而不知其统"，孟子虽然谈论先王，但不知道道统。"犹然而材剧志大"，才气很高，志向很大，"以天下为己任"。孟子的思想太杂博了，但这是"案往旧造说"，总结前人的思想、传统的说法，"谓之'五行'"。有人认为这个"五行"是五德，即仁、义、礼、智、信，有人认为是指阴阳五行。所以说这种思想"僻违而无类"，偏僻且不符合儒家的体制；"幽隐而无说"，神秘而无法说清楚；"闭约而无解"，封闭而没有解释。他们还要用文辞掩饰以求得他人的尊敬，使大家认为这是"真先君子之言"。"子思唱之，孟轲和之"，子思是孔子的孙子，从这个地方也可以看出子思跟孟子有关系，很多人认为孟子是子思的学生，还有人认为孟子是子思学生的学生。这两人的思想体系是一样的，所以荀子把他们放在一起批评。世俗的儒生、后世的儒家还要奉孟子为自家的祖先，"不知其所非"，不了解子思和孟子的错误，欣然接受而传之于世，以为没有子思、孟子，孔子的思想就无法流传了。但事实是，儒家逐渐走偏了，就是子思和孟轲的罪过啊。这其中也暗含着荀子自认为是儒家正传、正统的想法。

我们再看《荀子·解蔽》，篇名是说思想受到遮蔽了，所以要把它解开。其中差不多列举了六派，也是认为各有所蔽。"昔宾孟之蔽者，乱家是也"，"宾孟"是指宾客游说之士，这些游士奔走在各地，提出他们的看法，这是乱国之人。后面列举的都是他所认为的游士，像"墨子蔽于用而不知文"，批评他强调节用而不知道文才。的确如此，墨子的论述很讲逻辑，但是他没有文才，所以读着没有味道。"宋子蔽于欲而不知得"，宋钘讲欲而内心无所得。"慎子蔽于法而不知贤"，慎到只讲法而不任用贤能。如果只讲法而没有贤人的话，谁来用法呢？"申子蔽于势而不知知"，申不害讲法势而忽略才知。其实慎到也讲势，这一派认为，一个国家如果足够强调政法，那么君主即使才能中等也能够治理好国家，并不一定要杰出的圣王。"惠子蔽于辞而不知实"，惠施只谈说言辞而不知真道。"庄子蔽于天而不知人"，庄子只讲真人、至人，不知道人情世故，不了解儒家讲的人性。

我们现在仔细思考一下这天人之间的问题。什么叫作"蔽于天"？如果真正知道天，还会不会蔽于天呢？事实上，天是开放的。我曾经用整体生命哲学的三角形讲过道、理、用三个要素。最高的一点是道，但在这个道上我还加上两个字，即天和神。天很重要，天几乎等于道，然后再加上一个神，在道这个层面上就要讲这三个字。

道（天、神）

理　　　　用

首先讲天。我认为天有四个特点：第一，高。天可以往上提升，如果不讲天，我们的境界就永远高不了。第二，开。天就在那里，是敞开的，所以强调天，我们的胸怀就会开放了。第三，放。精神能通达天，对任何世俗的东西都能放得下。第四，明。朗朗乾坤就是明，通俗地说，就是明明白白。所以，如果能够真正了解天，就不会有所遮蔽。

为什么要强调神呢？孔子在《论语》里面不讲神，但是到孟子又讲神了，"圣而不可知之之谓神"（《孟子·尽心下》），神是和心相联系的，我们个体的神要不断提升从而与至上的神相合。神也有四个特点：第一，精，至精；第二，妙，阴阳不测之谓神；第三，圆，"蓍之德圆而神"（《易经·系辞传上》）；第四，通，神而通之。此处暂不赘述。

再回到道上，第一，道是生，即生养万物，生生不已是道；第二，道是常，"道可道，非常道"，常道是道的特质；第三，道是虚，因为《老子》一书中用道来代替以前的神权观点，所以道是虚的；第四，道是自然，也可以用一个"化"字代替。

这些是我从"蔽于天"想到的问题。如果庄子能够知"天"的话，他就不会蔽于天了。把《天下》跟荀子的批评一比较就可以看出来，《天下》的作者对庄子思想和儒家思想都有很深的了解，他把这二者结合在一起，构建出一个由天到人的整体思想发展框架。